공공조직의 성과 및 업무가치 극대화를 위한

업무혁신(BPR)과
변화의 적용 방법론

공공조직의 성과 및 업무가치 극대화를 위한

업무혁신(BPR)과

Business Process Reengineering

변화의 적용 방법론

김 행 기(행정학 박사) 지음

KSI 한국학술정보(주)

21세기 조직에 있어서 최대의 화두는 '혁신'과 '성장'이며, 오늘날의 조직은 끊임없는 경영 혁신과 업무 개선 활동을 요구받고 있다. 또한 20세기의 눈부신 정보기술(IT)의 활용은 수많은 조직에 성장의 발판을 마련해 주었지만, IT거품 붕괴에서 비롯된 경제 침체로 인하여 혁신을 통해 착실하게 성장의 기반을 가져온 기업과 경기를 탓하며 현실에 안주해 온 기업 사이에서 더 큰 발전의 격차를 가져왔다. 이러한 결과로 이제 업무혁신은 선택의 문제가 아니라, '환경'이라는 끊임없이 변화하는 '벨트' 위에서 떨어지지 않고 단지 제자리를 유지하기 위해서라도 지속적으로 추진돼야 하는 생존의 핵심 과제인 것이다.

도요타 자동차의 오쿠다 하로시 전 회장은 **'바꾸지 않는 것, 바뀌지 않는 것은 죄악'**이라고 주장하며 그것은 가장 **'나쁜 것'**이라고 하였는데, 이것은 조직 현장에서 끊임없는 업무 변화와 개선을 통한 조직 혁신이 21세기 조직 경영의 가장 중요한 덕목이라는 것을 의미한다. 결국, 21세기 조직의 경쟁우위는 그 조직이 얼마나 변화에 민감하게 대응하는지 그리고 그 변화를 적극 수용해 현장을 개선하는지에 달려 있겠다. 즉 진화하고 개선하지 않으면 살아나갈 수 없다는 것이다.

그러나 혁신과 변화는 일종의 다이어트와 같다. 즉 밥을 굶어 체중을 줄이더라도 생활방식을 바꾸지 않으면, 6개월 후에 원래의 몸무게로 돌아오게 된다(요요 현상). 따라서 혁신과 변화도 조직의 혁신 마인드와 제도, 업무 문화 및 체질을 근본적으로 바꾸는 방향으로 진행되지 않으면, 조직의 체력만 약화시키는 결과를 가져오기 때문에 조직적으로는 Top down과 Bottom up의 조화를 이룸과 동시에 최신의 정보시스템(IT)을 적극적으로 활용함으로써 시스템에 위한 체계적인 관리와 축척된 데이터에 의한 업무개선을 효과적으로 추진하여야만 한다.

뿐만 아니라 최근에는 '작지만 경쟁력 있는 정부'가 강조됨에 따라 공공부문의 업무를 효율적이고 생산적인 방식으로 수행해야 할 필요성이 보다 강하게 제기되고 있다. 그 결과 업무혁신(BPR)을 업무혁신에 도입·적용하려는 공공기관들이 증가하고 있고, 나아가 공공부문이 추구하는 시장·경쟁·임무·성과·시민지향적 가치를 달성하고 시민만족도를 향상시키기 위하여 업무의 자동화·간소화·신속화가 요구되고 있다. 이러한 판단은 필자가 박사학위논문의 주제로 업무혁신(BPR)을 연구하고, 이를 보완하여 본서의 저술까지 하게 된 배경이 되었다.

이 책에서는 민간부문의 업무혁신(BPR) 접근법을 적극적으로 활용하되, 공공부문에 적합한 업무혁신모델로 변형시킬 필요가 있다는 관점을 모색하였고, 나아가 업무혁신(BPR)을 적용한 공공기관의 조직성과와 정책적 대안을 제시하고자 노력하였다. 결론적으로 공공부문에 적용하기 위한 업무혁신(BPR)의 논리적 타당성을 정립하고, 공공부문의 상황에 맞는 특성요인을 고려하여, 공공부문에서 추구하는 업무혁신 목표와 조직성과를 달성함과 동시에 공공조직의 내·외적 환경에 능동적으로 대처할 수 있도록 업무혁신(BPR)의 적용방법론을 제시한 것이다.

그러한 점에서 볼 때, 이 책의 시기적절한 출판을 통하여 업무혁신(BPR)의 추진관점과 적용방법을 인식한다는 것은 다음과 같은 분들에게 상당한 호소력을 갖게 될 것이다.

- 업무혁신(BPR)과 변화를(경영전략, 사업전략 등) 책임지고 있는 혁신 관리자들이나 전략 기획자들
- 경쟁력을 갖고, 미래 생존을 추구하기 위해 조직을 탈바꿈시키고자 하는 기획 관리자들
- 전문적 업무 노하우로 고객에 대해 컨설팅을 제공하고 있는 업무혁신(BPR) 컨설턴트들
- 최적의 업무 설계를 위해 혁신 프로젝트에서 활동하고 있는 TFT 구성원들

그 밖에도 이 책은 업무혁신(BPR)에 관해 토론하고 연구하며, 이것을 실현화시키는 데 관심을 갖는 모든 사업가, 관리자, 경영학이나 경영정보학을 공부하는 학생들의 필독서가 될 수 있을 것이다.

책을 내면서 불안감과 두려움도 많았으나, 여러 가지 인지하고 경험했던 내용들을 글로써 표현한다는 사실만으로도 가슴 떨리는 뜨거움을 느꼈다. 현재의 자리에서 언제나 필자를 이끌어 주시고, 정신적 스승으로 모시고 있는 성균관대학교 경영학부 장시영 교수님께 감사와 존경의 말씀을 드린다. 또한 보이지 않는 곳에서 헌신적인 사랑으로 지원을 마다하지 않는 아내 해옥과 딸 동민, 아들 세현에게 이 책을 선사한다. 이제는 겸허하게 독자들의 비판과 질타를 감수할 때이며, 이를 통해 한 단계 향상된 모습의 후속 판을 모색하는 것이 우리의 몫이라고 생각한다.

2008년 5월
김행기 (행정학 박사)

● 목 차 ●

제1장 서 론

제1절 문제제기 및 연구목적

21세기에 진입한 지구촌의 공공부문 환경은 개방과 경쟁이라는 새로운 패러다임 아래 '중단이 없는 시간'과 '경계가 없는 공간'을 관리해야만 하는 혁명적 변화에 직면하고 있다. 특히 세계화에 따른 행정은 정부서비스의 시장화(市場化)·투명화를 통한 새로운 사고와 변화에 대한 요구뿐만 아니라, 정보화 및 정보기술의 발전과 동시에 더욱 복잡해지고 어려워지는 공공의 문제들을 해결해야 할 부담은 날로 커지고 있으며,[1] 민주화의 진전에 따라 행정 수행방식마저 점점 더 획기적인 변화를 요청받고 있다.

이러한 맥락에서 국정관리(governance), 가상세계(cyber space), 세계적 공공서비스(borderless public services), 세계시민, 사무자동화, 사

---

[1] 공공행정은 공무원 간의 정보공유·팀워크를 통한 업무수행 등이 거의 이루어지지 않아 시민중심의 행정을 실현하지 못하고 있고, 정부 조직은 위험을 회피하는 문화가 만연되어 있기 때문에 새로운 기술의 변화를 받아들이는 데 소극적이다.(더글러스 홈스 지음·갈렙앤컴퍼니 옮김, 2001: 18~22)

이버 네트워크 행정 등이 개혁을 촉진하는 창조적 비전과 이미지를 시사하고 있으며(김번웅, 1999: 5~6), 정부의 형태를 과거 '정부중심'에서 '시민편의주의 행정'으로 전환시키면서 '작고 효율적인 전자정부(e-Government)의 구현'을 적극 추진하고 있다.2)

또한 공공행정에 대한 새로운 정의와 창의적인 조직관리이론과 전통적 행정원리에서 탈피한 신공공관리주의(NPM: New Public Managerialism)3)의 시대로 진입하여, 공공부문에서도 '경쟁의 원리'와 '고객주의'로 표현되는 시장주의, 기업가적 운영을 강조하는 사명(mission)과 성과 중심적·탈(脫)통제적 관리 등을 실현하기 위해 민간부문에서 개발·적용된 업무혁신(BPR)(BPR: Business Process Reengineering), 벤치마킹, 목표관리, 연봉제 등의 관리기법들을 과감하게 적용하고 있다.4)

---

2) '효율적인 행정서비스'를 제공하려는 데서 출발한 전자정부는 정부업무의 디지털화, 네트워크화 등 기술적인 측면이 중시되었기 때문에 전자정부의 틀로서 종이문서를 사용하지 않고, 정보통신망에 의한 행정처리가 강조된다.(정충식, 1997: 19~20)

3) 신공공관리(NPM)는 1970년 후반부터 공공서비스 분야에서 일어난 구조적·조직적·관리적인 변화로서 민간부문의 관리시스템과 기법을 적용하는 것이며(Farnham & Horton, 1993: 259), 공공부문·정부·사회 간의 관계를 전환(transformation)시키고 있다.(Hugh, 1994: 66~74) 이러한 신관리주의(Neo-Managerialism)는 종래의 능률(efficiency)과 절약(economy)을 이념으로 한 통제적 관리에서 벗어나 해방된 관리(liberation management)와 경쟁·서비스를 중심으로 한 시장형(market-driven)관리를 주요 맥락으로 하며, 조직경제학(agency theory and transaction-cost economics)과 공공선택이론에 기반을 두고 있다.(Terry, 1999: 272~273)

4) 민간부문 경영기법의 도입은 첫째, 상업화(commercialization)로서 상업적(商業的)인 관리원칙·실무·책임을 도입하는 것이고, 둘째, 기업화(corporatization)로서 공공부문의 사업적 성격의 활동(public sector business activities)을 위한 법·관리·지배구조·회계와 책임에 기업형태(corporate form)로 나타난다.(Broadbent & Guthrie, 1992: 5~7; 윤성식, 2003: 113~114 재인용)

특히 최근에는 '작지만 경쟁력 있는 정부'가 강조됨에 따라 공공부
문의 핵심 업무를 효율적이고 생산적인 방식으로 수행해야 할 필요성
이 보다 강하게 제기되어,[5] 업무혁신(BPR)을 업무혁신에 도입·적용
하려는 기관들이 증가하고 있는 추세이다.[6] 뿐만 아니라 공공부문이
지향하는 있는 시장·경쟁·임무·성과·고객 지향적 서비스의 달성
을 위해 업무혁신(BPR)을 통한 업무혁신 접근방식이 요구되고 있
고,[7] 업무의 자동화·간소화·신속화를 통해 시민만족도를 향상시키
기 위해 공공업무프로세스(PSP: Public Service Process)를 선진국
수준으로 향상시켜 나가려고 하고 있다.(김대영, 2002: 405~407) 이
러한 추세에 따라 학계나 연구 분야에서도 공공부문에서의 업무혁신
(BPR)의 개념·특성요인과 공공부문에서의 적용사례를 발표하거나
공공부문에서 실무적으로 적용할 수 있는 업무혁신(BPR) 방법론에

---

5) 우리나라의 행정업무에 있어서 가장 흔한 문제는 번거롭고 까다로운 규칙
   과 관행을 의미하는 번문욕례(繁文縟禮, 즉 red tape)이며, 대부분의 공무
   원들이 이 울타리에서 벗어나지도 못하고 쉬운 일도 어렵게 처리하고 있
   다.(고건, 2002: 30)

6) 참여정부의 국정과제를 추진하고 있는 '정부혁신·지방분권위원회'에서는
   업무혁신(BPR)을 통한 '업무재설계'를 전 부처에 요구하고 있으며, 각 부
   처별로는(예: 보건복지부의 국가복지포털 구축, 정보통신부의 국가정보자
   원통합관리, 경찰·관세청·국세청의 수사자료의 통합체계 등) 국가정보
   화를 위한 선행 사업의 일환으로서 BPR과 ISP(Information Strategy
   Planning: 정보화 전략계획) 프로젝트를 착수하고 있다. 또한 한국전산원
   은 정부의 각 부처가 수행하고 있는 역할과 업무기능을 정리한 업무참조
   모델(business reference model)을 만들어 각 부처의 행정업무프로세스를
   혁신하는 데 활용할 계획이다.(전자신문, 2003년 8월 22일: 디지털타임스,
   2003년 8월 8일)

7) "행정기관은 업무를 전자화하고자 하는 경우에는 미리 업무처리과정을 전
   자적 처리에 적합하도록 혁신하여야 한다."라고 '업무혁신의 선행원칙'을
   제시하고 있다.(행정자치부, 전자정부법 제24조 행정기관의 업무재설계,
   2001년 7월)

대한 연구가 나름대로 있었다.[8]

그러나 다음과 같은 측면에서 업무혁신(BPR)의 구체적인 적용사례의 검토 혹은 도입 · 적용효과에 관한 실증적 연구는 많이 부족한 실정이다.

첫째, 행정이론 측면에서 살펴보면, 공공부문에의 적용가능성을 중심으로 한 방법론과 절차에 대한 분석이나 전자정부를 실현하기 위한 수단으로서의 업무혁신(BPR)에 관한 내용이 대부분이다.

둘째, 행정실무 측면에서 살펴보면, 공공기관의 일부 업무에 관한 적용사례가 소수 발표되고 있으나, 업무혁신(BPR) 적용효과에 대해서는 업무혁신(BPR) 도입 전과 후를 비교하기 위한 일정 시간 이상의 간격이 존재해야 하기 때문에 그리 많은 것은 아니다.

따라서 본 연구는 공공부문에서의 업무혁신(BPR) 목표를 달성하기 위해 민간부문의 업무혁신(BPR) 접근법(BPR approach)을 적극적으로 활용하되, 公 · 私부문 간의 차이점을 고려하여 공공부문에 적합한 업무혁신과정으로 변형시킬 필요가 있다는 관점에서 출발한다.

이는 공공부문 업무프로세스에 관한 업무혁신(BPR)의 도입 · 적용

---

8) 한국전산원 「IT를 활용한 업무혁신(BPR)」, 1995. 10; 조남재, "정보기술과 행정 업무혁신(BPR)", 한국전산원 「정보화 저널」, 1995. 12; 정무상, 지방자치단체의 경쟁력강화를 위한 업무혁신(BPR) 도입방안 연구, 홍익대학교 산업정보대학원, 1996. 6; 오광석 · 박원재, "공공행정의 업무혁신(BPR)과 그 추진방향", 한국전산원 「정보화 저널」, 1997. 9; 한국전산원, 「공공기관 정보화 추진전략과 방안」, 1997. 12, pp.85~155; 김성태, 『정보정책론과 전자정부론』, 법문사, 1998. 8, pp.635~676; 서진완, "정보기술을 활용한 행정업무과정의 혁신지침", 한국행정연구원, 1998. 11; 기영석 · 권선필, "공공행정에 있어서 BPR적용에 관한 연구", 「목원대학교 논문집」 제36집, 1999; 서문수, 행정업무재설계에 따른 행정성과에 관한 연구, 서울시립대학교 석사학위논문, 2000. 6; 서영길, "BPR의 군부대 적용사례", 「정책분석평가학회보」 제11권 제1호, 2000, pp.1~22 등.

관점이 시민(주민) 만족에서 출발되어야 하고, 공익성·민주성·정당
성 등이 고려되어야 하기 때문에 업무혁신(BPR)의 적용성과도 다를
것이라는 인식에 따른 것이다. 이에 본 연구의 목적을 세 가지로 논의
하면 다음과 같다.

첫째, 업무혁신(BPR)의 추진관점과 성공요소를 살펴본 후, 공공부
문에서도 민간부문에서와 같이 업무혁신(BPR)을 적용할 수 있는지에
대한 가능성을 모색하고자 한다. 이를 위해 공공부문에서의 업무혁
신(BPR)의 필요성과 추진전략 그리고 고려사항 등을 살펴보고,
'PDS(Plan~Do~See) Cycle'[9]을 근간으로 공공부문 업무혁신(BPR)
의 추진단계에 있어서의 주요 변수들이 영향을 미치는 조직성과에 대
하여 탐색하고자 한다.

둘째, 현재까지 행정개혁의 일환으로 추진되었던 공공부문 정보화
는 기존의 업무처리 절차나 방식에 관한 재설계를 무시한 채 새로운
정보기술의 도입에만 치우쳐 왔기 때문에 업무혁신(BPR)을 통한 업
무효율 극대화와 추진단계별 변수들의 연관성이 중요하게 대두되고

---

9) 본래 PDCA(Plan·Do·Check·Action)의 관점에서 시작한 것으로 '슈하
트 사이클'이라고 알려진 것이었으나, Deming 박사가 최초로 소개한 것이
기 때문에 'Deming Cycle'이라고도 하며, 표준적인 best practice 기법을
통해 개선·혁신하기 위한 계획을 수립(plan)하는 것으로부터 시작한다.
(박영택, 1993: 195~209) 실제로 Demimg 박사는 이 개념을 창안한 월
터스튜어트(Walter Stuart)의 이름을 붙여 수년 동안 '스튜어트 주기'로
불리기도 하였다.(Dr. Jerry W. Koehler & Joseph M. Pankowski, 1996:
73~74) 이는 '경영관리의 순환주기(management cycle)'라고 하는데(이
정규·서성한·유기현 공저, 1989: 270~272), 본 연구에서는 업무혁신
(BPR)의 프로세스를 개선·개혁하는 것을 도와 시민의 요구와 프로세스
의 능력 사이의 갭을 줄여 가기 위한 기준으로 설정하였으나, Check(점
검)·Action(행위)과 같이 용어에 있어서 표현상의 적절성을 고려하여
계획(plan)된 내용을 실제로 실행(do)하여 항상 그 결과를 평가(see)한다
는 의미로 'PDS Cycle'이라고 한다.

있다. 이러한 관점에서 업무혁신(BPR)의 각 단계별로 영향을 미치는 변수들의 연관관계를 분석하고자 한다. 즉 업무혁신(BPR) 계획(P)과 실행(D)의 변수들은 평가(S)(공공부문의 업무프로세스 목표: 서비스 향상, 업무처리속도 향상, 비용 절감)에 통계적으로 유의미한 영향을 미치며, 평가(S)의 변수들은 조직성과(조직구성원의 행태적 조직성과: 조직몰입도, 직무만족도, 공공요구의 대응)에 유의미한 영향을 미친다.

셋째, 업무혁신(BPR)은 '성과에 기초(performance-based)'하고, '고객 지향적(customer-oriented)' 업무실현을 목표로 하고 있기 때문에 조직 전반을 혁신하고자 하는 종합적인 접근방식을 추구하고 있다.(한국전산원, 1999: 33) 이러한 관점에서 공공부문 조직 차원에서의 업무혁신(BPR) 적용성과에 영향을 미치는 요인들을 살펴보기 위하여 업무혁신(BPR)을 도입·적용한 공공기관을 대상으로 실증적인 분석과 정책적 시사점을 고찰하고자 한다.

제2절 연구방법 및 내용

본 연구는 첫째, 업무혁신(BPR)의 개요 및 주요 학자들의 관점을 고찰한 후, 업무혁신(BPR)의 도입·적용에 있어서의 성공요인을 정리하고, PDS 모형을 근간으로 하여 업무혁신(BPR)의 추진절차와 적용방법에 영향을 미치는 요소들을 식별한다.

둘째, 업무혁신(BPR)은 주로 민간부문에서 도입되었던 경영혁신기법이기 때문에 민간부문과는 다른 공공부문만이 가지고 있는 특성을 감안하여 추진하기 위한 고려사항들을 검토한다. 또한 일반적으로 업무혁신(BPR)의 PDS 모형에서 간과한 요인들은 무엇인가를 탐색하기 위하여 연구자의 업무혁신(BPR) 프로젝트에 대한 컨설팅 경험을 반영하고, 국내·외의 공공부문 업무혁신(BPR) 적용사례를 분석하여 추가적인 요인들을 밝혀낸다. 대표적으로 국외(미국, 영국, 호주, 캐나다)와 국내(행정자치부, 서울특별시, 법원행정처, 부동산관리기관: 행정자치부·건설교통부·법원, 해군부대)의 사례를 분석한다.[10]

셋째, 업무혁신(BPR)을 실제로 공공부문에 도입·적용하였을 때에 나타날 수 있는 업무프로세스의 목표달성도와 조직성과에 미치는 변수들 간의 관련성을 알아보기 위하여 선행연구와 사례분석을 토대로 연구의 개념적 틀을 만들고, 이를 활용하여 설정된 연구가설을 실증적으로 분석하고자 한다. 본 연구에서는 범정부적인 의미로서의 공공부문을 연구대상으로 하고 있지만, 통계처리를 위한 데이터 수집 및 분석의 편리성 때문에 행정부의 주요 부처나 혹은 자치단체(광역·기초) 그리고 일부 공사기관만을 대상으로 한정한다.

넷째, 실증분석은 업무혁신(BPR)의 PDS Cycle 관점에서[11] 계획(P)~실행(D)~평가(S)의 변수를 독립변수로 설정하고, 공공부문의

---

10) 사례분석의 대상은 2003년 3월 현재까지 공공부문에서의 업무혁신(BPR)을 도입·적용한 모든 기관들을 대상으로 하였으나, 그중에서도 문헌상으로 추진과정과 기대효과가 상세하게 외부에 공개되었거나 주민접촉빈도가 빈번하게 많은 기관을 대상으로 선정하였다.

11) 경영의 핵심을 요약하면, 계획(Plan)~실행(Do)~평가(See) 사이클의 효과적인 적용·관리를 통해 보다 좋은 제품을, 싼 가격에, 신속하게, 고객에게 공급함으로써 고객만족을 실현한다. 이러한 PDS 사이클이 잘 작동한다는 것은 그 조직이 정체되거나 이전 것을 답습하지 않고 지속적으로 성장·발전하는 학습조직이 되어 간다는 의미이다. 따라서 경쟁의 격화로, 높은 매출액과 이익 확보, 시민만족, 시민을 위한 가치 창조를 할 수 있는 역량을 확보하기 위해서는 'PDS Cycle'을 충실히 적용하여 조직역량을 확대 재생산해야 한다.(LG경제연구원, 1997년 11월 12일: 1~8)

조직구성원이 느끼는 행태적 조직성과(Performance)를 종속변수로 설정한다. 또한 이러한 각각 변수들 간의 관련성과 미치는 영향 그리고 기대되는 요인을 가설과 함께 제시하고 설문지 조사 분석을 통하여 검증한다. 설문지는 우편, 이메일 또는 직접 피응답자에게 전달하며, 그 응답내용은 사회과학통계처리패키지(SPSS v11.0 for Windows)로 통계 처리한다.

본 연구는 〈그림 1-1〉과 같이 전체 5장으로 구성되었으며, 그 구체적인 내용은 다음과 같다.

제1장은 서론으로서 제1절에서는 연구목적을 중심으로 연구의 기본방향을 정립하고, 제2절에서는 연구방법 및 내용을 제시한다.

제2장에서는 업무혁신(BPR)의 개요 및 공공부문 적용에 관한 이론적 고찰로서 업무혁신(BPR)에 관한 기존의 이론적 · 실증적인 연구를 병행한다. 제1절에서는 업무혁신(BPR)의 배경과 주요 요소, 성공요인 등을 분석한다. 제2절에서는 공공부분에의 업무혁신(BPR) 적용의 필요성과 고려사항 등을 검토한다. 제3절에서는 PDS 모형에 입각하여 공공부문 업무혁신(BPR)의 추진절차를 분석하여 각 단계별 요인들을 고찰한다. 제4절에서는 각 요소별로 국내 · 외 사례를 이용하여 업무혁신(BPR)의 공공부문 도입에 따른 특징과 방법, 적용성과 등을 살펴본 후, 그 결과에 따른 특성 및 요인 등을 상호 비교 · 분석한다.

제3장에서는 이론적 배경을 토대로 제시한 가설들을 실증적으로 검증하기 위하여 연구모형의 설계와 변수의 조작적 정의 및 분석방법 그리고 가설에 대한 검증을 실시하다.

제4장에서는 연구모형에서 설계된 설문지의 통계적 분석결과를 정리하고 해석한다.

제5장에서는 결론으로서 본 연구를 전체적으로 요약한 후 정책적 시사점을 검토하고, 끝으로 본 연구의 한계 및 향후 과제를 제시한다.

〈그림 1-1〉 연구의 흐름도

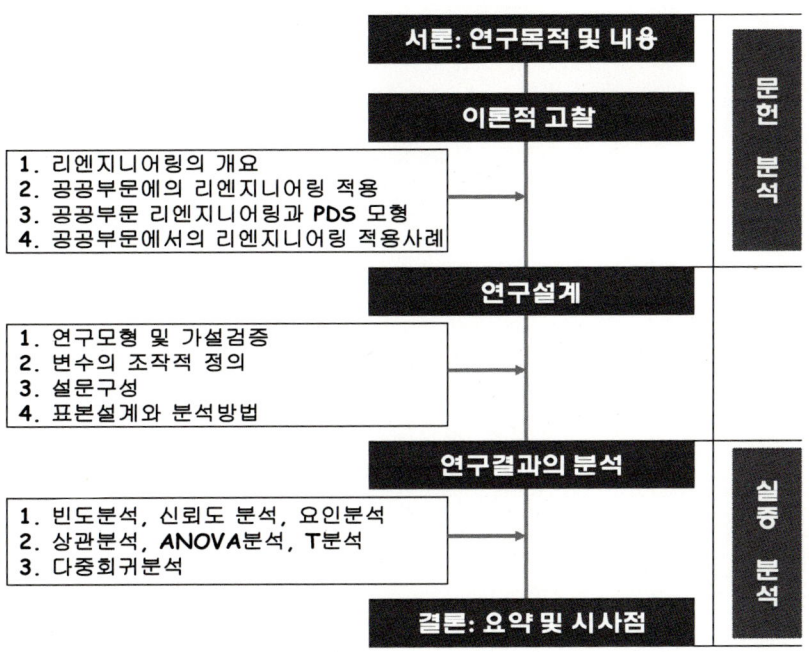

제2장 이론적 고찰

제1절 업무혁신(BPR)의 개요

1. 등장 배경

20세기 중반까지 노동의 분업과 업무기능의 전문화·세분화·자동화 등으로 인하여 조직의 생산성은 급격하게 향상되었지만, 업무프로세스 전체의 효과성보다는 분업화 이론에 바탕을 둔 대량생산 및 업무(부서) 단위의 능률성만을 강조하다 보니 계속적인 경제성장에도 불구하고 조직규모는 점점 비대해지고, 관료주의 현상이 심각하게 나타나게 된다.[12]

또한 1970년대 오일쇼크나 1980년 중반 미국의 경제악화로 일본에 비해 산업 경쟁력이 떨어져 업무생산성 향상이라는 과제해결을 위하

---

12) 각 부서가 충실하게 자신들의 직무를 수행하면 할수록 조직 전체의 퍼포먼스는 떨어지게 되는데, 이러한 현상을 경제학에서는 '**합성**(合成)**의 오류**(誤謬)'라고 한다. 즉 시장의 필요나 고객만족을 기초로 하는 업무를 설계하지 않은 결과 이와 같은 일이 생기게 된 것이다.(사쿠라 종합연구소, 1996: 16~17)

여 동양문화에 대한 관심증가와 함께 세계중심이 미국에서 아시아로 동진(東進)하게 되었고, 1990년대 이후부터 조직의 경영환경은 급속하게 변화하고 있으며, 이는 조직에게 새로운 기회와 위협을 동시에 제공하고 있다.(유홍림, 2001)

이와 같은 조직 경영환경의 변화는 조직으로 하여금 새로운 조직목표와 전략을 수립하도록 요구하며, 조직은 조직구조와 업무프로세스를 변화하는 환경에 대응할 수 있도록 재구축되어야 한다.13) 이러한 시대적·상황적 위기를 극복하기 위하여 미국의 민간부문(예: Ford, TI사 등)을 중심으로 고비용·저품질 업무현상을 저비용·고품질로 혁신하고, 이제까지 비약적으로 발전해 온 정보통신기술을 적절히 활용하여 업무처리 시간(cycle time)과 속도를 향상시킬 수 있는 것이 업무프로세스 업무혁신(BPR)의 배경이다. 이에 따라 지금까지는 업무를 가장 단순한 요소로 분화시켜 그것을 전문작업자에게 할당하는 과업 중심적인 사고가 조직설계의 중심이 되어 왔다면, 이제는 조직 전체의 프로세스를 중심으로 한 고객중심적인 사고가 그 중심이 되어야 하는 것이다.(조용길·홍현기·김낙상, 1998: 145)

그러나 초기 업무혁신(BPR)은 나름대로 조직의 생산성 향상과 목표달성에 기여함으로써 조직의 수익을 증가시킨 긍정적인 측면도 있지만, 인원감축·사업매각·경영자의 이해부족 등으로 많은 실패를 경험하게 된다. 즉 '국내 100대 기업경영혁신기법 도입현황분석' 조사에 의하면,14) 업무혁신(BPR)은 1993년 이후 급격하게 국내에 도입·확

---

13) 해머와 챔피는 오늘날 조직의 경영환경을 변화시키는 핵심적인 동기를 고객(customer), 경쟁(competition), 변화(change)의 3C로 설명하고 있다. 즉 고객(customer)의 기대와 선호가 적극적으로 바뀌었고, 경쟁(competition)이 더욱 치열해졌으며, 빠른 속도의 기술변화·시장변화(change) 그리고 그에 대응하는 조직·업무변화로 설명하고 있다.(Hammer & Champy, 1993: 31, 37, 39)

산되기 시작하였다. 그 이외에도 업무혁신(BPR)의 실패요인은 업무
혁신(BPR) 기법 자체의 문제라기보다 이를 받아들이는 기업 내의
'지속적인 관리 부족'과 '사내저항' 등이고, '최고경영층의 강력한 의지'
와 '전사적(全社的) 공감대 형성' 그리고 '지속적인 변화관리' 등을 가
장 중요한 성공요인으로 제시하고 있다.[15]

2. 개념·특징 및 관점들

1) 개념[16]

업무혁신(BPR)은 조직이 임무를 재정의하거나 업무수행방식에 있
어서의 급진적이고 근본적인 변화를 통하여 비용, 품질, 서비스 등을

---

14) 전체 도입 건수는 약 51건으로, 그중에서 성공률은 45.1%, 실패율은
    35.3%로 나타났는데, 도입 빈도수가 높은 경영혁신기법 중에서 실패율
    이 가장 높은 것이었다.(주간매일경제, 1998년 8월 12일)

15) 이는 성숙단계에 접어들어 매출액이 더 이상 늘지 않는 선진국 기업들
    에게는 업무혁신(BPR)의 효과가 즉각적으로 나타나고 있지만, 아직 국
    내 기업들에게는 어딘가 맞지 않기 때문에 기존의 프로세스를 합리적으
    로 조정하는 업무혁신(BPR)보다는 경영환경의 변화에 따라 새로운 프
    로세스를 만들어 주는(BPE: Business Process Engineering) 것이 더 중
    요하다고 보는 시각이 있다.(윤구현, 1998: 54~55)

16) 업무혁신(BPR)은 BRE(Business Re-Engineering: Index Group), BT(Business
    Transformation: IBM), BCPR(Business Core Process Redesign: Mckinsey),
    VSR(Value Stream Reengineering: James Martine), BPR(Business Process
    Reengineering: M. Hammer 외), PI(Process & Performance Innovation:
    Ernst Young) 등의 개념을 포함하고 있다. 나아가 최근에는 SIP(Successfully
    Innovated Process) 혹은 IWP(Innovated Workable Process) 등 성공적으
    로 적용 가능한 프로세스의 재설계까지로 그 개념이 확장되고 있다.

획기적으로 향상시키기 위한 경영기법의 하나이고(GAO, 1994: 19),
조직의 행동양식과 문화를 결정하는 모든 가정과 암묵적·명시적 전
제까지도 객관적으로 재검토하는 데서부터 출발한다.[17]

이러한 업무혁신(BPR)은 '재(Re)설계(Engineering)한다'는 의미로
마이클 해머에 의해 처음 생성된 용어로(Hammer, 1990: 104~112),
챔피와의 공저(Reengineering the Corporation)(1994) 이후 여러 연구
자들에 의하여 다양하게 정의되고 있다.[18] 대표적으로 해머는 업무혁
신(BPR)을 "비용·품질·서비스·속도와 같은 핵심적 성과에서 극적
인 향상을 이루기 위해서는 조직의 업무프로세스를 기본적으로 다시
생각하고 근본적으로 재설계하는 것"이라고 정의하였다.

이러한 업무혁신(BPR)은 다음과 같은 요소로 구성되어 있다.(Hammer,
1990; 송구선, 1995: 272~273 재인용)

첫째, 재설계(redesign): 새롭게 운영하고 관리하는 방법을 계획하
고 설계

둘째, 장비 재구축(retool): 새로운 운영 및 관리가 가능하도록 기술

---

17) 공공부문에서 업무혁신(BPR)을 활용하기 위한 노력에 앞장서고 있는
    미국의 GAO(General Accounting Office)는 업무혁신(BPR)의 특징을
    아래와 같이 정의하고 있다. 즉 ① 고객과 환경에 잘 대응할 수 있도록
    조직의 현행 가치체계나 사고방식을 획기적으로 전환시키려는 최고경영
    층 주도의 노력, ② 핵심 업무과정의 확인 및 분석, ③ 고객의 가치창조
    에 대한 기여를 평가하기 위하여 비용·서비스·품질 등과 관련된 평가
    척도의 적용, ④ 재설계된 업무과정이 제대로 기능할 수 있도록 조직의
    구조, 문화, 역할과 책임 등에 대한 체계적인 변화 등이 그것이다.

18) Emery(1992)는 "계속할 필요가 있음을 정당화할 수 있을 만큼 충분한
    가치를 창출하지 못하는 업무를 제거한다는 목표하에 업무과정을 자세
    히 검토하는 것"이라고 하였고, Ginzberg는 "가치를 더해 줄 뿐만 아니
    라 비효과적인 업무활동을 조직이 목표를 보다 잘 충족할 수 있는 업무
    과정으로 대체하는 데 중점을 둔 활동"으로 정의하고 있다.(Ginzberg,
    1992: 28~31)

기반구조 및 기본적인 시스템을 설치

셋째, 행위변화의 유도(reorchestrate): 최고 정책결정권자와 조직구성원들의 행위변화를 유도 등이다.

그러나 업무혁신(BPR)이 업무처리과정에 초점을 둔다고 해서 조직 내의 모든 업무과정이 대상으로 되는 것은 아니며, 조직 내의 핵심 업무과정(core process)을 선택하여 그것들을 중점적으로 재설계하는 것이다. 이때 어떠한 업무과정이 핵심적인가를 결정하는 일이 중요한 것으로 대두되는데, 업무혁신(BPR)은 고객의 가치를 가장 중요한 판단기준으로 삼는다. 그 이유는 조직이 고객의 가치 창조에 기여하지 못할 때 그 조직은 더 이상 존재 근거를 가지지 못하기 때문이다.

또한 업무혁신(BPR)은 그 특성에도 불구하고 단지 유행처럼 흘러가는 경영혁신기법에 지나지 않았고, 실패한 경우가 많았기 때문에 새로운 혁신기법으로 급속히 대체해 가고 있다는 일부의 비판[19]도 존재한다. 그러나 인터넷 디지털시대·지식정보화 시대가 급속히 펼쳐지고 있는 현 시점에서 기존 업무방식의 성과를 극대화하고, 경쟁자보다 앞서는 환경을 구축하기 위해서는 업무혁신(BPR) 관점에 의한 조직·업무혁신 과정이 필수적으로 요구된다.

---

19) 업무혁신(BPR)에 관하여 잘못 이해하고 있는 관점을 정리하면 다음과 같다. 즉 ① 막대한 투자를 했는데 과거와 다른 게 없으며 심지어는 더 악화되었기 때문에 업무혁신(BPR)은 효과가 없다(성공 30%·실패 70%): 성공률이 30%로 낮은 수치이지만, 업무혁신(BPR)의 조직성과를 비약적으로 향상시킨 많은 기업들을 고려해야 한다. ② 급진적인 변화는 위험하고 비인간적이다: 초기와는 달리 인간적 측면을 고려하여 효율적 재배치를 강조하고 있다. ③ 다운사이징을 통한 비용절감 수단에 불과하다: 고객관점에서 비부가치적 업무를 줄이는 것이며, 고객만족과 성장을 목표로 한다.(Fujitsu Research Institute, 1999: 27~35)

2) 주요 특징

마이클 해머와 데이븐 포트 등 여러 학자들의 정의를 포함한 일반
적인 특징을 종합할 때 업무혁신(BPR)은 다음과 같은 특징을 나타낸
다.(GAO, 1994; 강근복, 1998: 100; 김효석·김경한, 1993: 25~27)

(1) 고객가치 지향적(customer value oriented)

업무혁신(BPR)은 기본적으로 고객의 입장에서 과거의 경험과 관행
에 도전하여 새로운 업무처리방식을 설계한다. 따라서 조직 내부의 관
리목적보다는 고객에 대한 서비스를 향상시키고 시장에 대한 대응성
을 높이는 데 있기 때문에 업무혁신(BPR)의 궁극적인 목적은 고객만
족(customer satisfaction)을 실현하기 위한 것이라고 볼 수 있다.(홍석
보·송병선·김창원·이내풍, 1999: 95) 이러한 맥락에서 업무혁신
(BPR)은 고객과 환경에 보다 잘 대응할 수 있도록 조직의 현행 가치
체계나 사고방식을 획기적으로 전환시키려는 관리자층 주도의 노력이
며, 고객의 가치창조에 대한 기여를 평가하기 위한 비용·서비스·품
질 등과 관련된 평가척도를 적용한다.

(2) 제로베이스 발상(zero-based visioning)

업무혁신(BPR)의 정신은 '전무(全無)에서 출발(出發)(starting from
scratch)'하는 것으로,[20] '과거의 경험을 파괴'하는 근본적인 개혁을
요구한다.(조동성·신철호, 1996: 227) 즉 현재의 업무처리 프로세스

---

20) '무(無)에서 시작하라(start from scratch)'는 접근방법은 '무엇(what)'보
   다는 '어떻게(how) 재설계할 것인가?'라는 의미이다.(유홍림 외 공저,
   2003: 561~562)

에 대한 개선방법을 모색하는 것이 아니라 백지(zero-base)상태에서 업무처리방식을 재설계 한다. 따라서 업무혁신(BPR)에서는 '지금 있는' 것을 무시하고 '반드시 있어야 할' 것에 집중되어야 한다.

(3) 기본적인 틀(framework)에 도전

업무혁신(BPR)에서는 최적 업무흐름 구축에 장애가 되는 제도, 조직구조, 규칙, 업무절차, 정보시스템의 근본적인 변화를 추구하는 완전히 새로운 방법을 모색하게 된다. 따라서 지금까지의 전통적인 분업화·전문화의 원칙 등의 규칙이 무너지게 되며 기존의 정보시스템, 조직·업무구조 등이 새로운 업무방식을 설계하는 데에 제약요인이 되어서는 안 된다.

(4) 프로세스 중심(process centered)

업무혁신(BPR)을 실현하는 중점 영역은 업무를 수행하기 위한 업무단위의 기능부서라기보다는 시장과 고객을 위해 특정 제품이나 서비스를 생산하는 일련의 상호 교차적(cross-functional) 업무프로세스이다.[21] 이런 의미에서 프로세스란 기능적·지리적·조직적 단위에 걸쳐 있는 규정된 업무를 수행하기 위하여 논리적으로 연결된 과업들

---

21) 업무혁신(BPR)은 보통 개별적인 업무보다는 전체 업무를 대상으로 하며, 종래의 기업경영혁신기법(예: TQM 등)들이 취급하지 못했던 경계부문(white space, 공백영역)에 관한 해결을 모색하고 있다. 여기에 대한 정의는 명확하지는 않으나 Hammer and Co의 교육자료에서는 이를 한 프로세스에서 전체 소요시간 중 실제작업시간을 뺀 일종의 유휴시간(idle tome), 즉 흘러가 버린 시간(elasped time)의 개념으로 보고 있다. 즉 다음 단계 작업과의 연결을 기다리며 대기 중인 상태 혹은 거기에 들어간 시간을 일컫는 것으로 보인다.(조동성·신철호, 1996: 239)

의 집합체 또는 고객에 대하여 가치 있는 결과를 위해 조직원이 공동
으로 노력하는 일들의 집합(a group of tasks that together create a
result of value to customer)이라고 정의할 수 있다.(유홍림, 2001. 4;
Davenport and Short, 1990: 25~31) 예를 들면, 민원처리 프로세스,
공공서비스 기획 프로세스 등이 흔히 업무혁신(BPR)의 대상이 된다.

(5) 성과향상의 목표(performance-up targeted)

업무혁신(BPR)은 업무의 개선을 목표로 하지 않고 혁신을 지향하
기 때문에 고객에 대한 서비스나 업무생산성을 현재 수행하는 업무의
개선을 위해서보다는 의도한 기간 내에서 비약적인 업무성과의 향상
이라는 기대효과를 가지고 출발해야 한다. 점진적인 업무개선은 미세
조정을 필요로 하지만, 업무혁신(BPR)에서는 업무성과를 극적으로
향상시키기 위해 낡은 것을 버리고 새로운 어떤 것으로 대체되어야만
원하는 성과를 이룰 수 있다.

이러한 업무혁신(BPR) 특징을 종합해서 살펴보면, 업무혁신(BPR)
은 고객과 조직의 핵심 역량과 서비스 실현에 초점을 맞춰 구체화하
여야 하고, 고객의 요구(needs)와 업무프로세스에서 고객가치의 중요
성을 인식하는 것이 업무혁신(BPR)의 출발점이자 조직구조와 체질혁
신을 위한 근간이다.

3) 주요 학자들의 관점

(1) 해머(M. Hammer)와 챔피(J. Champy)

Hammer & Champy는 업무혁신(BPR)을 비용, 품질, 서비스, 속도
와 같은 현대의 중요한 평가척도의 급격한 향상을 위해 업무프로세

스를 본질적으로 제고하여 업무혁신(BPR)하는 것이라고 정의하고
있고, 구체적 실행단계로서 〈표 2-1〉과 같이 동원→진단→재설계
→전이 등의 4단계로 설명하고 있다. 그의 방법론은 업무혁신(BPR)
의 추진단계를 세분화하여 설명하고 있으며, 다른 방법론에 비해 추진
조직에 대한 중요성을 강조한 것이 특징이지만, 각 단계에서 구체적인
작업내용보다는 개념적 설명 위주로 되어 있고, 업무혁신(BPR)이 조
직에 미치는 영향력에 대한 평가가 미흡하다고 판단된다.(김효석·김
창수, 1999: 111)

〈표 2-1〉 Hammer & Champy의 추진단계

동원(조직화)	진단(방향설정)	재설계(혁신적)	전이(현실적)
-프로세스 모델 창조	-프로세스의 한계 및 범위 설정	-프로세스 설계의 개념 설정	-초기 현상 실험 방안실천
-프로세스 관리자 임명 및 통합관리 구조 설정	-고객의 요구 이해	-경영시스템 전체의 재설계	-초기 성과달성, 시스템 조정
-업무혁신(BPR)의 전략수립	-현행프로세스 이해	-프로세스의 세부 설계 작성	-지원 기초 구조 정립
-프로세스 우선순위 결정	-기존설계의 약점파악	-실험을 위한 시작 모델 작성	-적용 확대 및 제도화
-업무혁신(BPR)팀 요원 임명	-새로운 설계에 대한 목표 설정	-시험, 모의, 실험, 습득 및 반복	-차후 추진방안 실천

자료: 김성태, 정보정책론과 전자정부론, 법문사, 1999, p.670에서 인용함

(2) 데이븐 포트(T. H. Davenport)와 쇼트(Short)

이들은 조직의 새로운 비즈니스 업무혁신(BPR)이 제2의 산업혁명
을 가능케 할 수 있고, 경영혁신과 정보기술이 유기적으로 결합되었
을 때 통합적인 시너지 효과를 발생시킬 수 있다고 주장하고 있
다.(Davenport, 1993: 59)

따라서 업무혁신(BPR)은 정보기술과 업무프로세스 재설계 관점에서 첫째, 정보기술이 어떻게 업무프로세스를 지원해 줄 수 있는가? 둘째, 정보기술을 어떻게 활용하면 업무프로세스를 더 효과적으로 바꾸어 줄 수 있는가에 대해 끊임없이 탐색해 가는 과정이라고 할 수 있다.

데이븐 포트 등은 업무혁신(BPR)의 추진단계를 〈표 2-2〉와 같이 4단계로 구분하여 제시하고 있다. 이들의 방법론은 정보기술을 현재 업무상태의 단순한 자동화를 위한 기술지원 차원에서 이용하는 것이 아니라, 경영혁신과의 통합적인 시너지효과를 창출하기 위해 업무혁신(BPR) 과정에서 적극적으로 활용하여야 함을 강조한다. 그러나 업무혁신(BPR)이 조직에 미치는 영향을 파악하는 변화관리(CM: Change Management)에 대한 내용이 미흡한 것이 약점으로 지적되고 있다.

〈표 2-2〉 Davenport의 추진단계

구 분	주 요 내 용
1단계	● 프로세스의 선정으로 조직 내에 존재하는 프로세스를 파악하여 혁신 대상프로세스를 선정한다.
2단계	● 프로세스의 비전설정으로 선정된 프로세스별로 프로세스의 목표와 수단들을 크게 조명해 본다.
3단계	● 프로세스의 이해로서 선정된 프로세스에 대한 현상파악을 통해 설정된 프로세스 목표와의 차이를 분석하여 개선방향을 정립한다.
4단계	● 프로세스의 재설계 및 실행으로 개선방향에 부합되도록 프로세스를 재설계하고, 이를 조직에 적용시킨다.

자료: 김효석·김창수(1999: 112)에서 인용하여 재구성함

(3) 모리스(Morris)와 브랜던(Brandon)

업무혁신(BPR) 활동에 대비한 변화의 시발점으로서의 목표를 설정하고(positioning), 변화를 측정하기 위한 성과지표를 강조한다. 이러한

기법으로 조직구성과 업무기능 간의 업무흐름에 대한 프로세스 맵의
연계도(relation diagram) 작성법을 추천하고 있으며, 이 외에도 조직
에 대한 전반적인 이해를 높일 수 있는 사업경영전략 계획안, 조직정
책, 정보시스템 관련문서 등이 활용된다.[22]

　이들은 많은 조직들이 프로세스 위주가 아닌 부서 단위의 기능중심
으로 구성되어 있기 때문에 전체적인 업무흐름을 파악하는 것이 매우
중요하다고 인식하면서, 업무혁신(BPR)의 추진단계를 다음의 9단계
로 정의하고 있다.(방한오, 1997: 53~55)

- 1단계: 팀 구성 및 일정 작성
- 2단계: 활동분위기 조성
- 3단계: 프로젝트의 범위 설정
- 4단계: 해당 프로세스의 정보 분석
- 5단계: 프로세스 변화를 유도하는 개선대안 정의
- 6단계: 개선대안에 관한 비용·효과분석
- 7단계: 최적대안 선정
- 8단계: 신(新)프로세스의 적용
- 9단계: 평가와 후속조치

　이들의 방법론은 업무혁신(BPR)이 조직에 미치는 충격분석을 초기
에 수행하고, 프로세스 개선 대안을 찾아내어 각 대안별로 비용, 효과

---

22) 즉 ① 사업 경영전략 계획안: 산업·시장환경 분석내용, 기업사명·비전,
　　조직·업무의 핵심역량, 비즈니스 모델 등, ② 조직정책: 조직문화, 직무
　　요건, 성과지표, 인센티브제도, 조직도 등, ③ 정보시스템관련 문서: 정
　　보화 전략계획, 정보화 투자비용, 정보기술 현황, 운영조직 등.(설증웅·
　　조민호, 2002: 26~41)

분석을 하고 있는 것이 그 특징이지만, 단계가 세분화되었음에도 불구하고 실현수단(예, 정보기술 등) 측면을 고려하지 않은 것이 단점으로 지적되고 있다.(김효석·김창수, 1999: 112)

(4) 홀(Hall)·로젠탈(Rosental)·웨이드(Wade)

이들은 업무혁신(BPR)의 추진단계 및 성공요소를 다음과 같이 제시하고 있다.(Hall, Rosenthal & Wade, 1993: 119~131) 첫째, 조직 전반에 걸친 진취적인 업무혁신(BPR) 수행목표를 설정한다. 둘째, 최고경영자는 조직업무를 수행하는 시간의 절반 정도(약 20~50% 정도)를 기획(Plan)에 전념하여야 하고, 전념하는 시간의 비율은 적용(Do) 단계를 거치는 동안 점점 더 증가시켜야 한다. 셋째, 고객요구, 경제지표, 시장동향에 관하여 종합적으로 재검토한다. 이를 위하여 고객면담이나 방문, 경쟁사 및 다른 산업의 동향 등을 분석한다. 넷째, 수행책임을 맡은 전담관리자를 선정하고, 전담관리자는 주요 수행단계에서 최소한 자신의 시간 중 절반(약 50% 정도)을 계획하는 데 투입하여야 한다. 다섯째, 우선 소수의 프로세스를 대상으로 시범실시(pilot or prototyping)한다. 그 이유는 업무혁신(BPR)이 조직에 미치는 영향뿐만 아니라 운영과정의 문제점을 미리 파악할 수 있고, 조직구성원의 지지를 얻을 수 있기 때문이다. 여섯째, 조직구성원과의 의사소통을 중시함으로써 업무혁신(BPR)에서 발생할 수 있는 문제들을 합리적으로 해결한다.

(5) 제임스 챔피(J. Champy)

마이클 해머와 함께 1990년대 초반 업무혁신(BPR)을 주장했지만, 업무혁신(BPR)의 성과에 의문을 제기하거나 성과를 부정하는 입장에 대하여 업무혁신(BPR)의 자체의 문제라기보다는 업무혁신(BPR)의 기본원리, 즉 조직 내 프로세스 혁신이 미비했거나 왜곡되었기 때문에 발생한 결과라고 생각하고, 'X - 엔지니어링'이라는 새로운 혁신기법을 주장한다.(제임스 챔피 지음·이동현 옮김, 2002: 17~18) 주요 핵심 내용은 정보기술을 활용해 인터넷의 특성인 조직 간 경계를 뛰어넘는 기존 프로세스의 혁신과 새로운 프로세스의 창출을 시도하는 것이며, 기존 업무혁신(BPR)에서 강조했던 프로세스(process) 외에 핵심제안(proposition)과 참여(participation)라는 개념을 추가하고 있다.[23]

이상에서 고찰한 바와 같이 주요 학자들의 업무혁신(BPR)에 관한 추진관점을 종합하여 정리하면 〈표 2-3〉과 같다.

3. 성공요소

이상에서 고찰한 업무혁신(BPR)은 지난 10년간 국내·외 많은 기업들이 추진·적용하여 왔고, 그 결과 프로세스 사고(process thinking)와 같은 관리적 오리엔테이션이 시스템 분석, 시스템 계획, e-비즈니스 모델링 등의 분야에 적절히 접목되어 왔다.(Davenport, 1998; Grover and Kettinger, 2000)

---

23) 여기서 X는 상호 교차의 의미로 조직 간의 경계를 허문다는 뜻이며, 기술 중심(technology - enabled), 연결(connect), 효율(efficiency), 고객을 위한 가치(value for customer)를 통해 조직과 고객의 연계를 핵심으로 하고 있다.

〈표 2-3〉 주요 학자들의 추진관점[24]

구분	Hammer · Champy	Davenport · Short	Morris · Brandon	Hall · Rosental · Wade	J. Champy	핵심 요소
추진 단계	4단계	4단계	9단계	-	-	-
Plan (계획)	• 추진단계 세분화 • 개념위주 설명 • 조직에 미치는 영향력 평가 미흡	• 변화관리에 대한 내용 미흡	• 프로세스 대안별로 비용/효과 분석 실시	-	• 최신의 이론으로 적용사례가 부족	적절한 방법론과 외부 전문가의 활용
Plan (계획)	• 큰 결과에 초점 • 리더의 리더십 • 업무혁신(BPR)은 조직의 최고 의제	• 하향식과 상향식의 중도적 접근을 통한 균형 업무혁신(BPR) • 계획과 실제 실행의 차이 인식	• 사업전략을 최대한 이해 • 조직에 대한 이해 필요 • 위치설정모델	• 리더십	• 조직 간 상호협력 • Win-Win 전략 • X: 상호 교차	관리자층 지원
Plan (계획) · Do (실행)	• 하향식 • 기존프로세스의 기본적/실제적 프로세스 설계	• 프로세스설계 및 실행사이의 구체적 보완 • 현장참여 프로세스 재설계 • 패키지 개념의 재설계	• 전사업무흐름 모델의 파악 • 각 부서 간 연계프로세스 분석	• 혁신적 목표설정 • 경영층 지원 • 종합적 검토 • 시범실시	• 혁신적 목표설정 • 새로운 프로세스 창출 • 고객가치의 핵심 제안	대상 프로세스 선정 및 재설계 · 적용
Do (실행)	• 새로운 가치와 신념/동기 유발 • 상위 관리자의 모범	• 중간층 관리자 협의 참여 • 동기부여	• 조직정책 및 운영규칙 • 인적자원 분석	• 의사소통	• 조직 간의 경계 파괴 • 고객 참여	조직 구성원 참여 및 변화관리
Do (실행)	-	• 정보사용자 차원 정보관리 재설계 • 정보생태학적 접근	• 정보시스템 조사 • 필요사항 정리	• 정보기술 활용	• 인터넷 활용	정보기술 활용

---

24) 김승일, 신경영기법 업무혁신(BPR), 매일경제신문, 1993년 11월 3일: 성태경 외, "비즈니스 업무혁신(BPR) 성공요인에 관한 연구", 한국경영정보학회, 1993: 김성태, 전게서, p.672: T. A. Davenport, "Will Participative Makeovers of Business Processes Succeed Where Reengineering Failed?", *Planning Review*, 1995, pp.24~29: T. A. Stewart, "Reengineering the Hot New Managing Tod", *Fortun* 1993, pp.40~43 등을 인용하여 재구성하였다.

그리고 업무혁신(BPR)에 있어서 업무프로세스 자체에 대한 혁신이 외에 가장 많은 관심을 받아온 분야는 변화관리 등과 같이 어떻게 하면 성공적으로 업무혁신(BPR)의 프로세스 변화를 마무리할 수 있느냐 하는 구현과 관련된 분야이다. 그 이유는 변화를 구현한다는 것이 무수한 사회적·문화적·인적·정치적 이슈에 주의를 기울여야 하고 유연하고 다각적인(multi-disciplinary) 시각을 요구하기 때문이다.(Smith and Willcocks, 1998) 이러한 분야는 업무혁신(BPR)의 실행요인에 관한 연구로 분류되기도 하는데 프로세스 변화의 성공확률을 높이기 위해서는 성공요소에 대한 정확한 분석과 이해가 필요하다는 인식에 기초하고 있다.(Basehein, Markus, and Riley, 1994; Caron, Jarvenpaa, and Stoddard, 1994; Grover, Jeong, Kettinger, and Teng, 1995; Hall, Rosenthal, and Wade, 1993; Klein, 1994; Miles, Coleman, and Creed, 1995; Stewart, 1994)

Hammer & Champy(1993)와 Davenport(1993)는 다양한 업무혁신(BPR)의 경험을 토대로 전사적(全社的)인 변화, 혁신적인 성과추구, 하향식 접근, 지속적인 변화관리, 재설계와 개선활동의 병행, 프로세스 오너 체제 확립 등을 주요 실행요인으로 도출하였다.

Klein(1994)은 명확한 성과측정, 업무혁신(BPR)의 단기화, 적합한 방법론 선택 등 현실적인 성공요소를 제시한 반면, Caron et al.(1994)은 1989년부터 1993년까지의 CIGNA사의 업무혁신(BPR) 경험을 기초로 환경에 적합한 업무혁신(BPR) 수행과 같은 상황요인(contingency factor)을 강조하였다.

한편, Miles et al.(1995)은 GM 등과 같이 업무혁신(BPR)을 수행하여 성공적으로 위기상황을 벗어난 사례를 기반으로 비전제시와 이를 뒷받침하는 조직, 적절한 업무혁신(BPR) 범위 선정, 업무혁신

(BPR) 대상프로세스의 우선순위 결정 등의 성공요소를 제시하였다.

Hall et al.(1993)은 100여 개 기업의 업무혁신(BPR) 프로젝트를 연구하고 그중 20개 기업의 업무혁신(BPR) 프로젝트를 정밀 분석하였다. 그들은 업무혁신(BPR) 프로젝트의 단기적이고 제한적인 운영 과정을 개선하여 장기적 이윤으로 전환시키기 위해서는 업무혁신(BPR)이 기업 전반에 걸쳐 광범위하게 정의되어야 하며 업무혁신(BPR)의 핵심적이고 근본적인 수단인 역할과 책임, 성과측정과 인센티브, 조직구조, 정보기술, 공유가치(shared values), 업무기술(skills) 등에 충분한 변화가 수반되어야 함을 강조하였다.

Stewart(1994)는 기업이 변혁을 수용하고 성공할 수 있는지의 여부를 테스트하는 방법을 소개하면서 벤치마킹, 변화에 대한 사전경험, 조직의 유연성 등을 성공요소로 제시하였다.

Bashein et al.(1994)은 미국의 26개 유명 컨설팅업체 컨설턴트와의 면담을 통하여 현실적인 기대수준, 비전공유 등 전사(全社) 차원에서 조직의 공감대 형성을 업무혁신(BPR)의 주요 성공요소 중에 하나로 제시하였다.

Gover et al.(1995)은 업무혁신(BPR)으로 성공요소와 관련된 문헌들을 종합 분석하여 총 64개를 도출한 후 이를 실증적으로 분석하여 9개 영역, 즉 변화관리, 정보기술 능력, 전략 기획, 타임 프레임, 경영지원, 인적 자원, 프로세스 관리, 전술적 기획 등으로 분류하였다.

본 연구에서는 이들 연구들을 토대로 총 12개의 주요 성공요소를 도출하였고, 각 성공요소에 대한 내용·의미 등을 정리하면 〈표 2-4〉와 같다.

〈표 2-4〉 업무혁신(BPR)의 성공요소와 내용[25]

성 공 요 소	내 용
1. 관리자층의 지원과 참여	조직의 관리자층이 업무혁신(BPR)에 대한 열의를 가지고 지속적인 지원과 참여를 함
2. 비전 및 명확한 목표설정	관리자층이 조직의 전략적 비전과 업무혁신(BPR)의 명확한 목표를 설정함
3. 적절한 프로세스의 범위	업무혁신(BPR)을 계획하고 실행하는 데에 있어서 적절한 프로세스의 범위를 설정함
4. 추진전담조직의 역할	업무혁신(BPR) 프로젝트를 효율적·효과적으로 추진하기 위한 전담조직의 역할을 설정함
5. 신(新)업무프로세스의 적용	업무혁신(BPR)을 통하여 설계된 업무프로세스를 현업에 새롭게 적용하도록 유도함
6. 조직의 혁신	업무혁신(BPR)의 결과를 실행하도록 업무조직의 신설이나 폐지, 통합 등으로 조직형태를 변경시키거나 적정인원의 재배치를 통하여 업무처리의 효율화를 도모함
7. 정보기술의 활용	업무혁신(BPR) 수행 시, 다양한 정보기술을 활용함
8. 경영전략과 정보전략의 연계	경영전략과 정보전략 간의 연계에 의하여 업무혁신(BPR)의 실행이 추진됨
9. 변화관리	업무혁신(BPR)으로 인한 변화관리의 필요성을 인식하고 그에 따른 대책을 마련함
10. 보상 및 교육	업무혁신(BPR) 추진팀과 업무혁신(BPR)에 적극적으로 참여하는 조직구성원들에 대한 적절한 보상 및 교육을 실시함
11. 적절한 업무혁신(BPR)의 방법론	업무혁신(BPR)의 실행과 관련하여 기술적인 전문지식, 방법론 또는 노하우를 활용함
12. 업무혁신(BPR) 성과측정	업무혁신(BPR) 성과를 명확하게 측정할 수 있는 기준을 설정하고, 업무혁신(BPR) 이후 초기 추진목표의 달성여부를 점검함과 동시에 계속적으로 필요사항을 follow-up함

자료: 전성현·정승렬·배준범, "업무혁신(BPR) 성공요인의 이원론적 분석", 「경영 정보학연구」 제11권 제2호, 2001. 6월, pp.206~208을 인용 재정리함

---

25) Alter(1990), Freiser(1992), Hall et al.(1993), Bashein et al.(1993), Caron

제2절 공공부문에의 업무혁신(BPR) 적용

1. 필요성

공공부문의 급격한 환경변화에 따라 종전의 공공부문은 중대한 도전을 받고 있으며, 공공기관은 공공수요자의 가치창조에 중점을 두고 업무기능별로 분화된 업무프로세스를 근본적으로 재구축하고 있다.(서순복, 2002: 223~225) 나아가 정보통신기술의 발전과 함께 공공부문의 정보화는 자동화(computerization)의 단계를 넘어 정보화(information)의 단계26)로 이동하고 있으며, 공공개혁 프로그램27)과 함께 정부혁신의 기반이 되고 있는데, 이는 업무혁신(BPR)이 전자정부를 구축하기 위한 국가정보화의 선행 작업의 의미로서 나타나고 있다.

또한 공공부문의 효율성 증진을 위해 신공공관리론(NPM)28)에서 논의되고 있는 민간경영기법 중에서 공공서비스 시민의 가치창조에 관련된 업무프로세스를 파악하고, 이를 혁신적으로 개선하는 업무혁신(BPR)이 공공(행정)개혁의 강력한 도구가 되고 있는데(서순복, 2002: 227), 특히 기존의 조직·업무방식·제도를 그대로 둔 채 단순히 자동

---

et al.(1994), Davenport(1994), Davenport·Stoddard(1994), Hammer·Champy(1994), Klein(1994), Rai·Paper(1994), Stewart(1994), Teng et al.(1994), Venkatraman(1994), Kettinger·Grover(1995), Miles et al.(1995), Stoddard·Jarvenpaa(1995), Grover et al.(1995), 성태경 & 한석철(1995), 윤시중(1997)의 자료를 인용 재구성함.

26) 행정의 정보화는 행정정보를 행정업무에 활용하는 단계로서 일선 행정에서 이루어지는 데이터베이스화 작업은 다른 차원에서 행정서비스나 정책결정에 활용하는 것이 가능하다. 이러한 활동은 개별조직 차원의 정보활용에서 점차 조직 간 연계를 통한 정보공동활용 방향으로 진행되고 있다.(이병기, 2003: 15~17)

화·신속화하는 정도의 정보화는 조직의 생산성 향상과 연결되지 못하므로, 정보기술을 활용하여 공공부문의 업무를 업무혁신(BPR) 시킨다면 공공의 정책결정능력을 고양시켜 주는 중요한 수단이 될 수 있다.(목진휴 외, 1998: 36~37)

그 이외에도 최근 들어 전통적인 공공부문의 모델이 변화되고 있다. 즉 공공부문이 단순히 위험 회피적이고 안정 지향적인 특성을 지녔다고 쉽게 단정 지을 수 없는 현상들이[29] 나타나고 있는데, 이러한 변화들 대부분은 공공부문에서 행해 오던 업무과정이 시민중심의 서비스 지향으로 또는 성과중심의 高效率性을 추구하고 있음을 의미한다. 이

---

27)

〈표 2-5〉 공공(행정)개혁관련 주요 용어의 개념

process reengineering	system restructuring	culture rebuilding	human reorienting
● 불필요한 단계·절차 축소 - 중복·불필요 서류 축소 - 보고·결재절차 단축 - 기관간 협조절차 단축 - 회의절차 단축 - 문서처리·저장개선	● 조직규모의 축소 (down sizing) - 조직규모의 적정화(right sizing) - 계층 감소 (delaying) - 동선 감축 (streamling)	● 민원인 대기 비용 내면화 ● 편리한 사무실 공간배치 ● 공무원의 기업가적 사고방식	● 공무원 잠재력 개발 - 교육훈련 프로그램 개발 - 외부전문인력 활용 - 보상·유인체계 - 업무내용 및 책임의 명확화

28) 신공공관리는 1990년대 품질관리, 소비자중심주의, 경쟁, 효율지향적 관리를 촉진시킨 두 번째 물결(second wave of reforms)로 ① 대담하고 광범위한 시장 메커니즘의 활용, ② 행정서비스의 관리와 생산에 있어서 조직상 및 공간상의 분권화 강화, ③ 행정서비스의 품질을 향상시킬 필요성의 계속적인 강조, ④ 개개의 행정서비스에 대한 욕구가 무엇인지 지속적인 관심 등이 핵심요소이다.(Politt, 1993: 180)
29) 시민을 고객으로 대우하거나 정책과정에 참여시키고, 정부규모의 축소, 정보기술을 활용한 행정서비스의 제공, 민관협력 및 아웃소싱 등을 통한 새로운 정부-국민 간의 관계를 형성해 가는 것 등을 말한다.(문신용, 2000)

러한 관점에서 업무혁신(BPR)이 추구하는 기본적인 개념들은 공공부
문에도 적용이 가능하며, 정보기술을 활용하여 기존의 업무절차와 방
식을 획기적으로 개선할 수 있다는 논의도 활성화되고 있고(Halachmi
& Bovarid, 1997: Boer, 1995: Hammer & Champy, 1993), 맹목적인
공공부문의 자동화가 아니라 프로세스 변화와 연계된 정보기술의 활용
도 중요해지고 있다.(Caudle, 1994)[30]

결국 공공부문은 자원과 예산 제약으로 인해 보다 적은 자원으로 보
다 큰 성과를 내야 한다는 사회적 요구의 고조, 양질의 서비스뿐만 아
니라 서비스가 제공되는 과정 자체에 대한 시민의 관심 증대, 공공부
문의 대응성과 효율성이 향상되어야만 전반적인 국가의 대외경쟁력이
향상될 수 있다는 인식의 확산 등은 공공부문에서도 민간부문에서와
같은 새로운 변화가 이루어질 것을 요구한다.(오광석 · 박원재, 1997:
9~10)

이러한 맥락에서 공공부문에 대한 업무혁신(BPR) 도입 · 적용의 필
요성을 다음의 네 가지 측면으로 정리하고자 한다.

첫째, 공공부문은 기능적으로 세분화되고 전문화된 복잡하고 규모
가 큰 관료조직으로서, 간접비용(overhead)의 부담을 극복하고, 효율
적으로 정보를 처리할 수 있는 한계를 넘어선다. 정보통신기술의 잠재
적 효과를 최대한 살리기 위해서는 부문 간의 조정 및 연계 필요성이
최소화될 수 있도록 업무프로세스 중심으로 조직을 재정비하는 것이

---

30) 업무혁신(BPR)은 조직 전반에 걸친 업무 과정의 급격한 변화를 강조하
기 때문에 업무혁신(BPR)을 공공부문에 적용하는 경우, 최악에는 심각
한 정책 실패나 공익의 훼손으로 이어질 가능성이 있음을 주장하는 회
의적인 견해가 제기되기도 한다.(Klages & Löffler, 1995: Callender &
Joh, 1995) 그 이유는 공공부문이 단순히 효율적으로 양질의 서비스를
제공해 주어야 하는 일 이외에도 민주성, 공정성, 정당성, 투명성 등 다
양한 가치들을 동시에 고려해야만 하기 때문이다.

업무기능 간 조정에 소요되는 간접비용의 비중을 낮출 수 있다.(조남재, 1995: 69)

둘째, 시민(고객)[31]의 목소리를 적극적으로 반영하여야 한다.(Davenport, 1993: 15~16) 이는 업무처리의 시민계층이 누구이며, 시민이 원하는 것은 무엇인가를 파악하는 것에서 출발함을 의미한다. 왜냐하면, 공공조직의 존재이유는 시민을 위해서 존재하기 때문이다. 시민의 가치창조에 대한 기여를 평가하기 위한 서비스·업무처리속도·비용 등과 관련한 평가척도를 적용하고, 시민의 요구와 업무환경의 변화에 보다 잘 대응할 수 있도록 조직의 현행 가치체계나 사고방식을 획기적으로 전환시키려는 최고 정책결정권자의 노력이 필요하다.(GAO, 1994: 20)

셋째, 공공기관은 시민의 민원을 신속히 처리하려 하지만 그 목표를 달성하는 것이 쉽지 않다. 그 이유는 민원 처리가 대부분 여러 기관이 관련된 복합민원의 특징을 띠고 있기 때문이다.(한국전산원, 1997. 12: 7~9) 이는 전자정부가 추구하고 있는 non-stop, one-stop 공공서비스 제공과도 밀접한 관련이 있다.

넷째, 어느 특정 부처의 효율성이 전체 효율성의 희생으로 얻어지는 경우가 많기 때문에 단일기관 내에서 여러 다른 부처들 간의 협조

---

31) 조셉 쥬란(Joseph Juran)은 고객이란 용어를 상당히 중립적으로 바라보며 그 개념을 '생산물에 의해 큰 영향을 받는 사람들'이란 의미로 정의하였고, 정부의 입장에서 '생산물'은 정부에서 제공하는 다양한 서비스에 달려 있다고 보았다. 나아가 정부에서 고객(Customers)이란 '민원인(Clients)' 혹은 '소비자(Consumer)'와 같은 다양한 이름으로 불리지만, 본 연구에서는 고객을 시민(Citizen)으로 표현함과 동시에 공공서비스를 이용하는 일반 시민들뿐만 아니라 공무원 자신들도 기관 내에서 어느 누군가의 고객이 될 수 있다는 광의의 개념으로 고찰하였다.(Jerry W. Koehler & Joseph M. Pankowski 저·남기범 외 공역, 2001: 61~62)

와 조정이 필요한 업무가 종종 분쟁의 원인이 되기도 하며, 관련된 업무가 공공에 부정적 영향을 미치더라도 조직 내에서 책임지는 사람이 없는 경우가 많다.

따라서 시민의 가치증대에 기준을 두고 파악된 핵심 업무프로세스를 재설계할 때는 단위부서의 업무기능을 하나의 업무프로세스로 연결하거나 조직경계의 범주를 넘어서 업무프로세스의 통합, 다른 부서와 정보·자원·설비 등을 공동화하여 시너지효과를 높이는 방안을 고려하여야 한다.

2. 公·私부문 간의 차이점 및 고려사항

1) 차이점

공공부문 업무에 대한 업무혁신(BPR)이 제도·방법·재정적 측면의 구조적 변화나 다른 어떤 형태의 개선보다 효과가 높다는 인식이 확산되면서 공공(행정)개혁을 위해 제시된 정책제안들을 달성하기 위한 방법론으로서 도입되고 있다.(송희준 외, 1997) 그러나 공공서비스 제공의 사명과 운영은 경우에 따라서는 하지 않아도 되는 성질의 것은 아니다. 즉 민간부문과 같이 자유로 사업영역·작업라인·인력·시장의 범위를 바꿀 수 없고, 정치적 영향과 감독을 더 많이 받는다.32) 특히 공공조직의 의사결정과정은 정치적 과정과 밀접한 관계를 가지는데, 한 조직의 경계를 넘어 여러 부서와 관련이 있고, 시민·이익단체·언

---

32) 예산·사업계획·추진일정·노무관리·설비 등에서 집행부 밖의 의회나 상급 공공기관 등의 통제를 받는다.
(http://www.itpolicy.gov/mkm/bpr/gbpr/gbprb.htm).

론·상부기관 등 외부환경의 영향을 받는다.(Bozeman & Straussma, 1991: 108~134) 나아가 공공부문은 공공성도 동시에 추구해야 하기 때문에 공공부문이 갖는 특성 등을 충분히 이해하고 적용하는 것이 필요하다.

또한 민간부문의 업무프로세스는 대부분 투입(input)과 산출(output) 개념이 보다 명확하고 업무에 대한 성과 판단이 용이한 체계를 갖는 프로세스가 주류를 차지하고 있으므로 업무혁신(BPR)을 통한 업무재설계의 시도가 보다 용이하며 어느 정도 성과도 거두고 있다. 반면에, 공공업무는 프로세스 및 목표가 추상적이며 계량화하기 힘든 부분이 상당 부분 존재하고 있기 때문에 절차적·정량적(定量的) 개념을 도입하여 진행해 나가는 업무혁신(BPR) 기법을 도입·적용한다는 것은 매우 어려운 일이며 또한 업무혁신(BPR)의 성과를 거두기도 쉽지 않다.33) 이는 공공부문의 목표는 공익을 표방하는 것이기 때문에 공익의 수혜자는 전체 시민이지만, 다수의 시민들은 개인의 이익처럼 철저히 공익에 관해 손익계산을 따지기 어렵고, 다수의 시민들은 특별히 자기 자신에게 직접적인 피해가 오지 않는 이상 그 일에 대해 나서서 다른 사람의 이익을 대변하려고 하지 않기 때문이다.

따라서 공공부문은 업무의 성격상 민간부문과는 달리 경쟁이라는 것이 거의 없고, 조직의 합리화를 구성원 스스로 추구해 나가기는 어렵기 때문에 의도적으로 경쟁관계를 만들어서 위기감을 조성하는 등

---

33) '정부의 성과'를 평가하기 위해서는 공무원들의 성과에 대한 평가와 정부정책과 프로그램의 효율성에 대한 평가를 신중하게 구분할 필요가 있는데, 업무혁신(BPR) 관점에서의 평가는 맡은 업무를 얼마나 효율적으로 수행했는가를 확인하는 식으로 이루어진다. 그 이유는 정부에 대한 평가는 정책과 프로그램에 대한 연구가 뒷받침되어야 하고, 광범위한 사회적 목표를 얼마나 효율적으로 달성했는지를 판단해야 하기 때문이다. (조셉 S. 나이 외 편저·박준원 옮김. 2001: 97~98)

의 자주적·자발적 노력이 필요하다.[34]

뿐만 아니라 공공부문은 민간부문과는 달리 수익을 목적으로 존재하는 것이 아니라 정부의 고유한 임무를 수행하기 위해 존재한다. 즉 공공부문의 기능은 국정의 필요에 의하여 수행되어야 하는 임무를 토대로 정의되며, 이는 법령에 규정되어 임무수행의 권한을 위임받는다. 그리고 공공부문의 예산은 업무결과의 성과에 의해서 배정되는 것이 아니며, 본질적으로 정부의 기능인 임무수행을 위하여 배정된다. 비록 어느 기관의 임무를 수행하기 위해 집행되는 예산의 비용효과가 떨어진다고 할지라도 공익을 위해서는 예산이 집행되어야 한다.(한국전산원, 2001. 12: 32)

이와 같이 공공부문의 기능은 민간부문과는 달리 법령에 의해 보장을 받고 있기 때문에 환경변화에 따라 유연하게 대응하는 데 한계가 있기 마련이다. 이러한 점은 공공부문이 민간부문과 근본적인 차이를 보이는 점으로 공공조직의 성과를 측정하기 위한 시발점의 차이를 나타내기도 한다. 즉 민간부문은 전략을 통해 기업의 궁극적인 목적인 수익을 창출하였는가가 중요하기 때문에 전략에 따른 가설의 검증에 초점을 두는 반면 공공부문은 기관의 임무가 효율적이고 효과적으로 수행되었는가에 초점을 두어야 한다.(Paul Arveson, 1999;

---

34) 공공부문은 그 속성상 '성과보다는 과정', '효율보다는 형평'을 중시하는 조직으로 조직 목표가 공익이라는 주관적인 것이기 때문에 업무를 위한 의사결정이 주로 정치적·법적·절차적 고려에 의해 이루어지며, 조직이나 사람이 경쟁과 퇴출의 압력이 거의 없기 때문에 한 사람이 해도 되는 일을 두 사람이 하게 되고, 같은 일을 해도 민간부문보다 비용과 시간이 더 들게 되어 있다. 따라서 공공부문 업무에 있어서 업무혁신(BPR)을 도입·적용하고 있음에도 불구하고 공공부문이 민간부문에 비해 생산성과 능률이 떨어지는 것은 거기에서 일하는 사람들의 능력이나 의식부족의 문제가 아니라 공조직이라는 사실 그 자체 때문이다.(김종인, "정부개혁 왜 머뭇거리나", 중앙일보, 2003년 1월 25일)

http://www.balancedscorecard.org/metrics/translating.html)

이상의 관점에서 공공부문과 민간부문의 주요 차이를 〈표 2-6〉과 같이 비교·정리하였다.

〈표 2-6〉 公·私부문 간의 특성 비교

구 분	공공부문	민간부문
전략 목표	시민의 풍요롭고 안전한 생활 (종합서비스, 추상성, 경직성)	제품/서비스제공을 통한 이윤 (한정되고 구체적, 유연성)
재무적 목표	비용감소, 효율성	이윤, 성장, 시장점유율
가치	공공의무, 성실, 공정	혁신, 창조, 신용도, 인지도
성과 추구	시민만족	고객 만족
고객	시민(납세자), 감사인, 입법자	주주, 소유주, 시장(소비자)
리더	행정가, 정치가	기업가, 전문 경영인
조직형태	• 수직적 피라미드 • 직급중시로 경직적 운영	• 상대적 수평적인 네트워크 • 과업중시의 탄력적 운영
운영의 틀	법·제도·규정에 근거한 판단	리더십과 의사결정
가격 결정	경제적＋정치적 판단	시장 메커니즘＋전략적 판단
보유자원	• 자연자원을 포함하여 광범위 • 위기대처를 위한 자원 상시보유	• 사람, 돈, 정보 등 비교적 명확 • 위기 발생시 자원동원
재원	세금, 요금과 지출의 균형	이익창출, 차입을 통한 확대
변화 속도	• 공공서비스의 본질은 불변 • 변화에 대한 대응 지연	• 사업, 기술, 고객취향의 급변 • 변화자체가 생존의 조건
주요 성공요인	우수관리사례, 일률성, 규모의 경제, 표준화된 기술	성장률, 매출액, 시장 점유율, 유일성, 첨단기술

자료: 마틴A.레빈/메리B.생거(1997: 316)에서 인용함

2) 고려사항

모든 조직에서의 업무혁신(BPR)은 서로 다른 요소를 가지고 있고 상이한 모습으로 나타나게 되므로(Hammer & Stanton, 1995), 민간부문에서의 업무혁신(BPR) 성공경험을 그대로 복제해서 공공부문에서 수행한다고 해서 성공을 보장할 수는 없다.[35] 게다가 공공부문에의 업무혁신(BPR) 적용은 민간부문에서 도입된 모형을 토대로 시작된 것이지만, 민간부문과는 다른 여러 특징들을 가지고 있기 때문에 아직까지 공공 분야에 대하여 최적이라고 평가될 수 있는 업무혁신(BPR) 이론이나 기법, 방법론 등이 정립되지 못한 것도 바로 이러한 이유에서 비롯된 것이다.

그러나 업무혁신(BPR)을 공공부문에 적용하는 경우, 공공부문에서만 나타날 수 있는 특성과 그 제약조건들을 충분히 이해하고 대응한다면 업무혁신(BPR)에서 추구하는 장점을 최대한 활용할 수 있을 뿐만 아니라 업무프로세스·조직혁신을 통해 의도한 바의 성과를 도모할 수 있다는 측면에서 〈그림 2-1〉과 같은 요소들을 고려하여야 한다.

---

35) 업무혁신(BPR)은 조직변화를 위한 대표적인 기법(Gover, et al., 1993: 433~447)으로, 1990년대 이후 정보시스템 관련 임원들에게 가장 중요한 이슈로의 하나가 되어 왔다.(Brancheau, et al., 1996: 225~242; Waston, et al., 1997: 91~115) 1994년 자료에 의하면, 정보담당 임원의 2/3 이상이 자신의 회사는 적극적으로 업무혁신(BPR)을 도입했다고 했지만(Index Group, 1994), 업무혁신(BPR)의 실행은 쉬운 일이 아니며, 응답기업의 64%는 예기치 못했던 문제점과 장애물을 만났다고 하였다.(Snell, 1994; Broadbent & Weill, 1999: 160 재인용)

〈그림 2-1〉 공공부문 적용을 위한 SWOT 분석[36]

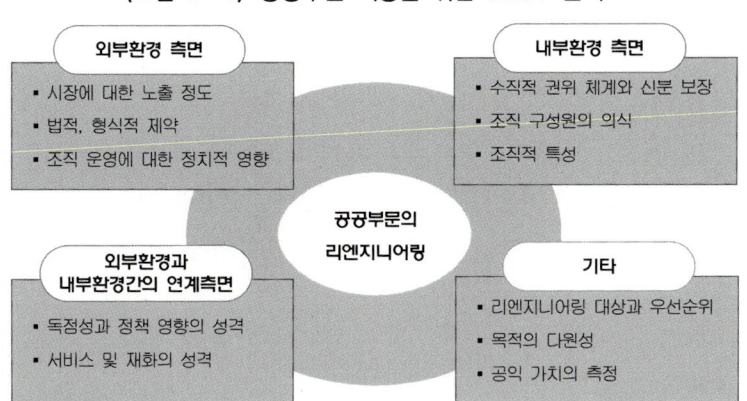

(1) 외부환경 측면

① 시장에 대한 노출 정도

공공부문은 국민의 세금에 의존하는 조직·업무 체계이기 때문에 시장의 논리가 직접적으로 적용되기는 어려우며, 소비자 선호의 반영이나 수요에 부응한 공급을 도모하려는 동기가 적고, 가격이나 이익 등 시장지표 내지는 정보의 입수 기회가 적다.(Armen A. Alchaim, 1976: 74~86; Robert T. Golembiewske, 1969: 367~368)

---

36) 본 연구에서는 업무혁신(BPR)을 공공부분에 적용하기 위해 외부환경으로부터의 기회와 내부 강점을 극대화하고, 외부환경으로부터의 위협과 내부 약점을 극소화하는 방향으로 전략관리를 하기 위하여 SWOT(Strengths·Weaknesses·Opportunities·Threats)분석을 하였고, 이러한 분류는 Rainey et al.(1976)의 공조직과 사조직의 비교 기준에 따랐다. Hal G. Rainey, Robert W. Backoff, Charles H. Levine, H. Charles, "Comparing Public and Private Organizations", *Public Administration Review*, Vol.36(March / April), 1976, pp.233~371: 김성태, 'Hal G. Rainey, Robert W. Backoff and Charles H. Levine의 공(公)·사(私)조직 비교', 오석홍(편) 『행정학의 주요이론』, 경세원, 1996, pp.181~186 등을 인용하여 재작성하였다.

② 법적·형식적 제약

공공부문은 법적·형식적 제약을 많이 받으며, 그로 인해 관리자의 조직 운영에 대한 재량성 여부를 제약받는 경우가 많다. 즉 법령 등에 따라서 업무를 집행해야 하기 때문에 전례 답습과 관료적 형식주의의 경향이 강하고, 부문 간의 할거주의가 강하며, 주민과 의회 등의 감시, 비판을 지나치게 의식한 결과 경직성을 초래하거나 개혁을 결여하기가 쉽다.

또한 새로운 조직의 신설, 기존 조직의 폐지 혹은 역할의 대폭적인 변경 등이 법에 의해 구속을 받기 때문에 업무혁신(BPR)을 위한 조직 개편과 업무 과정의 재편성 등에 많은 시간이 소요된다.

③ 조직 운영에 대한 정치적 영향

공공부문은 정책결정에 있어 여론, 이익 집단의 활동 등 다양하고 강력한 영향을 받으므로 업무혁신(BPR)을 위한 조직 개편과 업무과정의 재배치 등에 있어 많은 어려움을 겪게 된다.

(2) 내부환경 측면

① 수직적 권위 체계와 신분 보장

업무혁신(BPR)은 조직구성원의 새로운 업무프로세스와 역할을 위하여 신속하고 자유로운 재배치와 탄력적인 이동 가능성을 전제로 하여야 한다. 그러나 공공부문의 경우, 수직적 권위 체계와 신분 보장으로 인하여 그러한 전제를 충족시키기 어려워 그 효과를 얻기가 쉽지 않다.

② 조직구성원의 의식

업무혁신(BPR)은 업무프로세스를 재설계함으로써 고객 서비스에 대한 질적 향상을 목표로 한다. 그러나 공공부문 구성원의 경우, 고객에 대한 서비스 마인드가 없거나 권위주의 또는 조직 내의 관료적 형태 등으로 인하여 업무혁신(BPR)을 공공부문에 적용하는 것이 어려울 가능성이 있다.

③ 조직적 특성

공공조직이 갖는 조직적 특성이 저항으로 작용될 수 있다. 공공조직의 특성이라고 할 수 있는 복잡한 계층·기능·절차 그리고 조직구성원에 대한 신분보장과 아울러 공공조직이 갖는 보수성과 경직성으로 인하여 새로운 업무처리과정이 조직에 도입되어도 그 조직을 급격하게 변화시키기보다는 오히려 시스템의 의도된 효과가 둔화 또는 희석되는 경향이 강하다.(기영석·권선필, 1999: 14~15) 따라서 관리자층의 적극적인 실행 의지와 조직구성원의 자발적인 참여를 바탕으로 획기적이고 혁신적인 조직문화의 변화가 이루어지지 않는 한 과거의 업무처리 형태로 회귀할 가능성이 대단히 높다고 할 수 있다.

(3) 외부·내부환경 간의 연계 측면

① 독점성과 정책 영향의 성격

공공부문 행위와 서비스는 강제력이 크고 비자발성과 독점적 성격이 강하기 때문 공공부문 조직의 결정은 일반 조직에 비해 지배력과 공익에 대한 영향력이 크기 때문에 근본적인 개혁을 포함하는 업무혁신(BPR)의 추진에 어려움을 겪게 된다.

② 서비스 및 재화의 성격

공공부문은 서비스의 수혜자인 고객만을 상대로 하는 것은 아니며

특정 서비스의 수혜자가 아닌 일반 고객들도 있을 뿐만 아니라 특정
서비스의 제공은 국민들의 세금과 직접적인 관련이 있다. 이러한 공공
부문이 생산하는 서비스를 시장성, 배제성, 소비의 경쟁성 등의 측면에
서 분석하면 가격 및 시장기구의 적용을 배제하거나 아니면 생산성이
낮은 업무가 주류를 이루고 있다는 점을 고려해야 한다.(강형기, 1994:
1072) 또한 단순히 비용 효과적이며 질 높은 공공서비스를 제공해 주
어야 하는 일 이외에 서비스를 제공함에 있어서 형평성 · 공평성 · 정당
성 · 공개성 등 다양한 요소들을 함께 고려해야만 하는 어려움이 있다.
이러한 것은 효율성 혹은 경제성만을 고려할 수 없는 공공조직이 안고
있는 문제로서 민간부문과는 차별되는 성격이다.(서진완, 1998: 56)

(4) 기 타

① 업무혁신(BPR)의 대상과 우선순위

어떠한 업무프로세스가 핵심적인가를 결정함에 있어서 공공부문 역
시 고객의 가치를 중요한 판단기준으로 삼아야 하지만, 공공부문의 경
우 고객을 명확히 설정하기가 어렵다. 따라서 공공부문은 특정고객
(customer)을 대상으로 하기보다는 일반시민(citizen)을 대상으로 한
다는 특성을 고려해야 한다.(박천오, 1997; 이종범; 1996)

② 목적의 다원성

공공부문에 있어서 업무처리의 목적과 기준은 민간부문에 비해 다
원적이고 공식적이며, 합리적인 목표 이외에도 여러 정치적 요소들을
고려하는 경우가 많다. 또한 책임감 · 개방성 · 공정성과 같은 평가기준
은 애매하거나 명확하지 않아 계량화가 불가능하며, 조직 내부의 목표
간에 상호 충돌 가능성이 크다는 점에서 업무혁신(BPR)의 도입을 어

렵게 하고 있다.(Baker, 1969: 15~32; Hermen, 1974: 129~140)

③ 공익적 가치의 측정

업무혁신(BPR)을 적용해서 조직혁신과 효율성 향상을 가져오기 위해서는 벤치마킹과 평가 및 측정을 통한 지속적 개선노력이 필요하다.

그러나 공공부문에서의 업무산출과 효율성 향상을 측정하는 데 있어, 측정대상의 선정과 수치화에 어려움이 있다.[37] 측정지표 및 지표상의 개선 목표치가 없는 경우, 업무혁신(BPR) 작업은 어려울 수밖에 없기 때문에 공공부문 업무혁신(BPR)의 효과적 추진을 위해서는 명확하고 타당성 있는 지표의 설정과 이를 통한 지속적인 개선노력이 이루어져야 한다.

3. 적용전략

공공부문의 업무는 시민과 공공기관 간의 매개체로서, 시민이 하나의 서비스 제공창구(single windows)를 통해 민원을 신청하는 경우, 정보시스템이 관련된 모든 공공기관을 연결하여 업무를 처리함으로써 관련 공무원들을 일일이 직접 접촉하지 않고도 민원이 처리되는 투명하고 효율적인 개방형 업무체제가 이루어져야 한다. 이와 같이 업무혁신(BPR)은 공공조직으로 하여금 공공서비스 수혜자인 시민에게 최대의 가치를 제공할 수 있도록 핵심 업무를 재설계하는 것이기 때문에

---

37) 미국의 경우, 정부성과에 관한 법(Government Performance and Result Act), 비용회계 표준법(Costing Accounting Standard Act), 예산처 지침(OMB Circular A-11), 국가성과평가(National Performance Review) 등을 통해 모두 지수화된 성과향상을 요구하고 있다.(기영석·권선필, 1999)

업무혁신(BPR)의 계획과 적용단계에서 조직구성원의 저항과 반발, 비협조적 참여 등은 당연히 있을 수밖에 없다.(한재영, 1996: 19) 따라서 이것을 염두에 두고 공공부문에서의 업무혁신(BPR)이 효과적으로 적용되기 위한 추진 전략적 방향성과 관점을 명확하게 설정할 필요가 있고, 그 내용을 검토하면 다음과 같다.

첫째, 시민가치 지향적인 접근전략이다. 이는 업무혁신(BPR)을 검토할 때 공공부문 내적 요인(예, 저부가치업무 축소에 따른 예산절감 등)보다 시민의 요구와 편익을 우선적으로 고려해야 한다. 즉 업무혁신(BPR)을 통하여 창출하고자 하는 시민가치를 토대로 공공조직이 지향해야 할 일련의 전략목표에 대한 개선노력과 연계해서 전체적인 기능을 재설계해야 한다. 특히 조직구성원들은 소속 부서의 업무 영역 내에서만 문제를 접근하기 때문에 업무현상을 분석하는 경우, 부문과 부서를 초월하여 전체적으로 문제를 살필 필요가 있다.(최현아, 1996: 15) 왜냐하면 특정기능에 국한해서 문제를 접근하면 조직 전체 차원에서 문제점을 정리할 때 우선순위를 결정할 수 없고, 개선효과도 상당히 낮게 나올 것이기 때문이다.(이재규, 1994: 423)

둘째, 업무혁신(BPR)의 도입·적용을 위한 절차지향적(적용방법론 중심)인 접근전략이다. 업무혁신(BPR)의 절차는 연구자에 따라 몇 단계로 했는가와 작업순서에는 차이가 있지만, 이는 단계의 숫자와 순서를 구분한다는 의미보다는 각각의 업무혁신(BPR) 단계에서 수행돼야 하는 세부 작업항목에 대한 정의 및 수행절차(예, 방향과 목적·회의체 운영·의사전달체계·수행경험·프로세스설계의 범위 등)가 적적한 시기에, 적합하게 이루어져야 하고 관리돼야 함을 강조하는 것이다. 예를 들면, 관계자의 폭넓은 참여를 유도함으로써 주관 부서의 관리자 및 담당실무자의 업무혁신(BPR) 의지를 고취하여 자발적·적극

적으로 추진하게 하고, 필요 시 시민에게도 업무혁신(BPR) 추진과정
및 결과에 대한 의견을 수렴하는 것이다.

셋째, 업무혁신(BPR)을 적극적으로 수용할 수 있는 조직·문화적
접근전략이 구비되어야 한다.(오광석·박원재, 1997: 5~6) 더 나은
수준과 고품질의 공공서비스를 빨리 제공받기 원하는 시민들의 요구
를 수용하기 위해서는 공공조직의 끊임없는 변화가 필요하며, 그 변화
의 방향과 방법에 대해 조직 내 공유된 비전이 형성되어야 업무혁신
(BPR)이 성공적으로 이루어질 수 있다. 나아가 업무혁신(BPR)에 따
른 공공조직 개혁이 성공하려면 공무원들 사이에 변화의 필요성이 인
식되어야 하고, 이 같은 인식을 바탕으로 동조할 수 있는 장기적인 비
전과 청사진이 제시되어야 한다.(송희준, 1995: 9) 왜냐하면 많은 업
무혁신(BPR) 노력들이 실패로 끝나는 근본적 이유는 조직구성원들에
대한 변화관리를 소홀히 하였기 때문에 조직구성원들의 공감대 형성
이 중요한 성공요인이 된다.(조남재, 1995: 19, 21)

넷째, 업무혁신(BPR)에 관한 성공요인 중심의 접근전략이다. 대표
적으로 최고 결정권자의 강력한 지원과 적극적인 참여가 그 관건이다.
최고 결정권자의 책임은 방향을 설정하고 가치를 창출하는 관리 측면
(hard)에만 국한되는 것이 아니고, 구성원들에게 동기를 부여하고 변
화에 대한 결의를 이끌어 내는 일(soft)도 포함된다.(보스톤 컨설팅그
룹, 1995: 29) 왜냐하면 변화와 개혁을 원하는 사람은 없고, 업무혁신
(BPR)은 혼란스러울 수도 있으며, 현행 업무에 익숙해져 있는 조직
구성원들에게 영향을 미치기 때문이다.(성기현, 1993: 57) 그 이외로
업무혁신(BPR) 추진팀(TFT: Task Force Team)의 구성이 핵심적이
다. 업무의 성격 자체가 창의적이고 논리적인 기능을 필요로 하므로
그에 맞는 팀 리더와 멤버가 구성되어야 한다. 그 이유는 업무혁신

(BPR) 계획단계에서부터 끊임없이 현장실무팀으로부터 환류(feed-back)를 받고 그들을 업무혁신(BPR)의 주체로 느끼게 하여야만 현실적으로 적합한 기획 결과를 수립할 수 있고, 실행단계에서의 저항도 줄일 수 있다.(이욱재, 1999: 20)

　마지막으로, 계획된 업무혁신(BPR)의 결과물이 성공적으로 구현되기 위한 수단적 접근전략[38]으로, 업무수행을 위한 자료의 발생·생산·유통·보존·재활용 등에 필요한 모든 정보처리과정의 원활한 연계를 위해 정보기술의 적극적 활용과 유관 업무와의 연계 및 공동 실시를 통한 시너지효과 창출 그리고 업무관련 기본법부터 세부 처리지침에 이르기까지 관련된 법과 제도의 정비를 병행하여야 한다.

---

38) 업무혁신(BPR) 업무개혁과정은 자료 수집과 분석을 필요로 하며, 이를 성공적으로 수행하기 위해서는 언제·어떻게 질적 도구를 활용할 것인가를 이해하여야 하며, 수단적인 방법으로 다음의 원칙들을 고려하여야 한다. ① 정부조직의 업무들은 그 활동이 과정(process)으로 구성될 때 가장 이해하기 쉽고 개선될 수 있다. ② 정부 업무프로세스는 개선 가능한 활동들을 포함하고 있다. ③ 각 프로세스들의 목표는 시민의 기대 수준을 맞추거나 능가하는 데에 있다. ④ 업무혁신(BPR) 작업은 견고한 결과를 가져온다. ⑤ 업무혁신(BPR)은 프로세스에 대한 이해를 필요로 한다. ⑥ 업무절차에 인접한 사람들이 바로 업무혁신(BPR)하기에 적합한 위치에 있다. ⑦ 각 프로세스에 대한 평가가 필수적이다. ⑧ 생생한 문제해결은 챠트화된 절차에 의해 가장 잘 이루어질 수 있다. ⑨ 업무절차를 개선하기 위한 결정은 자료에 근거해서 이루어져야 한다. ⑩ 업무혁신(BPR)의 방법과 절차를 이해하고 적용함으로써 문제해결을 촉진시킬 수 있다.(Jerry W. Koehler & Joseph M. Pankowski, 2001: 11~14)

제3절 공공부문 업무혁신(BPR)과 PDS 모형

오늘날 많은 조직들은 업무혁신(BPR) 추진에 있어, 앞에서 언급한 주요 학자들의 추진 관점과 성공요소를 고려하면서 업무혁신(BPR)을 도입·적용하고 있다. 나아가 각 조직이 처한 환경, 장기간에 걸쳐 형성된 조직문화, 관리자층의 리더십 스타일 또는 과거 혁신활동의 성패 경험 등에 따라 독특하고도 다양한 업무혁신(BPR) 추진절차를 적용하고 있다.

본 연구에서의 업무혁신(BPR) 추진단계는 업무프로세스 개선 시에 필요한 3단계 업무혁신 절차인 PDS Cycle을 토대로 기존 연구자들의 문헌적인 선행연구에 대한 분석, 실무 종사자들의 의견 수렴 또는 필자의 업무혁신(BPR) 프로젝트 수행경험 등을 반영하여 구성하였다.[39] 이를 구체적으로 제시하면 다음과 같다.

1. PDS 모형과 업무혁신(BPR)의 연계

조직에 있어서 업무를 수행하거나 관리함에 있어서 가장 기본이 되는 활동은 'PDS~환류(feedback)'라고 할 수 있다. 그러나 이러한 관리의 기본 활동은 단순하고 쉬운 것 같지만 실제 수행하려면 매우 어려운 일이며, 초우량 기업과 평균기업 간의 본질적인 차이는 조직 내 각 업무레벨에서 이 사이클이 준수·실행되고 있느냐에 좌우된다.

---

39) 주로 Deming(1980), Hammer and Champy(1993), Goullardge et al(1993), Department of Defense(1995), GAO(1994), Peppard and Rowland(1995), Loh(1997) 등을 참조하였다.

이와 같은 PDS Cycle의 효과적인 실행·관리를 통해 보다 좋은 서비스를, 낮은 비용으로, 신속하게, 시민에게 공급함으로써 궁극적으로 시민만족을 실현하는 것이다. PDS Cycle은 업무프로세스를 개선·개혁하는 것을 도와 시민의 요구와 프로세스 능력 간의 격차를 줄여주는 절차로서 초기에는 주로 '총체적 품질관리(TQC)'[40] 영역에서 발전되어 왔으나, 최근에는 '6시그마 품질경영'[41]이나 '업무기능'[42]의 컨

---

40) TQC는 소비자가 요구하는 가장 적합한 품질수준의 제품을 경제적으로 생산 공급하기 위해 조직의 모든 부문이 유기적으로 협력하여 경영방침을 달성하고, 경쟁력 제고를 이룩하는 체질개선활동으로서, 미국의 A. V Feigenbaum이 제창한 말로, 미국에서는 파이겐바움식QC, 유럽에서는 ICPQ(Integrated Control of Product Quality), 일본에서는 CWQC(Company-Wide Quality Control)이라고 부른다. 여기서 T(Total:총력, 총합)는 조직 내에서 일하는 모든 사람의 의지와 능력과 노력을 한데 뭉쳐 전사적 체계로 추진한다는 뜻이고, Q(Quality: 품질)는 제품·서비스·업무·사람의 질 등 모든 질의 총칭이며, C(Control: 관리)는 PDS Cycle을 적용해 가는 것을 의미한다.(http://www.krconsulting.co.kr/term/data/illu/%BC%FD%C0%D A%B9%D7%BF%B5%B9%AE/TQC.htm)

41) 6시그마 기법은 마이켈 해리박사에 의해 1987년 탄생됐으며, 시그마란 표준편차를 표시하는 통계학 용어로 100만 개당 3.4개의 불량, 즉 3.4PPM(Part Per Millions)의 품질수준을 의미한다. 이러한 6시그마 활동은 고객만족을 위한 필수요건을 찾아내고, 그 필수요건을 충족시키지 못하는 모든 것을 불량으로 간주함은 물론, 조직의 경영활동, 즉 제조공정이나 행정업무를 수행한 결과 목표치로부터 벗어남으로써 결과적으로 고객요구를 만족시킬 수 없는 원인이 되거나, 나아가 조직의 경영목표달성에 장애가 될 수 있는 것까지 불량으로 취급하여 그런 불량을 6시그마 수준(불량 제로화)으로 낮추어 가기 위한 전원 참여의 전사적인 혁신활동이다.(권재진·이병희 옮김, 2002: 224~225: http://members.tripod.lycos.kr/yj6sigma/define2.htm)

42) 업무기능(business function)이란 조직이 맡은 바 목적을 달성하기 위한 활동(예: 생산, 영업·마케팅, 인사, 재무, 회계, 연구개발, 자재, 무역, 물류 등)으로, 보다 높은 효율성(efficiency)과 효과성(effectiveness)을 실현하는 것을 기본원칙으로 한다.(http://dongmyong-gii.cschool.net/lesson/

설팅 진단 등의 분야에까지도 활용되고 있다.

PDS Cycle을 경영·업무 품질 영역에 처음으로 접목한 W. Edwards Deming(1980)은 업무에 있어서의 품질문제를 시스템의 문제로 인식하고, 문제가 발생한 다음 이를 수습하는 식의 해결보다는 장기적 관점에서 프로세스와 시스템을 체계적으로 주목할 것을 강조하였다. 또한 조직 외부의 시민과 공급자까지 포함하는 확장된 프로세스 개념을 제시함으로써 시민 요구사항의 반영이나 시민만족 그리고 공급자들과의 장기적 협력적 파트너십이 필요한 이유를 보다 체계적으로 설명하고 있다.(양순덕, 1999: 41~44)

PDS 모형과 업무혁신(BPR)의 관계 흐름을 살펴보면 〈그림 2-2〉와 같이 도식화할 수 있다.(Price & Cohen, 1993: 99)

〈그림 2-2〉 PDS 모형과 업무혁신(BPR)의 연관도

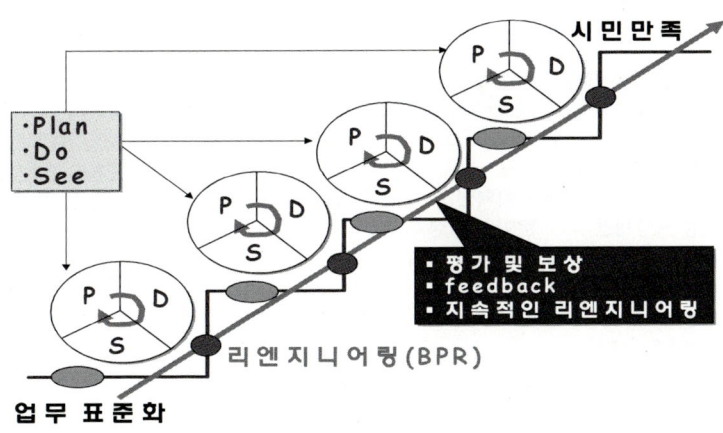

자료: 류한주(1994: 34)를 인용·재구성함

%C0%FC%B9%CC%BE%D6/management/management2.htm)

2. PDS 모형에 의한 단계별 추진내용

성공적으로 경영혁신을 수행했던 민간 기업들은 업무혁신(BPR) 혁신과정에서 여러 단계로 구성된 공통의 사이클이 있었을 뿐만 아니라 계획적인 추진방법을 통하여 추진비용과 실패위험도를 감소시킬 수 있었다.

따라서 업무혁신(BPR)을 공공부문에 도입·적용함에 있어서도 민간부문에서 검증되었던 이러한 사이클을 적용하는 것이 가능하며, 업무혁신(BPR)을 추진하는 각 단계를 성실히 수행함으로써 각 단계별 가치연쇄(value chain)를[43] 잘 조정할 수 있을 뿐만 아니라 다음 단계의 작업절차를 원만히 진행할 수 있다. 이러한 내용을 개념적으로 도식화하면, 〈그림 2-3〉과 같이 나타낼 수 있다.

〈그림 2-3〉 PDS 모형에 따른 업무혁신(BPR) 추진내용

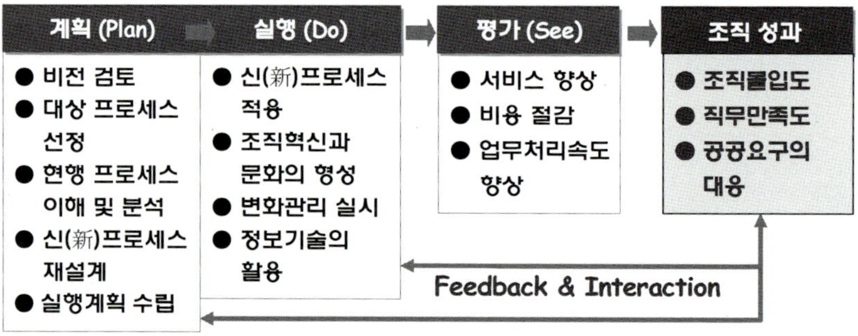

자료: 김영달(1995: 14~15)을 재구성함

---

43) 조직의 목적을 달성하기 위하여 조직이 수행하는 여러 활동, 즉 자원을 취득하여 생산·개발을 통해 제품이나 서비스 제공 등은 서로 연계되거나 순차적으로 진행된다.(Turban & King, 2003: 52~53; 장시영, 2002: 94~95)

1) 계획(Plan)

(1) 비전의 검토

일반적으로 조직에 있어서의 비전은 조직이념, 사업영역, 경쟁우위의 자원, 상품이나 서비스의 포지션 등에서 출발하지만, 공공부문에서 업무혁신(BPR)을 진행하기 위한 지침으로서의 비전은 시민의 가치와 조직의 강점(core competence)에 근거한 visioning에 초점을 맞추어야 한다. 이러한 점에서 책정된 비전을 어떻게 투영할 것인가가 더욱더 중요한 요소가 되며, 이를 위해 요청되는 것은 비전을 조직구성원 개개개인에 대하여 업무혁신(BPR) 후의 업무를 투영시켜 행동의 가시적 목표를 제공하는 operational vision으로 전개되도록 하는 것이 매우 중요하다.[44]

(2) 대상프로세스의 선정

대상프로세스를 선정하기 위해서 우선해야 할 작업은 조직 내의 프로세스를 정의함과 동시에 전체 업무프로세스가 시민의 요구에 부합되는지의 여부는 물론 조직의 비전과 일치하고 있는지를 검토한다.[45]

---

44) operational vision으로의 전개에는 두 가지의 중요한 요소가 있다. 첫째, 행동을 이끄는 구체적인 형식이어야 한다. 즉 '민원을 접수한 사람이 관계 부서에 직접 전화하고 관계자에게 긴급 문서를 회람하여 민원인에게 24시간 이내에 응답한다.'로 하여 구체적인 행동을 연상할 수 있는 행동지침이 제시되어야 한다. 둘째, 구체적으로 수치화한다. 즉 '문서작성을 30분 이내로 한다.'와 같은 것으로 가능한 한계를 정량화하여 비전을 책정할 필요가 있다.(기영석 · 권선필, 1999: 357~358)

45) 프로세스는 부서 혹은 부서 내의 기능단위로 정의되어서는 안 된다. 왜냐하면 이렇게 정의된 프로세스는 개선의 효과도 국지적 · 한시적이며, 주요 관심 대상인 부서 간 이동 및 대기 간 등의 손실이 별로 발견될

그 후 업무혁신(BPR)의 대상이 되는 업무프로세스의 선정은 해당 조직의 강점을 고려한 후, 여러 개의 업무프로세스를 대상으로 조직이 존속하는 동안 없어지지 않을 근본적인 상호 연계 업무프로세스에 바탕을 두고 우선순위에 의거, 주요 핵심 업무프로세스를 선정한다.46) 그러한 선정기준은 첫째, 중요도로서 조직의 사명 달성에 있어 해당 업무프로세스가 얼마나 공헌을 하느냐를 판단한다. 둘째, 역기능으로 현재 업무프로세스가 본래의 목적에 비추어 볼 때 얼마만큼 불만족스러운가를 기준으로 판단한다. 셋째, 실행가능성으로 기존 업무프로세스를 혁신적으로 고치는 것이 현실적으로 가능한 정도를 나타낸다. 넷째, 업무범위의 결정으로 업무의 시작과 종료를 규정하는 것이다. 이때 범위를 너무 넓게 하면 분석이 복잡하고 광범위하여 업무혁신(BPR) 활동을 전개하는 데 어려우므로 처음에는 좁은 범위의 업무프로세스에서 시작하여 차츰 넓은 범위의 업무프로세스를 대상으로 분석하는 것이 바람직하다.(박철희, 2000: 115~116)

(3) 현행프로세스의 이해 및 분석

대상프로세스의 선정이 끝난 후에는 선정된 프로세스에 대한 현상 분석이 시작된다. 이를 위해 현장 관찰, 인터뷰, 자료 검토 등의 방법

수 없으며, 또한 프로세스의 목표 자체가 왜곡되기 쉬운데 그것은 여러 부서에 걸쳐 있는 프로세스의 전체 목표가 쪼개지면서 부서의 목표에 의해 대체되기 때문이다.(한국전산원, 공공기관의 정보화 추진전략과 방안, 1997. 12: 101~102)

46) 평가기준을 살펴보면 ① 기술적 실현 가능성(technological feasibility), ② 운영상의 실행 가능성(operational feasibility: 새로운 업무프로세스가 조직에서 얼마나 잘 작용할 것인가에 대한 측정 정도), ③ 경제적인 실현 가능성(economic feasibility: 비용 대비 효과성), ④ 법적인 실현 가능성(legal feasibility)이 있다.(강근복, 1998: 144)

을 활용하며, 현상분석을 통해 나오는 산출물 중에서 가장 중요한 것
은 프로세스 맵(process map)이다.

① 프로세스 맵의 작성

여기서는 전체적인 프로세스의 흐름과 프로세스를 적정단위로 나눈
하위 프로세스(sub-process)가 정의되어야 하는데, 각각의 하위 프로세
스의 세부단위는 활동(activity)이 된다. 이러한 프로세스 맵에는 업무
프로세스에 투입(input)되는 시민에 대한 정의와 그들로부터 요구되는
현상의 문제점 및 문제점의 정도(크기)가 명확히 정리되어 향후 개선기
회가 도출될 수 있어야 한다. 또한 개선목표에 대한 수준을 설정하고,
개선효과를 파악함으로써 업무혁신(BPR)의 집중분석 대상으로 삼는다.

② 프로세스의 목표치 설정

프로세스가 과연 어떤 모습으로 수행되어야 하는가를 상세하게 기
술하는 것으로서, 이전 단계의 업무프로세스의 맵이 작성되고 나면 프
로세스별 측정지표에 의거한 목표치를 설정한다.47) 여기서의 프로세
스의 목표치 설정은 다음의 세 가지 차원에서 검토된다.

첫째, 사업전략과 조직비전의 검토: 프로세스 혁신을 위하여 먼저
사업 전략과 조직의 비전을 검토하여 프로세스의 방향을 설정한다.

---

47) 통상 목표치의 설정은 시민의 가치를 분석함으로써 출발하는데, 시민가
치 증대의 기초는 시민의 요구를 정확히 파악하는 것에 의해 달성된다.
즉 공공서비스를 통해 제공되는 가치(구체적으로 민원이나 부가되는 공
공서비스 등)에 대하여 시민이 실제 충족되기를 원하는 또는 잠재적으
로 원하는 것을 인식하는 것이 중요한 요소이다. 대표적으로는 조직상의
목표치나 기관의 임무, 시민의 기대수준, 타 조직에 대한 벤치마킹 수치
를 반영하는 방법이 있다.(서순복, 2002: 253~254를 인용 재작성함)

둘째, 시민 요구(needs)의 반영: 시민으로 하여금 그들의 해당 프로세스에 대해 무엇을 기대하고 있는가를 조사하여 반영한다.

셋째, 벤치마킹의 추진: 경쟁력 있는 조직·업무가 되도록 그 분야에서 최고 수준에 있는 실행방법을 찾거나 선행 구축사례를 분석한다.[48] 여기서 유의해야 할 점은 벤치마킹은 조직 전체의 차원보다는 업무프로세스 관점에서 행해지는 것이라는 점이다. 특히 공공부문은 벤치마킹의 대상으로 외국의 공공기관을 선호하는 경우가 많은데, 이보다는 해당 프로세스 분야에서 우수한 민간부문을 벤치마킹함으로써 대상을 쉽게 선정할 수 있을 뿐만 아니라 민간부문에서 적용되었던 경영기법을 자연스럽게 도입할 수 있음을 고려하여야 한다.

③ 프로세스 분석

프로세스 분석은 중·장기적인 사업 방향을 근거로 핵심 프로세스를 파악하고 현재의 문제 분석 및 이를 해결할 수 있는 기회를 파악하는 활동을 의미한다. 이러한 활동의 목표는 내부 생산성을 높이고 궁극적으로 시민의 만족도를 향상시키기 위해서 시간과 노력을 줄이는 과정에 사용하기 위한 것이다. 따라서 어떠한 관점에서 프로세스를 분석할 것인가가 중요한 요소인데 그 기준을 개략적으로 정리하면 다음과 같다.

- 시민의 입장에서 업무가 이루어지고 있는가?
- 분산된 업무를 하나로 통합할 수는 없는가?

---

48) 벤치마킹이란 어느 특정 분야에서 우수한 상대를 찾아 성과 차이를 확인하고 그 차이를 극복하기 위해 상대의 뛰어난 점이나 방식을 배우면서 자기 혁신을 추구하는 기법이다.(日經BP, 1996: 99)

- 업무담당자가 의사결정을 쉽게 할 수 없는가?
- 관리(확인 및 통제)가 너무 과도한 것은 아닌가?
- 업무절차가 너무 단일하게 혹은 복잡하게 정의된 것은 아닌가?
- 정보의 재입력 또는 과다한 정보의 교환·중복은 없는가?

(4) 신(新)프로세스 재설계

이는 설정된 프로세스 목표를 달성하기 위해 프로세스가 어떻게 달라져야 할 것인가를 설계하는 과정으로 프로세스 분석의 연속선상에서 이루어진다. 프로세스 분석에서 사용되었던 기준에 따라 신(新)프로세스의 재설계 방향을 살펴보면 다음과 같다.

첫째, 시민이 불편하게 느끼는 사항에서 개선의 기회를 포착한다. 일단 시민이 만족하는 형태로의 프로세스 재설계가 가능한지 여부를 판단하고 불가능한 경우는 그 이유를 상세히 분석한다. 둘째, 연속적 업무는 가급적 한 사람의 책임자가 처리할 수 있도록 하되, simulation 등을 통해 개인에 의해 효율적으로 통합 처리될 수 있도록 적정단위를 찾아낸다. 셋째, 수직적인 업무프로세스의 축소를 위해 담당자 의사결정권을 전제로 프로세스를 재설계하고, 담당자가 의사결정을 하는 데에 필요한 정보를 제공할 수 있도록 한다. 넷째, 수행되는 작업에 대한 통제는 예상되는 오류의 확률 및 그로 인한 예상 피해를 고려한 수준에서 결정되어야 한다. 다섯째, 순차적인 작업의 경우, 각 작업의 시작에 필요한 정보가 입수되는 시점에서 전 작업이 끝나지 않더라도 동시에 작업을 진행한다. 여섯째, 같은 프로세스상에서의 업무처리를 위해 똑같은 정보를 별개로 관리하지 않도록 하고, 정보의 재입력 등을 최소화시켜야 한다.

그러나 업무혁신(BPR)의 계획(Plan)에서 신(新)프로세스의 재설계는 가장 힘들고 어려운데, 그 이유는 정형화된 방법론이 존재하지 않을뿐더러 업무에 대한 많은 경험이나 전문성을 요구하고 있기 때문이다. 따라서 업무혁신(BPR)을 추진하고 있는 많은 조직들이 공통적으로 해결하였던 내용들을 파악하고, 이러한 것을 중심으로 다양한 원인 분석 및 근본적으로 재설계할 수 있는 방안들을 모색하여야 한다.

(5) 실행(Do)계획의 준비

실행단계의 준비가 진행되면서 신(新)프로세스의 적용을 위한 실현 수단의 검토 및 정보기술 도입에 대한 실질적인 계획(일정·자원 등)이 동시에 진행되어야 하고, 적용을 위한 예산확보, 투자효과 분석, 추진체제 및 일정 등에 관하여 최고 관리자층에게 보고하여 최종 승인을 받는다.

최종 승인을 받은 새로운 업무가 실제로 적용되기 위해서는 교육 및 훈련이 준비되어야 한다. 이를 위해 조직원들의 현재 보유 기술이 파악되어야 하고, 신(新)프로세스를 적용하기 위한 핵심요인들을 정리하여야 한다. 또한 현재 상태와 새롭게 요구되는 기술 간의 갭49)을 극복하기 위해 중점 분야가 선정되고 그 분야에 대한 대응계획이 준비되어야 한다. 그리고 개인의 직무 변화 및 새로운 행태의 출현에 맞추어 새로이 바뀌어야 하는 것 중에 평가 및 관리 방식을 빼놓을 수 없다. 새로운 평가방식의 시작점은 과거 부분별로 내부 지향적으로 만들어진 평가지표가 프로세스의 관점에서 새로 정립되어야 한다.

---

49) 갭(gap)이란 시민의 만족과 현재수준의 차이를 의미하며, 이를 측정하기 위한 형태는 크게 '언어형 데이터'와 '수치형 데이터'로 나누어진다. 즉 '언어형 데이터'는 '민원에 대한 정리가 필요하다' 등의 표현이고, '수치형 데이터'는 '민원이력관리시스템용 예산 5억 원 배정'이라고 표현하는 것이다.(박철희, 2000: 131)

그 이외에도 신(新)프로세스의 전개 시 고려사항을 알기 위해서는 업무혁신(BPR) 이전과 이후의 새로운 업무환경에 대한 이해가 필요하다. 각 항목별로 업무혁신(BPR) 전·후의 환경을 비교·정리하면 〈표 2-7〉과 같다.

〈표 2-7〉 업무혁신(BPR) 전·후의 업무환경 변화

구 분	업무혁신(BPR) 이전	업무혁신(BPR) 이후
업무조직	부서별 조직	팀 위주의 조직
직 무	단순 직무	복합적 업무
역 할	통제관리	자기관리
직무교육	수동적 관리	능동적 교육
성과 측정	업무활동 중심	업무결과 위주
승진기준	과거의 업적	여러 상황에 대처 능력
가치관	방어적	생산적·능동적
조직구조	위계적	수평적

자료: 한국전산원, 공공기관의 정보화 추진전략과 방안, 1997, p.150에서 재인용함

2) 실행(Do)

업무혁신(BPR)의 실행단계에서는 신(新)프로세스를 적용하고 관련 조직을 재편성하게 된다. 또한 조직문화의 변화를 위한 시도 및 업무혁신(BPR) 업무혁신을 위해 선정된 정보기술의 신속한 확산 등과 아울러 자원관리에 대한 책임소재나 관리방법과 지적자원 중심으로의 변화 등을 포함한 새로운 자산관리 방법들이 적용되게 된다. 그러나 실행단계에서는 수립된 계획내용과는 달리 빈번한 사업구조조정과 조직변화가 일어나는 경우가 있으며, 조직의 목표(예: 정책결정·서비스·예산 등)달성에 치우쳐 역량 제고를 위한 전략과제에 대하여 밀도

있는 실행이 이루어지지 못하는 경우도 많다.[50]

따라서 계획(Plan)에서 설계된 내용이 성공적으로 적용되기 위해서는 신(新)프로세스의 적용·조직혁신과 문화의 형성·변화관리의 실시·정보기술의 활용 등 크게 네 가지 측면으로 구분하여 추진해 가야 한다.

(1) 신(新)프로세스의 적용

업무혁신(BPR) 프로젝트에서 새롭게 기획된 신(新)프로세스의 설계만으로도 조직 내에서 놀랄 만한 성과를 가져올 수 있지만, 업무혁신(BPR)의 궁극적인 성과를 도모하기 위해서는 신(新)프로세스가 체계적으로 적용돼야 한다. 업무혁신(BPR)의 계획(Plan)에서 설계된 신(新)프로세스의 내용을 성공적으로 적용하기 위한 추진전략을 살펴보면 다음과 같다.

첫째, 공공조직의 전략적 선택·방향(strategic choice & direction)과 공공조직이 활용하는 프로세스들을 같은 방향으로 움직이도록 해야 한다. 이는 공공조직의 사업초점에 관한 선택에 따라 이를 달성할 신(新)프로세스의 구성과 자원의 배분방식이 달라지기 때문에 조직의 전략적 방향이 어떻게 결정되는가에 따라 탄력적으로 적용해 가야 한다.[51]

둘째, 조직의 가용자원을 효과적으로 배분하고, 조직의 성과를 높게 창출할 수 있도록 신(新)프로세스를 적용해 나가야 한다. 조직 내의

---

50) LG경제연구원, "경영의 기본 사이클에 충실하라", 《주간경제》 제440호, 1997년 11월.

51) LG경제연구원, "성공적 전략수행을 위한 비즈니스 프로세스 관리", 《주간경제》, 1999년 12월, pp.34～35.

모든 프로세스들이 조직의 사업전략을 수행하는 데 동일하게 공헌하는 것이 아니다. 결국 조직은 조직의 성과창출에 효과성이 높은 프로세스를 선택하고 이에 집중하며, 업무혁신(BPR) 또한 여기에 초점이 맞추어져야 한다.(박옥구, 2001 : 63~64)

셋째, 신(新)프로세스의 적용이 공공조직 전체에 파급될 충격은 대단할 것이기 때문에 그 충격을 최소화하고 예상되는 문제를 사전에 대비하기 위해서 우선순위에 따른 단계적 도입이나 시범모델의 구축 그리고 완전히 새로운 업무단위의 창출 등을 고려하여야 하고(송경근, 1994 : 217~219), 특히 이러한 시범모델을 선정하는 방법에는 다음과 같은 방법이 있을 수 있다.

- 신규 부문인 경우는 신규사업 부문, 신규증설 조직
- 기존 업무 중에서 도전의지가 강하고 혁신이 시급한 부문
- 기존 업무내용 또는 공공서비스 제공 부문에서 부분적인 적용

그러나 시범모델을 너무 장기간 실시하는 것은 바람직하지 못하며, 최소한 3개월 이내에 결과를 평가하여 신(新)프로세스의 확정과 동시에 확대 적용 여부를 결정하여야 한다.

(2) 조직혁신과 문화의 형성

조직의 변화형태로서 업무혁신(BPR)은 업무설계, 조직구조, 경영시스템 등 신(新)프로세스와 관련된 모든 것들을 통합된 방식으로 재형성해야만 하기 때문에 극적인 변화를 특징으로 하며, 이것들을 성공적으로 관리하기 위해서는 업무혁신(BPR)의 본질이 조직변화라는 사실을 인식하여야 한다.(송경근, 1994 : 235~236) 또한 이러한 결과로서

새로운 조직의 신설이나 인원 감축, 인원 재배치 등이 나타나며, 더불어 업무혁신(BPR)이 문제를 야기하고 저항을 일으킬 수 있다는 사실과 그것이 주목할 부문이라는 사실에도 주목하여야 한다.

업무혁신(BPR) 관점에 따라 조직구조를 설계(organization design)하는 방법으로는 다음과 같이 크게 세 가지 측면으로 구분하여 설명할 수 있다.

첫째, 프로세스 중심조직이다. 이는 과거의 전문기능들(functions)을 프로세스를 지원하는 전문적인 활동으로 생각하고 프로세스 라인을 따라 조직을 구축하는 방법이다.

둘째, 매트릭스(matrix) 조직이다. 이는 기능과 프로세스의 매트릭스 형태로 조직을 구축하고 역할과 책임을 공동으로 부여하는 방식이다.

셋째, 코디네이션 메커니즘(co-ordination mechanism)[52]의 운영이다. 조직이 프로세스를 중심으로 운영됨에 따라 개별 프로세스마다 프로세스 오너(process owner)들이 생겨나게 되고, 이처럼 권한을 부여받은 프로세스 오너들은 자신이 맡고 있는 프로세스 자체의 효율성을 적극적으로 추구하게 된다.

(3) 변화관리의 실시

업무혁신(BPR)을 실행하는 과정에서 도입하게 될 조직혁신이나 정

---

52) 조직의 전략적 목표와 개별 프로세스들의 연계를 위해 또는 이들 간의 의견 차이 등과 같은 갈등을 해소하기 위한 장치들이 필요하게 되는데 이것이 바로 코디네이션 메커니즘이며, 이를 실현하기 위한 방법은 브리핑, 인트라넷 등을 활용한 커뮤니케이션의 명확화, 팀과 리더의 역할, 책임의 명확화 등이 필요하며, 신정보시스템의 구축을 통해 프로세스 간, 구성원 간 정보의 공유를 원활히 해야 한다.(LG경제연구원, "성공적 전략수행을 위한 비즈니스 프로세스 관리", ≪주간경제≫, 1999년 12월, p.38)

보자원의 통합관리로 인한 변화는 불연속적이어서 기존 조직과 구성원의 강한 저항에 직면하게 되는데, 이를 해소하기 위해서는 적극적인 변화관리의 실시가 필요하다.[53] 왜냐하면 프로세스 지향적 변화는 필요한 변화의 전반적인 크기, 변화의 성과에 대한 불확실성의 정도, 조직 간·조직 전반에 걸친 변화의 폭, 개인의 태도와 행동에 대해 필요한 수용(收容)의 깊이, 변화 프로세스의 지속 기간 등의 특징에 대하여 이해돼야 하기 때문이다.(Davenport, 1994: 236)

따라서 업무혁신(BPR)은 시민의 요구를 수용하기 위해서 끊임없는 변화가 필요하며, 그 변화의 방향과 방법에 대한 조직 내의 공유된 비전이 형성된 후, 업무혁신(BPR)의 목표가 조직구성원들 간에 일관성 있게 설명되어야 한다. 즉 업무혁신(BPR)을 적용함으로써 예상되거나 나타나는 조직변화는 성공과 실패의 경험으로부터 끊임없이 새로운 조직운영방식을 학습하는 조직문화가 정착되어야 성공할 수 있고,[54] 변화가 내재화될 수 있도록 조정과 협력이 강조되는 새로운 가정과 가치가 조직문화에 수용되어야 한다.

그리고 이러한 변화관리는 일회성이 아니라 제도적으로 보장되고 상시화될 때에만 그 의미가 있으며, 경영층에 의해 장기적으로 추진·관리되어야 할 뿐만 아니라 지속적인 교육·훈련이 수반되어야 한다.

---

53) 조직을 둘러싼 환경의 변화에 대응하여 변화를 도입하고 이를 조직문화에 정착시키기까지 관리하는 과정을 의미한다. 공공기관의 경우는 업무혁신(BPR), 조직혁신 등 새로운 조직관리 방식이 조직문화와 제도 속에 묻어 들어갈 수 있도록 적절히 관리하는 과정이다.(한국전산원, 공공기관의 정보화 추진전략과 방안, 1997: 235~237)

54) 학습이란 변화를 지각하고 반응하는 상호 과정에서 발생하는 새로운 행위능력이며, 조직학습(organizational learning)은 구성원들이 새로운 사고패턴으로 창의력을 발휘하고 시너지효과를 창출하는 방법을 계속해서 배우고 그것을 조직에 적용하는 것을 의미한다.(박광량, 1997: 77)

(4) 정보기술의 활용

업무혁신(BPR)을 통한 효율성 향상에 가장 큰 영향을 미치는 것은 프로세스상에서 의사결정을 정확히 지원할 수 있는 정보의 제공 및 프로세스 상호 간의 정보공유이다. 또한 프로세스와 정보시스템의 혁신을 연계시켜, 업무프로세스를 구성하고 있는 업무활동들의 흐름과 이들로부터 생성되는 데이터들을 동시에 고려하면서 추진하여야 한다.(LG경제연구원, 1996년 12월: 5~6) 따라서 프로세스 혁신을 위해서는 먼저 데이터 관점에서 통합된 정보시스템을 구축하는 것이 중요하며, 통합된 정보시스템의 구축이 과연 비즈니스 측면에서의 업무활동을 효과적으로 지원할 수 있는지에 대해서도 체계적인 검토가 필요하다.[55] 최근에는 정보기술을 활용함으로써 한층 통합되고 간소화된 다양한 업무프로세스를 설계할 수 있지만, 중요한 점은 정보기술이라는 매개변수에 의하여 조직전환이 혁신적 수준으로 이루어진 경우의 잠재적 편익이 크게 나타난다는 것이다.(Vankartraman, 1993: 139~149)

또한 〈그림 2-4〉은 업무혁신(BPR)을 확대한 개념으로서 정보기술의 활용을 통한 조직변화의 포괄적인 개념을 제시하였고, 이러한 조직변화 중에서 업무혁신(BPR)을 기능성 강화(enhance capability)의 단계로 인식하였다.[56]

---

55) 정보시스템은 업무활동에 필요한 기본적인 데이터들이 모여 있는 데이터베이스와 이러한 데이터들을 업무처리활동과 연계시키는 응용프로그램 그리고 응용프로그램들을 현업의 비즈니스 프로세스와 연결시켜 주는 네트워크로 구성되어 있다.(LG경제연구원, "프로세스 개선과 정보시스템 혁신", ≪주간경제≫, 1997년 11월, p.55)

56) 이처럼 조직에서 정보기술을 활용하여 업무혁신(BPR)을 추진하는 이유는 첫째, 현재의 약점을 보완하여 조직의 효율성을 높이고, 둘째, 조직의 능력을 강화하여 미래의 경쟁세력에 대한 전략우위를 확보하기 위한 것이다.(Vankartraman, 1994: 73~78)

〈그림 2-4〉 정보기술을 활용한 조직변화단계[57]

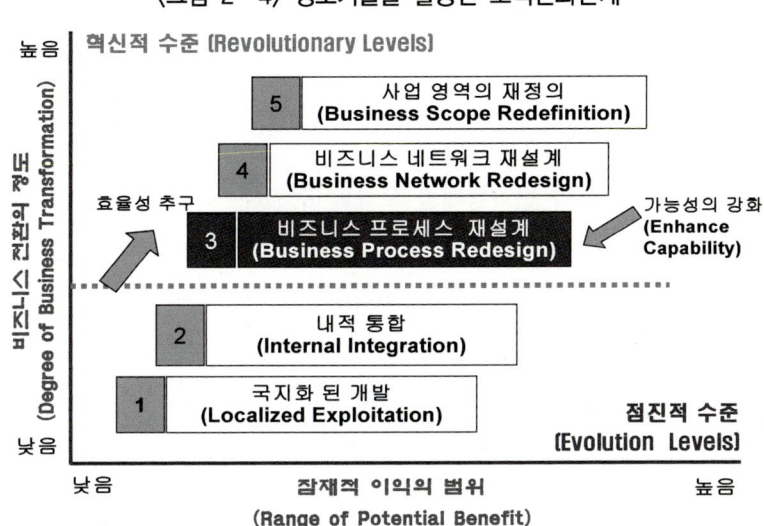

3) 평가(See)

공공부문에서의 결과(performance or result)란 조직 및 그 구성원
이 서비스 생산 및 제공을 위해 수행한 업무, 정책 및 활동 등에 대한
현황 또는 정도를 의미한다.(박중훈, 1999: 11) 이는 성과와 같은 의
미를 나타내는 생산성(productivity)이라는 용어를 통해 광범위하게
이루어져 왔고, 능률성(efficiency: 투입에 대한 산출 정도)과 효과성
(effectiveness: 목표달성 정도)으로 구분할 수 있다. 그러나 공공부문
에서의 주요 서비스는 시간적 차이를 두고 발생하는 공정성·신뢰성·
대응성 측면이 많기 때문에 중요한 요소로서 돈에 대한 가치(VFM:
Value For Money)를 고려해야 한다.[58] 결국 업무혁신(BPR) 계획

57) 정문재, BPR에 있어서의 정보기술 역할, 1995, p.11; 김성태, 전게서,
    1999, p.649를 인용 재구성하였다.
58) 여기에는 공공부문 업무혁신(BPR) 실시에 앞서 목표의 명확화, 결과달

(Plan)내용은 사업이나 시스템 전략과 연계되고, 각 조직의 다양한 상황적 특성을 충분히 고려하여 수립되기 때문에 업무혁신(BPR) 실행 (Do)에 따른 결과의 평가(See)는 주로 프로세스의 목표달성도 측면에서 측정되어야 한다. 그러나 업무혁신(BPR) 결과를 언급하기 위해서는 다양한 측면에서의 변화형태를 포괄할 수 있는 측정치가 필요하지만, 현실적으로 이를 측정할 수 있는 구체적인 항목들이 개발되어 있지 못하고 있는 실정이다.(윤종수·한경수·한재민, 1997: 109)

따라서 업무혁신(BPR) 프로세스의 목표달성도 측면에서 여러 학자들이 제시하고 있는 결과에 대한 평가(See) 지표를 다음과 같이 살펴보고자 한다.

Hammer(1990)는 품질, 서비스, 업무처리속도, 비용절감 등을 들고 있으며,59) Keidel(1994)은 조직설계 차원에서 조직 재설계의 개념을 크게 Restructuring, Reengineering, Rethinking으로 구분하고 각각의 조직 재설계 유형이 추구하는 바를 각기 효율성(efficiency), 효율성+고객만족 그리고 효율성+고객만족+구성원의 개발 등으로 제시하고 있다. 그러나 이들의 연구는 구체적인 성과측정항목을 제시하지 못했다는 단점이 존재한다.

Caron과 Javenpaa(1994)는 초기의 계획 목표와 프로젝트 추진단계별로 달성치를 비교·분석하였으며, 검토항목으로 인력비용, 운영비용, 거래처리비용, 시스템의 감소 정도 등을 이용하였으나,60) 다양한 항목

성을 위한 명확한 책임할당, 목표치의 설정, 적절한 보상과 인센티브의 제공, 성과의 측정 및 보고, 필요한 사후관리 조치 등에 관한 틀을 확립해야 한다.(김태겸, 1998: 51)

59) M. Hammer, 전게서, pp.427~435.

60) Caron, J. R., S. L. Jarvenpaa, and D. B. stodard, "Business Process Reengineering at CIGNA Corporation: Experiences and Lessons Learned

을 포괄적으로 제시해 주지 못하고 있다.

한편, Dixon et al.(1994)은 업무혁신(BPR)의 성과를 측정하기 위해 조직성과와 업무혁신(BPR) 추진팀의 효과성으로 구분하여 측정해야 한다고 주장하고 있으나, 실질적으로 이용할 수 있는 구체적인 성과측정항목은 제시하지 못하고 있다.[61]

Drew(1994)는 업무혁신(BPR) 프로젝트 타입을 4가지로 하였는데 첫째, 서비스의 질적 개선 및 처리속도의 감소에 목표를 두고 있는 프로젝트, 둘째, 운영비 절감 및 인력절감에 목표를 두고 있는 프로젝트, 셋째, 단지 비용절감만을 추구하는 프로젝트, 넷째, 광범위한 성과(처리속도, 품질, 인력절감, 비용절감, 처리량의 감소 등)를 목표로 하는 프로젝트 등이다.[62] 이를 통해 프로젝트 기간, 벤치마킹의 활용 여부, 업무혁신(BPR)의 경험 정도 등의 요소가 각 유형별로 어떠한 관련성을 가지고 있는가를 분석하였다.

Goldratt(1992)는 업무혁신(BPR)을 추진하는 조직에서 주요 프로세스를 선택하는 경우, 수익률 향상, 재고 감축, 운영비의 감축 등을 고려하여야 효과를 거둘 수 있다고 제안하고 있다.[63]

Griffen(1991)은 작업방식의 변화에 따른 구성원의 인식과 태도, 행위의 측면을 분석하였다. 그는 구성원들의 과업에 대한 인식도, 직무만족, 조직적인 참여·위임, 성과, 결근율, 이직의향 등을 시간대별로

from the First Five Years", *MIS Quarterly*, Sept, 1994, pp.233~250.

61) Dixon, J. R., P. Arnold, J. Heineke, J.S. Kim and P. Maulligan, "Business Process Reengineering: Improving in New Strategic Directions", *California Management Review*, Summer 1994, pp.93~108.

62) Drew, S., "BPR in Financial Service: Factors for Success", *Long Range Planning*, vol.27, No.5, 1994, pp.25~41.

63) Goldratt, E. M., "The Goal", 2nd ed., North River, Croton-on-Hudson, N.Y., 1992.

측정함으로써 업무혁신(BPR) 이후에 나타날 수 있는 구성원들의 여러 가지 태도와 관련한 관리적인 시사점을 제공해 주고 있다.[64]

여러 학자들이 제시하고 있는 업무혁신(BPR)의 실행(Do)결과를 평가(See)하기 위한 프로세스의 목표달성도를 요약하면 〈표 2-8〉과 같다.

〈표 2-8〉 업무혁신(BPR) 평가(See)를 위한 프로세스 목표달성도

주요 학자	세 부 내 용
Hammer(1990)	**-품질, 서비스, 업무처리속도, 비용절감** 측면에서 성과측정
Keidel(1994)	-효율성(efficiency), 효율성+고객만족, -효율성+**고객만족+종업원의 개발**
Dixon et al. (1994)	-**조직성과**와 업무혁신(BPR) 추진팀의 효과성으로 구분하여 성과측정
Caron and Javenpaa(1994)	-초기 계획목표와 프로젝트 추진단계별 분석 -인력비용, 운영비용, **거래처리비용**, 시스템의 감소 정도

Drew(1994)	-프로젝트의 운영을 추진성과항목에 따라 4가지로 구분
	  • type1: 서비스의 질적 개선 및 처리속도 감소
	  • type2: 인력 및 비용절감
	  • type3: 비용절감만
	  • type4: **광범위한 성과**(품질향상·처리속도 향상·인력 및 비용절감·업무처리량의 감소 등)

Goldratt(1992)	-수익률 제고, 재고 감축, **운영비용의 축소**

Griffen(1991)	-구성원의 인식과 태도, 행위의 측면을 분석
	  • 구성원의 인식도 • **직무만족**
	  • 조직적인 참여·위임 • **이직의향**

그러나 이상에서 검토한 주요 학자들의 연구는 업무혁신(BPR)의 평가(See)항목이 없는 상태에서 업무혁신(BPR) 도입·적용에 성공한

---

64) Griffen, R. W., "Effects of Work Redesign on Employee Perceptions, Attitudes, and Behaviors: A Long-term Investigation", *Academy of Management Journal*, Vol.34, No.2, 1991, pp.425~435.

민간조직을 대상으로 한 사례중심의 결과만을 제시하는데, 대부분이 이용하고 있는 것은 품질·서비스·비용절감·업무처리속도·조직의 성과 항목 등이 있으며, 이러한 항목들을 이용하여 업무혁신(BPR) 실행 결과를 평가(See)하고 있다.

따라서 본 연구에서는 업무혁신(BPR)의 계획(Plan)·실행(Do)에 따른 평가를 위한 프로세스 목표달성도 측정치로서 기존의 선행연구 및 사례연구 그리고 공공부문에서의 업무혁신(BPR) 고려사항 등을 반영하여 조작화를 시도하였으며, 주로 서비스 향상·업무처리속도의 향상·비용절감·기타 성과와 관련되는 항목들로 구성하였다. 그 상세한 내용을 요약하여 제시하면 〈표 2-9〉와 같다.

〈표 2-9〉 업무혁신(BPR) 평가(See)의 측정항목[65]

구 분	측정 항목
서비스	• 서비스의 질적 개선 • 스크랩(민원 및 서비스 오류)의 감소 • 시민요구에 대한 서비스 제공의 적합성 향상 • 업무 및 서비스에 대한 시민의 만족도 증가 • 업무 및 서비스에 대한 시민의 개선요구 감소
업무처리 속도	• 공공요구 및 불만처리시간의 감소 • 업무처리시간의 감소 • 의사결정 및 의사소통시간의 단축 • 업무처리단계의 감소 • 업무처리 수정의 용이성 증가 • 업무처리오류의 감소 • 업무 및 서비스의 적시 미제공의 감소
비 용	• 예산 절감 • 인력비용의 감소 • 신(新)공공서비스 수립에 관련된 정책비용의 감소 • 정보시스템 관련비용 감소
기타 성과	• 시민의 기관에 대한 만족도 증가 • 부처·부서 간 연대감 강화 • 기관 이미지 제고 • 조직구성원들의 직무 만족도 증가 • 변화에 대한 평가 및 관리능력의 향상

65) Drew(1994), Kiedel(1994), Dixon et al.(1994), Caron et al.(1994), Goldratt (1992), Griffen(1991), Hammer(1990), 전성현 외(2001), 윤종수 외(1997)

4) 조직성과(Performance)

업무혁신(BPR)의 PDS 모형이 전체적으로 구체화되기까지는 많은
시간이 소요되며, 과거의 단순한 반복이 아니라 지속적인 개혁을 강조
하는 조직혁신과정이다.(Marqurardat Reynolds, 1994) 따라서 조직성
과에서는 업무혁신(BPR) 추진 시에 설정된 목표나 성과지표가 초기
의도된 대로 달성되었는지를 평가하여, 계획(Plan)에서 검토된 신(新)
프로세스를 재수정하고 이를 다시 적용해 가야 한다.

또한 업무혁신(BPR)은 계획(Plan) · 실행(Do) · 평가(See)를 통한
업무프로세스의 목표달성에 그치지 않고 비약적인 조직성과를 지향하
며, 지식과 정보를 창조 · 습득 · 이전하고 새로운 지식과 업무처리능력
을 반영할 수 있도록 조직구성원의 행동적 측면에 있어서의 조직성과
향상을 목적으로 하고 있다.(Garvin, 1993)

이러한 조직성과는 1970년대 후반부터 대두하기 시작한 반정부 · 반
관료주의 · 반조세로 특징지어지는 신관리주의나 후기 관료적 패러다
임 또는 기업가적 패러다임 등의 도전에 직면하게 되었고, 국내의 경
우 1990년대 초부터 도입되어 지방자치 실시 이후 유행처럼 확산되기
시작했다.[66] 조직성과에 관해서는 학자들에 따라 개념상에 차이가 있
지만, 기존의 선행연구를 중심으로 검토하면 다음과 같다.

Pfeffer(1981)는 실질적 성과(substantive outcomes)와 상징적 효과
(symbolic outcomes)로 나누고, 이 행위에 영향을 주는 외부적 요인
(external control)과 관리적 요인(management control) 간의 관련성

등을 인용 재정리함.

[66] 신공공관리모형은 행정에 있어서 시민과 성과지향성을 강조하여 조직전
체의 성과나 효과성의 달성에 더욱 관심을 기울이는 계기를 마련하였
다.(김태룡, 2000: 1~3)

으로 설명하고 있다.

Chung과 Megginson(1981)은 조직의 다양한 목적을 실현시키는 조직의 능력과 변화하는 환경에 적응하고 생존하기 위한 능력으로 구분한다.

Price(1986)는 목표달성도로, Schein(1992)은 조직이 지니고 있는 존속, 순응, 자기유지, 성장능력으로 주장하고 있다.(박창희, 2000. 12: 43~45) 그 이외에도 조직성과의 각 변수들로서 종업원의 가치관 수용태도를 분석한 조영호·박계홍의 연구는 조직몰입도, 직무만족도, 조직애착도 등을 대표적으로 제시하고 있다.(조계홍·박계홍, 1992: 201~203)

이와 같이 조직성과는 다수준·다측면의 개념인데, 기존의 연구들은 경제적·객관적 성과지표보다는 주로 심리적·주관적 성과지표를 활용하여 연구되었기 때문에 조직·업무개혁에 대한 조직구성원의 태도나 행동의 변화 등을 검토한다.[67] 가장 일반적으로 많이 사용되는 조직성과의 평가항목을 정리하면 〈표 2-10〉과 같다.

이러한 맥락에서 업무혁신(BPR)의 도입·적용에 따른 조직성과는 업무혁신(BPR) 활동을 어느 정도 수용하고 있는가에 대한 조직구성원의 행태(行態)를 측정함으로써 가능한데(Damanpour, 1991: 556), 이는 조직구성원들이 업무혁신(BPR)의 결과를 수용하면서 실제 업무에 활용하고, 조직운영에 어떻게 영향을 미치고 있는지에 대한 조직구성원의 인식 정도를 가지고 측정할 수 있다.(Buller & McEvoy, 1989: 40~41)

---

67) 조직성과를 측정하는 기준은 접근방법과 인식기준에 따라 다양하게 표현되어 왔고, 측정방법과 변수의 조작적 정의에는 한계가 존재하지만 이는 절대적인 한계점이라고 하기보다는 측정의 대상이 바로 인식기준을 이용한 질적 변수라는 점에서 어느 정도는 불가피한 실정이다.(박찬관, 2001. 12: 19~21)

또한 조직성과에 대한 개념은 일반화하기가 어렵기 때문에 본 연구에서는 일반적인 조직성과의 평가기준과 관련한 몇몇 주요 요인들의 결합관계에서 조직성과를 조작화하여 조직구성원에 대한 '조직몰입'과 '직무만족'으로 인식하고자 한다(〈표 2-11〉참조).

〈표 2-10〉 조직성과에 관한 평가기준

평가 항목	● 전반적 유효성 ● **생산성** **● 능률** **● 수익** **● 품질** ● 사고의 빈도 ● 성장성 ● 결근율 ● 이직률 **● 직무만족도** ● 동기부여 ● 사기 ● 통제 ● 갈등과 응집성 ● 유연성과 동조성 ● 계획과 목표설정 ● 조직목표에 대한 조직원의 동조성 **● 조직목표의 내면화** ● 역할과 규범 일치성 ● 경영자의 인간관계 관리능력 ● 경영자의 과업지향성 **● 정보관리와 의사전달** **● 신속성** ● 환경의 이용도 ● 이해관계자 집단에 대한 평가 **● 서비스 제공** ● 인적 자원의 가치 ● 조직구성원의 의사결정에의 참가 ● 훈련과 개발의 강조 ● 목표달성도

자료: ● 박찬관, 전게논문, 2001. 12, p.22.
　　　● J. P. Campbell, On the Nature of Organizational Effectiveness, Goodman, J. M. Pennings and Associates, eds, New Perspective on Organizational Effectiveness, San Francisco: Jossey-Bass, 1977, pp.57~62.

한편, 공공부문의 의무는 공익을 산출하는 것인데, 최근에는 과거의 형태에서 볼 수 있는 관료 편의주의에 입각한 공공서비스의 개발과 제공이 아니라 시민들을 만족시키는 데에 초점을 맞추는 공공(행정)의 변화가 요구되고 있다. 여기서 공익이란 공공부문 조직구성원들을 이끄는 하나의 기준이 되고, 공공요구에의 대응성은 공무원들과 시민들 간의 관계를 나타내며, 시민들의 필요성·선호·요구를 만족시키는 결정적인 요소이다.

따라서 본 연구에서는 업무혁신(BPR)의 조직성과(Performance) 변수로 앞서 제시한 '조직몰입'과 '직무만족' 이외에 '공공요구의 대응'을 추가하여 다음의 세 가지 관점으로 고찰하고자 한다.

(1) 조직몰입

조직몰입(organizational commitment)의 개념은 매우 복합적이며 다차원적으로 정의될 수 있지만(Mowday et al., 1979: 224~247; 정철현, 1997: 337), 조직성과의 측정지표로서 조직몰입의 개념정의 및 측정방법에 대하여서는 아직 학자 간의 견해일치를 보지 못하고 있다.(김광영, 2003: 10) 조직성과와 관련한 조직몰입에 관한 선행연구를 살펴보면 다음과 같다.

Porter & Steers(1973: 603~609)는 조직몰입을 조직목표 차원, 조직 차원, 조직구성원에 대한 차원으로 재분류하였는데 첫째, 조직목표에 대한 차원으로 조직목표에 대한 강한 신뢰 및 애착, 둘째, 조직 차원으로 조직을 위하여 열심히 노력을 하려는 의지, 셋째, 조직성원에 대한 것으로서 해당 조직의 성원의식을 유지하기 위한 강한 욕망으로 규정하고서 이들에 대한 구체적인 태도성향을 확인하고자 노력하였다. 그리고 조직을 위하여 높은 정도의 노력을 경주하려는 구성원의 의사, 조직에 남아 있고자 하는 강렬한 욕망, 조직의 중요한 목표 및 가치관의 수용이라고 하였다.(Porter, 1976: 87~98; 박내회, 1990: 106 재인용)

Howell & Dorfman(1981: 714~728)은 조직성과로서 조직몰입과 전반적인 업무만족에 미치는 영향력을 분석한 결과, 인간 중심형(배려)과 직무 중심형(구조주도) 중에서 직무와 관한 역할의 명확성이 상당한 영향력을 갖는 것으로 보았다.

Reichers(1985: 468)는 조직몰입의 유형을 타산적(calculative) 조직

몰입, 행위적(behavioral) 조직몰입, 태도적(attitudinal) 조직몰입으로 나누고 있고, 그중에서도 태도적 조직몰입을 "조직구성원이 조직의 목표와 가치를 자신들의 그것으로 동일화·내재화시킬 때 발생하는 것"으로 정의하고 있다.

그 이외에도 조직몰입은 개인이 속해 있는 조직의 목표와 가치에 대해 동일화하고 내재화하는 과정에서 발생하는 조직에 대한 긍정적이고 우호적인 감정이며(조경호, 1998: 147~148), 개인이 조직과 조직목표에 정서적으로 애착을 갖는 것으로 개념화되고 있으며(Allen & Meyer, 1990: 11~18: Buchanan, 1974: 543~546), 조직과 관련된 업무(일)에 관한 태도이기 때문에 조직이 준거라고 할 수 있다.(Brooke et al., 1988: 140~145: Morrow, 1983: 496~500) 이러한 의미에서 조직몰입은 일종의 태도라는 측면에서 직무만족과 유사하지만, 조직 전체에 대한 개인의 감정을 포괄하는 개념으로 쉽게 변하지 않는다는 점에서는 차이가 있다.

따라서 본 연구에서의 조직몰입은 주로 Buchanan(1974: 333~346)의 정의에 따라 조직 행태적 측면에서 고찰하고자 하며, 담당하고 업무에 대한 애착심, 업무를 수행함에 있어서 갖게 되는 근무의욕 그리고 조직목표와 자신의 개인목표를 일치시키려고 하는 가치일치감으로 검토하고자 한다.

(2) 직무만족

직무만족(job satisfaction)은 조직의 발전은 물론 구성원인 공무원 자신의 발전에 있어서도 매우 중요한 의미를 가지는데 그 이유는 직무만족이 조직에 영향을 미치는 역할 때문이다. 즉 직무에 만족하는 사람은 조직에 대한 충성도나 일에 대한 집중도, 육체적·정신적 건강, 나아가 개인의 삶의 질을 높이는 데 기여하는 반면, 조직에 불만족인 사람은 이직을 하거나 직무에 대한 성실도가 떨어지고, 조직 내의 분위기를 부정적으로 몰고 가는 등의 부정적 결과를 초래할 가능성이 높다.(유민봉, 1999: 206) 이러한 직무만족에 대한 정의는 매우 다양하기 때문에 다음과 같이 기존의 선행연구에서 나타나는 학자들의 주장을 근거로 고찰하고, 추가로 직무만족을 결정하는 공통된 요소들을 검토하고자 한다.

Smith & Kendall(1969: 22~32)은 내재적 만족, 외재적 만족, 사회적 만족 그리고 전체적 만족으로 구분하고 첫째, 내재적 만족이란 구성원들이 자율적인 행동이나 개인적인 발전 그리고 의미 있고 도전감 있는 직무를 접할 수 있는 기회의 정도에서 얻게 되는 긍정적인 정서 상태이며, 둘째, 외재적 만족이란 구성원들이 받는 보수, 승진, 인정감 등과 같은 직무성과와 관련된 보상수준의 적절성에 대한 긍정적인 감정이고, 셋째, 사회적 만족이란 구성원들이 리더나 동료들과 같은 그들의 사회적 환경에 대해서 느끼는 긍정적인 감정이며, 넷째, 전체적인 만족이란 부문별 만족의 총괄형태를 의미하고 있다.

Porter & Steers(1973: 151~176)는 직무만족 요인들을 조직 전체 요인, 작업환경 요인, 직무내용 요인, 개인 요인 등으로 대별하고, 조직 전체 요인으로 정책과 업무절차, 조직구조, 급여와 승진기회, 작업 환경 요인으로 감독 스타일, 참여적 의사 결정, 작업 집단 규모, 동료 작업자, 작업진단으로, 직무내용 요인으로는 직무범위, 역할 모호성과 갈등으로, 개인적 요인으로는 연령과 근속연수, personality 등으로 제시하고 있다.

Locke(1973: 67~76)는 직무자체, 임금, 승진, 인정, 복리후생(연금, 유급 휴가 등), 작업환경, 감독, 동료, 경영방침 등을 직무만족 차원으로 정의하였으며, McCormick & Tiffin(1979: 298)은 직무에서 체험

된 또는 직무로부터 유래하는 욕구만족(need satisfaction) 정도의 함수로 하였으며, Locke(1976: 130)는 개인이 자신의 직무 또는 직무를 통해서 얻게 되는 즐겁고 긍정적인 정서상태(pleasurable or positive emotional state)라고 정의하였다.

그 이외에 Beatty & Schnier(1981: 392)는 근로자의 직무가치를 달성하고 촉진하는 것으로서 자신의 직무에 대한 평가에서 얻어지는 즐거운 감정적 상태로 보았고, Organ & Hamner(1982: 297~298)는 직무만족도가 높게 작용하는 요인으로 높은 보수, 직무에 자율성, 직무로부터 내재하는 강한 보상 등을 제시하고 있다.

이러한 직무만족에 대한 여러 학자들의 견해와 결정 요소를 종합한 결과, 본 연구에서의 직무만족은 조직구성원 각 개개인의 직무 자체 또는 업무환경과 관련하여 부여되는 능력발휘의 기회 제공 수준이나 업무에 있어서의 종합적인 관리능력에 따라 느끼는 만족의 정도로 정의하고자 한다.

(3) 공공요구의 대응[68]

공공요구의 대응에 대한 본격적인 논의는 Kotler & Andreason[69] 과 Chapman & Cowdell[70] 그리고 Titman[71]의 저술을 통해 이루어

---

68) 공공요구에의 대응은 다양한 의미를 가진 다차원적인(multi-dimensional) 개념으로 고객의 가치와 혜택의 창조에 관련된 모든 행위를 포함하며, 시민과 서비스 담당자 사이에서 시민의 요구를 해결하기 위하여 제공되는 무형적·주관적인 성격을 띠고 있기 때문에 경험·신뢰·안전 등의 표현을 사용한다.(전인수, 2000: 21~27)

69) P. Kotler and Alan R. Andreasen, "Strategic Marketing for Nonprofit Organizations", 5th ed., (Upper Saddle), Prentice-Hall, 1998.

70) David Chapman and Theo Cowdell, "New Public Sector Marketing", *Financial Times and Pitman Publishing*, 1988.

졌으며, 일반적으로 공공요구란 정부 등 공공기관에 대하여 원칙적으로 일반 시민이 이용할 수 있는 서비스를 말한다.(강동만, 1999: 7) 이는 공공조직의 책임성(responsibility)과 관련된 문제로서, 시민들의 요구에 부응하는 공공부문 업무의 효율성을 나타내는 척도이다.[72]

공공조직은 공공서비스를 직접적으로 요구하는 시민들이 만족하는 행정을 펼쳐 나가야 하는데, 이를 위해서는 공공서비스의 결과만을 중시하는 것이 아니라 공공요구에 맞는 서비스의 수립과 제공 측면에서 시민들의 요구·필요성에 대하여 얼마나 적극적으로 대응하느냐는 것이 공공서비스에 대한 시민만족을 결정한다.[73] 이러한 공공요구는 민간과는 달리 다음과 같은 특징을 가지고 있다.

첫째, 시민은 자신의 선택과는 무관하게 정부 및 자치단체가 제공하는 대부분의 서비스를 수용하여야 한다.

둘째, 민간부문의 고객은 업무상의 불량 및 질 저하의 서비스를 일반적으로 거부할 수 있으나, 시민의 관점에서 가장 어려운 문제는 공공부문이 제공하는 서비스를 대체할 수 있는 대안이 없는 것이다. 이

---

71) Lionel Titman, "Marketing in the New Public Sector", *Pitman Publishing*, 1995.

72) Ostrom 등은 능률성(efficiency)과 효과성(effectiveness), 형평성(equity)과 대응성(responsiveness)의 네 가지 기준을 적용하고 있고, Frid와 Rabinovitz는 성실성(integrity)과 인권(human rights), 대응성(responsiveness), 효과성(effectiveness)의 세 가지 기준을 제시하고 있다. Rogers는 경제성(economy), 능률성(efficiency), 효과성(effectiveness)으로 나누고, 서비스 대상인구와 관련하여 서비스의 수준(level of service)과 대응(take-up)을 추가하여 제시하고 있는데((김영기, 1990: 156; 김동만, 1999: 53~54 재인용), 가장 공통적인 것은 대체로 능률성, 효과성, 형평성, 대응성의 네 가지로 요약할 수 있다.(라휘문·한표환, 1996: 96)

73) 최준호, "고객지향적 정부를 위한 행정대응성 연구", 지방자치연구소, 1998; http://fnf-cla.hanyang.ac.kr/rsh/source/18th/19th/07.html에서 인용 발췌함.

처럼 시민이 선택할 수 있는 대안의 제약은 공공부문으로 하여금 양
질의 서비스 공급을 더욱 어렵게 만드는 요인이 되기도 한다.(박우순,
1994: 146, 552)

셋째, 공공서비스는 대가를 지불하더라도 반드시 얻을 수 있는 것
이 아니라 서비스와 상관없이 세금을 납부해야 하는 강제적인 특성이
있지만, 공공부문에서의 서비스 대응은 시민의 '삶의 질(QOL: Quality
Of Life)'[74]을 결정하는 중요한 요인 가운데 하나이다.

이러한 공공요구의 대응은 한 가지 목표를 위해 결정·집행되거나
혹은 시민그룹의 뜻과 조화되지 않고 심지어 대립되는 방향으로 나아
갈 수 있다. 그 이유는 공무원들이 시민들을 하나의 부분으로 생각하지
않고 전체로서의 시민들(불특정 다수)의 뜻을 반영하는 것을 '공공요
구의 대응'으로 인식하거나,[75] 아니면 특정 시민들의 분명한 요구나 일
반적인 시민들의 의견 혹은 둘을 모두 합친 것으로부터 인식하기 때문
이다.(Karing, 1975; Zeigler & Trucker, 1980; Getter & Schumaker,
1978) 그리고 '공공요구의 대응'은 다차원적·주관적 개념이기 때문에

---

74) QOL은 1950년대 트리스트 등이 주도한 영국의 타비스톡(Tavistock) 인
   간관계연구소의 연구에서 시작되었다. 직장과 근로 현장의 질을 높이려
   는 QOL의 주요 목적은 구성원들이 수행하는 직무를 재구성하여 만족을
   느끼도록 유도하고 그 직무를 통하여 자신을 개발할 수 있는 기회를 제
   공하는 데 있다. 그러나 QOL을 실시하기 위해서는 장기간의 시간이 소
   요되고 많은 전문 인력을 필요로 하는데 시간과 인력의 부족으로 인하
   여 적절히 수행되지 못하는 경우가 많고, 경영자들이 변화담당자에게 권
   한을 이양하는 것을 꺼리기 때문에 실시하는 데 많은 어려움을 가지고
   있다.(http://kangnung.ac.kr/~myway/han.files/org/14.hwp)

75) Pennock, J. R., "Responsiveness, Responsibility and Majority Rule",
   American Political Science Review, 66, 1952, pp.790~807; Pitikin, H.,
   "The Concept of Representation", *Berkely: University of California
   Press*, 1967.

학자들의 주장처럼 어디에 초점을 두느냐에 따라 기준과 측정요소가 다양하다.[76]

Verbe & Nie(1972)에 의하면, 공공요구의 대응은 시민들과 공공부문 간의 관계를 구성하고 있고, 그러한 관계에 있어서 시민들은 공무원들로부터 서비스를 받고자 한다는 것이다. 이렇게 원하는 서비스를 얻기 위해서 시민들은 공공부문에 순차적으로 그들의 바람이 무엇인가를 알리고자 하며, 그에 따라 공무원들은 대응하고, 공공부문은 시민들의 형성된 취향들을 충족시키기 위해 애를 쓴다는 것이다.

Ostrom(1975)은 시민들의 취향을 만족시켜 주기 위한 수용능력으로서 정의하고 있다. 즉 공공요구의 대응은 공공부문의 업무조정에 의존하고 있는 시민들의 수요를 맞추기 위해 공공조직이 신중하고 엄격한 지침 내에서 업무를 수행하는 사람들의 능력으로 파악하고 있다.

이상의 내용을 근거로, 본 연구에서는 공공요구의 대응을 시민지향적인 업무처리와 시민이 원하는 정보의 JIT(Just In Time)[77] 제공 그리고 시민의 요구에 대해 친절하게 대응하고 있는 정도로 한정하여 검토하고자 한다. 그 이유는 공공요구의 대응은 시민들의 요구와 선호를 위해 수행돼야 하지만, 공공부문에 있어서 실제 이들의 수요를 파

---

76) 1980년대가 경제성과 능률성에 의하여 지배되었다면, 최근에는 많은 변화를 거쳐 3E(Economy, Efficiency, Effectiveness)에서 5A(Accessibility, Awareness, Accountability, Availability, Appropriateness)로 전환되고 있다.

77) JIT의 기본 개념은 인간·사회생활에서 낭비를 없앤다는 철학에 근거를 두고 있으며, 시간·노력·물자의 낭비는 제품을 생산하는 공장에서 비용을 절감하기 위해서는 가장 우선적으로 추방해야 할 일이라는 것이다. '이러한 낭비를 어떻게 추방할 수 있을까?'에 대해 고심한 끝에 항상 '필요한 일을·필요한 장소에서·필요한 시간에·필요한 만큼'만 한다면 불필요한 낭비를 제거할 수 있다는 것이다.
(http://business.chungbuk.ac.kr/pds/data/jit%B1%B3%C0%E72.hwp)

악하는 데는 방법상 어려움이 많을 뿐만 아니라 공공요구를 파악하여
이에 대응하기에는 인적·물적 제약으로 인하여 그 실현에는 많은 어
려움이 따르기 때문이다.

이상에서 검토한 업무혁신(BPR) 조직성과의 주요 논점에 관한 선
행연구를 종합적으로 검토하면 〈표 2-11〉과 같다.

〈표 2-11〉 업무혁신(BPR) 조직성과에 관한 주요 관점

성 과	주요 연구자	관점 및 내용
조직 몰입	Porter & Steers (1974)	• 조직목표차원: 조직목표에 대한 강한 신뢰와 애착 • **조직차원: 조직을 위해 열심히 노력하려는 의지** • 조직구성원차원: 조직의 성원의식을 유지하려는 욕망
	Proter(1976)	• 조직을 위해 존재하려는 구성원들의 의사 • 조직에 남아 있고자 하는 강한 욕망 • **조직의 목표와 가치관 수용**
	Howell& Dorfman(1981)	• 인간중심형, *직무중심형* 중에서 역할의 명확성
	Reichers(1985)	• 타산적 조직몰입, 행위적 조직몰입, *태도적 조직몰입*
	Brooke et. al, (1888)	• 조직과 관련한 *업무에 대한 태도*(조직을 군거로 판단)
	Allen&Meyer (1990)· Buchanan (1974)	• 개인이 조직과 조직목표에 대해 갖는 정서적 애착
	조경호(1998)	• **조직의 목표와 가치가 동일화·내재화**되는 과정 에서 발생하는 조직에 대한 긍정적·우호적 감정
직무 만족	Smith & Kendall(1969)	• **내재적 만족: 직무기회에서 얻는 긍정적 정서상태** • 외재적 만족: 보상수준의 적절성에 대한 긍정적 감정 • 사회적 만족: 사회적 환경에 대한 긍정적 감정 • 전체적 만족: 내재적＋외재적＋사회적 만족

성 과	주요 연구자	관점 및 내용
직무 만족	Locke(1976)	●개인이 **직무로부터 얻는 즐겁고 긍적적인 정서상태**
	McCormick & Tiffin(1979)	●**직무로부터 유래하는 요구만족** 정도의 함수
	Beatty & Schnier(1981)	●직무평가에서 얻어지는 즐거운 감정상태
	Organ & Hamner(1982)	●직무의 자율성, 보수 등 직무로부터 내재하는 강 한 보상
공공 요구의 대응	Verbe & Nie(1972)	●**시민들이 원하는 공공서비스를 충족**시키기 위한 노력
	Ostorm(1975)	●시민들의 취향을 만족시켜주기 위한 **수용능력**
	Karing(1975) 외	●공공요구: 전체 시민+특정 시민의 요구에 대한 대응

3. 평가지표(KPI: Key Performance Indicator)

업무혁신(BPR)의 성공률이 낮고, 실패요인으로 가장 많이 언급되는 부분은 '새로운 방안은 강구하기 쉬우나 구현이 어렵다'는 점이다. 업무혁신(BPR)을 성공시키기 위한 방법으로 측정지표를 이용한 구현이 가장 체계적인 방법으로 등장하고 있으며 시스템적 사고방식으로 이에 접근할 수 있게 되었다.(Lockamy and Cox, 1994; 이순철, 1995: 33에서 재인용) 또한 '바이탈 사인'[78]이나 최근 회계 분야에서 연구되고 있는 '행동을 유발하는 측정지표'를 통한 업무혁신을 업무혁신

---

78) '바이탈 사인'은 앤더슨 컨설팅의 스티븐 호르닉(Hronec)이 칭한 명칭으로 질 위주의 평가척도인 기업의 중요한 활력지표를 의미한다. 스티븐은 그의 저서 바이탈 사인즈에서 Rummler and Brache(1990)의 저서에서 실린 측정지표를 이용한 경영혁신의 개념을 정리하고 이를 바이탈 사인이라고 명명하였다.(이순철, 1995: 34)

(BPR)에 접목하는 방식을 접목하기도 한다.

본 연구에서는 공공부문에서의 평가지표 사례의 희소성과 공공업무의 특성이 다양하기 때문에 단일한 평가지표를 개발하고, 체계화하기보다는 주로 민간부분에서 도입·개발된 평가지표를 중심으로 정리하고자 한다.

1) 평가지표의 구성

업무혁신(BPR)에서의 평가지표는 조직, 프로세스, 직무(작업자) 측면에서 결과에 대한 보고와 개선을 위한 자료로 제공돼야 한다.(Rummler and Brache, 1990) 즉 조직에 관한 지표는 고객이 우리 조직을 어떻게 생각하느냐에 제공하는 지표들로서 외부관점 지표와 내부관점 지표들이고(예, 고객의 인지도·시장점유율 등), 프로세스 측면과 직무에 관한 지표는 해당하는 업무와 그 업무에 맞는 기능적 지표들이 포함된다.[79]

이러한 맥락으로 업무혁신(BPR)에 대한 체계적인 평가지표들은 첫째, 조직·프로세스·직무(작업자)의 중요한 산출물을 파악하여야 한다. 둘째, 산출물의 중요한 속성을 파악한다. 예를 들면, 서비스의 경우는 정확성·사용의 용이·독창성·신뢰성·수정의 용이함·외관 등이 포함될 수 있다. 셋째, 중요한 속성에 대한 척도의 개발을 이룩한다. 즉 '사용의 용이'가 중요한 속성이라면 어떻게 이를 실제적으로 측정할 수 있는가에 대한 연구가 이루어져야 한다. 넷째, 척도에 대한 바람직한 수준이나 표준치가 개발돼야 한다. 이러한 지표에 대한 예로

---

[79] 프로세스의 평가지표는 cycle time / process time, 총 작업단계의 수, 관련 부서의 수, 부서 간 이동의 수, 총 문서의 input / output 건수, 총 투입비용과 투입 인력 수, 인당 투입비용, 인당 매출액, 인당 처리 건수 등으로 나타낼 수 있다.(박옥구, 2001: 48)

서 랭크 제록스의 사례를 제시하고자 한다.(Davenport, 1992)

〈표 2-12〉 랭크 제록스의 경영체질 개선에 관한 측정지표

산출물	주요 속성	측정지표	기대 수준
고객만족	업계최고의 고객만족 실천기업	• 분기별 고객불만족 • 분기별 고객만족	3% 이하 86% 이상
사업실적	• 이익목표달성 • 매출목표달성 • 시장점유율 목표달성	• 매출목표 • 총자산 운영목표 • 시장점유율	100% 달성 100% 달성 18% 달성
종업원 동기부여	• 조직과 개인목표 일치 • 경쟁사대비 종업원 만족도	• 퇴직률 • 종업원 만족도	15% 이내 50% 이상
서비스	• 서비스 사고와 행동 • 윤리적 경영실천 • 서비스관련 교육이수 정도	• 프로세스 중시사고 • 부서 기능 간 협력 정도 • 방침목표달성도	100% 달성
주문처리	• 정확도 • 적시성	• 정확한 처리 / 전체 • 지정된 시간	100% 달성 2분 내 처리
채택된 클레임	• 정확도	• 회수가능건수 / 전체건수 • 추후파악건수 / 전체건수	75% 이상 100%
	• 적시성	• 작업시간	15분 내 처리

자료: 이순철, "바이탈 사인: 측정지표를 위한 업무혁신(BPR)의 구현", 정보처리 제2권 제3호, 1995년 9월, p.38~39에서 인용·재정리함

2) 평가지표의 개발 및 적용

업무처리비용·업무처리에 걸리는 시간·리드타임(lead time) 등과 같은 KPI(Key Performance Indicator)는 변화의 효과를 객관적으로 판단하기 위한 자료로서 정량적 지표이어야 한다. 이러한 KPI는 부문 단위뿐만 아니라 여러 부문에 걸쳐서도 설정이 가능하고, 여러 부문에 걸친 업무과정을 담당하는 업무과정 오너(업무과정 변혁의 추진자나

감시자)에게도 KPI를 설정하여 행동 목표로서 정할 필요가 있다. 이러한 KPI는 업무과정이나 업무과정 오너에게뿐 아니라 그 업무과정에 종사하는 여러 단계의 사람들(현업 담당자까지)에게도 설정되어야 한다.(기영석 · 권선필, 1999: 19~20) 〈표 2-13〉에서와 같이 개략적으로 적용 가능한 공통의 평가지표로 설정할 수 있으나, 모든 조직에 해당하는 평가지표는 매우 어렵기 때문에 이를 실제 적용 가능한 수준으로 정립하고, 조직의 업무환경과 특성을 고려하여 KPI를 설정해 나가야 한다.

〈표 2-13〉 업무혁신(BPR)의 공통 평가지표

평가지표	세부 내용
총 처리시간	• 각 sub-process가 input을 받아 output으로 처리하는 데 걸리는 총시간
실 처리시간	• 각 활동(activity)에서 실제로 업무를 처리하는 데 걸리는 시간
서비스 수준	• 업무를 통해 나타나는 output의 정확도
고객만족도	• 다음의 sub-process나 다음 활동의 수행자가 현재의 sub-process나 현재 활동에 대해 가지고 있는 만족수준
부가가치여부	• 현재의 활동이 과연 고객을 위한 부가가치를 가진 것인가 아니면 단순히 내부통제용인가에 관한 판단
이동시간	• 각 활동 사이에 연결되는 이동 · 대기 · 지연시간
발생시간	• 각 sub-process나 활동에 소요되는 man hour

자료: 한국전산원, 전게논문, 1997, p.118에서 재인용함

또한 KPI를 설정한 후에는 효과를 체크하기 위한 계획을 잘 세워야 하고, KPI를 책정 · 체크하기 위해서는 다음과 같은 점에 주의하여야 한다. 첫째, 매일 매일의 업무에 KPI를 체크하기 위한 과정이 있어야 하고, 둘째, 수집된 각 결과에 따른 조치를 미리 준비하여야 한다. 이렇듯 각

조직구성원의 목표를 분명히 하고, 모든 단계의 조직구성원들의 행위를 일체화하여 최종적으로 업무혁신(BPR)을 정착시켜 나가야 한다.

　〈그림 2-5〉의 지방행정기관의 경우, 목표치의 설정은 실 작업시간 및 타 우수 행정기관의 해당 업무처리 시간을 고려하여 설정하였다. 실 작업시간은 법정 처리 기간 대비 평균 9.2%, 통상 처리시간은 64%, 비교 대상이 되는 타 행정기관의 통상 처리시간은 현재 40% 정도이었으나 일단 현실성이 있으면서도 타 행정기관보다 앞설 수 있는 도전적인 목표가 되어야 한다는 점을 감안해 30%를 목표치로 설정했다.

〈그림 2-5〉 지방행정기관의 업무혁신(BPR) 평가지표(예)

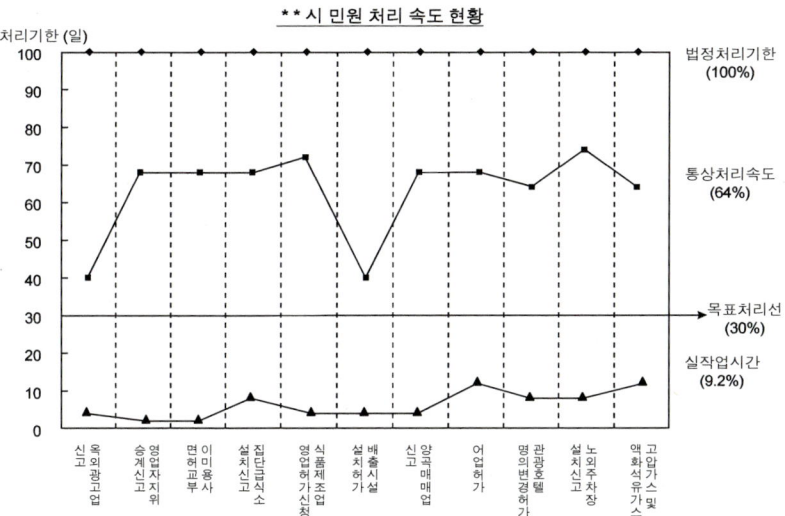

자료: 한국전산원, 전게논문, 1997, p.119에서 재인용함

제4절 공공부문에서의 업무혁신(BPR) 적용사례

1. 사례검토

업무혁신(BPR)의 접근방식은 민간부문에서 활발하게 논의가 이루어져 왔기 때문에 공공부문에서의 사례는 상대적으로 많지는 않다. 민간부문에서는 특히 식품 등 소비재(CPG: Customer Packaged Goods)산업, 유통사업, 자동차, 하이테크, 금융서비스 등 전 분야에서 괄목할만한 성과를 거둔 것으로 평가되고 있지만, 최근에 들어와 공공부문에의 새로운 적용시도는 아직 대부분이 시행단계에 있으며, 공공부문 업무효율화에 직면한 공공기관들은 업무혁신(BPR)을 유력한 대안으로인식하고 적극적으로 도입하고 있다.

본 연구에서는 미국 국세청(IRS)과 사회보장청(SSA), 오레건(Oregon)주의 고용부(Employment Department), 영국의 우체국(Royal Mail), 캐나다의 국세청(CRA), 호주의 빅토리아(Victoria)주의 외국 사례와행정자치부, 서울특별시, 법원행정처, 부동산관련기관(행정자치부·건설교통부·법원), 해군부대와 같은 국내기관의 사례를 중심으로 살펴보고자 한다.[80]

여기서 사례분석을 위한 대상기관은 2003년 3월 현재까지 공공부문에서 업무혁신(BPR)을 도입·적용한 기관을 대상으로 외부 문헌상으로 업무혁신(BPR)의 추진과정과 기대효과가 상세하게 외부에 공개되

---

80) 공공부분에서의 업무혁신(BPR)은 업무혁신(BPR)만을 도입·적용한 경우는 드물며, 전자정부의 구축과 함께 행정정보화를 병행하여 추진한 경우가 많기 때문에 본 연구에서의 사례검토는 업무혁신(BPR)의 범위를 확대하여 분석·정리하고자 한다.

었거나 주민접촉빈도가 빈번한 업무를 수행하고 있는 국내·외 기관
을 선정하였다.

1) 외국 사례

(1) 미국 국세청(IRS: Internal Revenue Service)[81]

① 추진배경

IRS는 세금체계 근대화 프로그램(tax system modernization program)
을 도입하여 기존에 수행되어 왔던 업무과정에 새로운 기술을 도입함
은 물론 새로운 전자적 문서관리시스템을 구축하였고, 1992년 기존의
업무과정을 전면적으로 재검토함에 있어 업무과정개선(BPI: Business
Process Improvement)을 도입하였으며,[82] 점진적인 개선과 급진적인
업무혁신(BPR) 방식을 부분적으로 혼합하였다. 이를 통하여 조직구
조, 시스템, 인적 요소, 과정 등 전반적으로 지금까지 추진해 왔던 기
능중심의 조직에서 과정중심의 조직으로 변화를 유도하였고, 세금징
수, 검사, 납세자서비스, 환급처리 등과 같은 기존의 기능 중심적 조직
구조는 6개의 핵심 업무 시스템으로 나누어 기능 간을 뛰어넘을 수
있도록 설계되었다.[83]

---

81) Sharon L. Caudle, *Reengineering for Results: Key to Success from Government Experience*, Center for Information Mangement, National Academy of Public Adminstration, August 1994, pp.86~88.

82) 미국 재무부(Department of Treasury) 산하의 국세청(IRS)은 1862년에 설립되었으며, 알코올, 담배, 무기 및 폭발물에 관한 법률 이외에 내국세 수입법의 시행을 담당하여 내국세의 결정, 부과 그리고 징수 등에 관한 업무를 주로 담당하고 있다.(홍준현·조진래, 1997)

83) 가치추적시스템(Value Tracking System), 고지 및 교육시스템(Informing and Educating System), 회계관리시스템(Managing Accounts System),

② 추진과정

업무 선정기준은 납세자를 고객으로 보고 고객의 직접적인 접촉을 필요로 하는 업무과정이나 고객에게 최선의 서비스를 제공해 줄 수 있는 가능한 업무과정에 중점을 두었고, 특히 이 과정에서 정보기술 활용을 통한 혁신 작업을 강조하고 구체적인 현장조사를 착수하였다. 이를 토대로 혁신 작업은 1992년 정보기술의 활용, 합리적인 조직설계 그리고 지역사무소 조직의 재설계를 주요 개혁대상으로 선정하였으며, 주요 핵심적인 업무과정은 1997년까지 완료하고 혁신 작업의 전체적인 실행은 2001년을 목표로 삼았다. 이는 납세자로 하여금 자발적으로 세금관련법을 준수하게 하면서도 납세자의 부담을 최소화하는 행정서비스를 제공해 줌으로써 결과적으로 조직의 생산성은 향상시키고 납세자의 행정서비스에 대한 만족도를 함께 향상시키고자 하는 것이 목적이었다.

특히 해결하기 위하여 도입된 작업은 전자적인 문서관리와 단축된 행정업무 처리절차, 대면접촉 방식보다는 전화 등을 이용한 업무수행, 자발적인 납세를 위한 교육과 홍보, 탈세의 여지를 미연에 방지, 일선 업무 담당자에 대한 권한과 책임의 부여, 개혁결과에 대한 평가측정 방법의 개발 그리고 장기적인 관점에서의 재교육 등을 주요 내용으로 하였다.

③ 성과 및 기대효과

새로 설계된 조직구조는 각 핵심적인 업무과정의 책임자를 중심으로 7단계의 계층이 5단계로 줄어들 수 있었으며, 그 결과 조직구조가

준수강화시스템(Ensuring Compliance System), 자원관리시스템(Resourcing System), 발전유지시스템(Developing and Maintaining System) 등이다.

핵심과정을 중심으로 한 조직구조로 기존의 기능 중심적 계층제 구조에서 한층 변화된 모습을 보이게 되었다. IRS가 수립한 계획에 따르면 서류중심의 세금환급시스템은 전산화되고 전자화된 서류보관으로 one-stop서비스가 가능해질 수 있게 되었고, 이들 자동화된 시스템을 통하여 자발적인 세금납부실적이 현재의 약 83%에서 90% 이상으로 증가할 것으로 기대하고 있다. 1993년 현재 1천3백만 건 이상을 전자적으로 제출된 세금신고를 받고 있으며, 그 결과 일반 서류의 경우 15%에 해당하던 오류 발생률이 단지 1.3%에 불과한 것으로 나타나고 있다.

④ 성공요소

최근에 6개의 핵심적인 업무과정시스템의 책임자들로 하여금 각각 4개씩 업무혁신(BPR)팀을 구성토록 하여 각 업무과정시스템에서 수행되고 있는 구체적인 업무과정을 업무혁신(BPR)하도록 하였으며, 각각의 업무과정을 담당하고 있는 사람들로 하여금 업무과정개선 집행위원회(business process improvement executive steering committee)의 구성원으로 상호 협력하도록 하고 있다.

특히 점진적인 업무과정의 개선노력과 급진적인 업무혁신(BPR)을 병행하면서도 국세청장이 공무원들의 신분적인 안정을 보장하고 현재 10곳에 있는 서비스센터를 그대로 유지하는 등 인적 자원계획도 함께 제시하는 등 일련의 다각적인 노력은 혁신 작업의 성공적인 실행에는 결국 조직을 구성하고 있는 사람들의 적극적인 역할수행이 전제가 되고 있는 점을 간과하지 않고 있는 점이 주목된다.

(2) 미국 사회보장청(SSA: Social Security Administration)[84]

① 추진배경

SSA는 급격하게 증가하는 업무량에 비해 이에 미치지 못하는 정보기술기반과 인력감축으로 서비스의 질적 저하는 물론 즉각적인 행정서비스를 제공하는 데 많은 어려움을 주었다.[85] 1980년대 초반 청구처리과정(claim processing)에 대한 개혁을 시도하면서 정보기술을 활용하여 이러한 어려운 상황을 타개하고자 하였으며, 1985년 새로운 청구처리시스템이 시작되었지만, 그 결과는 주목되지 못하였다.

② 추진과정

SSA는 업무혁신(BPR)의 필요성을 인식하고 현재 가장 문제가 되는 장애복지프로그램(disability benefits program)을 대상으로 삼았다. 장애복지프로그램의 절차와 과정은 그동안 다양한 유형과 수적인 증가가 있었으며, 1990년에 비해 75% 정도 업무량이 증가하였다. 더욱이 정보기술과 응용기술이 발전하였음에도 불구하고 1950년대 이 프로그램이 시작된 이후 인적 지원은 거의 변화되지 않고 있어 개혁적인 접근방식의 도입이 강력하게 요구되었다. 당시 장애복지혜택을 주장하는 사람이 SSA의 결정을 기다리는 데 소요되는 시간은 약 3개월 정도이며, 만약 신청이 거부되고 재고요청을 하는 경우에도 역시 거부

84) Sharon L. Caudle, 전게서, pp.120~122.

85) SSA는 1946년 조직개편계획(reorganization plan) 2호에 의해 설립되었다가 1994년 사회보장독립 및 프로그램 개선법(social security independence and program improvement act)에 의해 독립기관화하였다. 주요 업무는 극빈자, 장애자, 노인 등의 건강 및 장래문제에 관한 연구와 이에 대한 종합계획을 수립하며, 사업실적을 면밀히 심사 및 분석하고, 전국적인 지방사무를 통하여 사회보장청의 사업계획 및 진척도에 관한 업무상황을 취급하고 있다.(홍준현·조진래, 1997: 186~187)

되면 변호사를 고용하는 방법이 있다. 이 경우 또 다른 8개월이 소요
되며 장애혜택을 받는다고 해도 이후 상당한 시간이 소요되고 있다.
결국 이와 같은 청구과정에 45명 이상의 관계자가 이 청구문제를 취
급하고 있었다.

이와 같은 문제점을 해소하기 위해 SSA는 장애혜택을 받기 원하는
사람이 장애수당을 청구하기 위한 처음 접촉에서부터 최종적으로 행
정적인 항소에 이르는 전 과정에 대한 업무혁신(BPR) 작업을 시작하
였다. 작업팀은 33개 주 421지역을 방문하여 3,600명을 면담하였으며,
111명을 전화로 면담하고 그 외 의료계, 법조계 그리고 이익단체를 포
함한 750개 기관을 면담하여 SSA의 장애복지프로그램에 대하여 고객
이 경험하고 기대하는 것이 무엇인지를 파악하였다.

③ 성과 및 기대효과

새롭게 제시된 과정은 청구하는 단계를 축소하고 의사결정자와의 인
간적인 관계를 확대할 수 있는 기회를 증대하였다. 장애청구과정에 지
금까지 16인에서 26인이 관여하던 일을 단지 7~8인이 취급하도록 과정
을 축소하고 또한 평균 155일이 소요되던 기간도 40일 이내에 완료될 수
있도록 하였다. 만약 신청이 거부되고 재고요청 또한 거부되었을 경우,
지금까지 평균 1년여 소요되던 기간도 약 5개월 정도로 단축하였다.

(3) 미국 오레건(Oregon)주의 고용부(Employment Department)[86]

① 추진배경

1990년 오레건주의 고용부(Employment Department)는 1990년대를
향한 조직의 목표와 가치를 재정립하였다. 1980년대 연방정부로부터의

---

86) Sharon L. Caudle, 전게서, pp.106~108.

지원이 삭감됨에 따라 2,000명의 인력이 1,100명으로 감축되었으며 이에 따른 대민 행정서비스의 축소가 불가피하였다. 또한 오레건주의 전반적인 경제적 어려움으로 인하여 대규모의 인력감축이 모든 분야에서 불가피하게 이루어졌으며, 이와 같은 어려움에 직면한 고용부는 종합적이며 자동화된 서비스전달체계(new comprehensive automated service delivery system)를 수립하기에 이르렀다.

② 추진과정

첫 단계는 수많은 실직보험 청구 건에 비해 업무수행은 비효율적으로 이루어졌으며, 고용서비스 제공은 제대로 이루어지지 못하였다고 인식하여 취업등록과 실직청구과정과 같은 고용서비스 전달체계에 관한 연구를 통하여 구체적인 목표를 설정하였다. 고용부는 업무혁신(BPR)작업을 수행하기 위하여 의회와 긴밀한 협조 속에서 현재의 시스템에서 지적되고 있는 문제점을 파악하고 새로운 시스템의 필요성을 인식함에 따라 1990년 10월 연구팀을 구성하였으며, 이들 연구팀이 수립한 계획은 의회가 집행을 승인한 가운데, 그 구체적인 설계 및 집행은 여러 개의 전문팀을 구성하여 수행토록 하였다.

두 번째 단계는 기존의 업무가 비효율적이라는 지적에 대해 그 원인을 추적해 나가는 것이었다.[87] 전문팀은 인적 자원과 조직발전, 고객의 접근 및 선택의 확대, 과정의 단순화, 서비스의 향상 등에 초점을 두었다. 전문팀을 지원하기 위하여 구성된 조정위원회(steering committee)는 최고 책임자와 부서장을 주축으로 하되 인력부(department of human

---

87) 관습과 관례에 따라 이루어졌던 기존의 업무처리과정에 따르면 보험금을 청구하고 나서 실직자에게 일정 금액이 지급되기까지 무려 23개의 결제 사인이 있었지만, 이러한 복잡한 절차는 단지 3개의 결제 사인으로도 충분하다는 사실을 발견했다.

resources)와 같은 외부기관에서도 참여하여 매주 모임을 통하여 전문
팀의 활동을 지원하도록 하였다.

　③ 성과 및 기대효과

　새로 설계된 혁신프로그램은 효과적인 고객서비스를 가능케 하
고 생산적인 업무환경을 조성하기 위한 것인데, 상징적인 프로그램은
EDIN Kiosk(Employment Department Information Network Kiosk)이
다. Kiosk는 고용부를 찾는 사람들이 청사를 방문하지 않고 Kiosk를
통하여 서비스를 제공받을 수 있도록 하는 것이다. 고객의 입장에서
가장 가까운 식품점, 쇼핑몰, 관청 등을 방문하여 터치스크린(touch-
screen)을 사용하여 취업정보, 실직보험, 공무원과의 면담 신청예약 그
리고 기타 각종 행정서비스를 제공하고자 하는 것이다. 이를 통하여
대기시간과 서류작업이 대폭 줄어들었으며, 고객은 다양한 장소에서
행정서비스를 제공받을 수 있게 되었다. 거주민들은 전화(touch-tone
phone)를 이용하여 매주 실직수당을 청구할 수 있고, 이러한 시스템
(weekly claim line)은 주 전역에 걸쳐 영어와 스페인어를 사용하는
사람이면 이용이 가능하도록 되어 있어 자료입력의 오류 가능성을 최
소화하고 단시간 내에 실직수당을 제공할 수 있을 뿐만 아니라 관청
을 방문하는 데에 따른 복잡함과 시간적 비용을 줄일 수 있게 되었다.
실제 조사결과 고용부를 찾은 사람들의 93%가 과거의 우편배달 방식
보다 이 시스템을 선호하는 것으로 조사되었다. 무엇보다도 고객들은
단일창구를 통하여 고용부에서 제공하는 다양한 행정서비스를 제공받
을 수 있게 되었을 뿐만 아니라 업무의 능률성을 확보할 수 있게 되
었다.

④ 성공요소

이러한 혁신 작업에는 인적 자원에 대한 관심도 주목된다. 공무원들의 신분보장을 확보한 가운데 적극적인 참여를 유도하고 지속적인 공무원교육[88]을 통하여 과거의 상위하달식(top-down) 행정문화에서 책임감과 참여를 강조한 자발적인 행정문화로 변화하게 하였다. 이와 같은 행정문화의 변화는 업무혁신(BPR) 작업의 성공을 가져다 준 것으로 평가되고 있다.

(4) 영국의 우체국(Royal Mail)[89]

① 추진배경

Royal Mail은 변화에 민첩하게 대응하지 못하고 여전히 노동집약적으로 운영되고 있었기 때문에 민영화된 우편업무 처리기관과의 경쟁, 전자우편 및 통신수단의 발달은 결국 Royal Mail이 거의 독점하던 시장을 잠식하기 시작했다.[90] 1988년 '고객우선(customer-first)'을 목표로 전격적인 변화를 위한 새로운 시도를 취하였다. 지금까지 수행해 왔던 우편업무의 과정을 새로운 시각에서 업무혁신(BPR)함으로써 생산성을 향상시키고자 하는 것이었으며 현재의 조직문화와 업무과정으로서는 새로운 변화에 즉각적으로 대응할 수 없다는 인식에 바탕을 두고 있다.

---

88) 고용부의 공무원 교육과정은 EDIN의 비전, 관리팀 형성과 리더십, 변화관리, 일선 공무원의 리더십, 경영, 지속적인 질의 향상, 고객서비스훈련 등으로 구성되어 있다.

89) Sharon L. Caudle, 전게서, pp.115~119.

90) Royal Mail은 영국의 우편업무를 담당하는 기관으로서 16만 명의 인력, 10만 개소의 수집국, 2천4백만 개소의 배포국을 두고 매일 6천3백만 종의 우편물을 취급하고 있다.

② 추진과정

1991년 모토롤라사와 웨스팅하우스사와 같은 민간기업들을 벤치마킹 방식을 통해 1992년에는 '업무발전(business development)'라는 이름으로 Royal Mail의 주요 조직을 단순화하고 관리계층을 재조정하였다. Royal Mai은 업무과정의 개선(BPI)에 입각하였으며, 핵심적인 과정에 대한 중대한 개선에 초점을 두고 전담팀을 구성하였다. 구성원들은 자신이 수행하고 있는 업무가 조직이 설정한 목적, 특히 고객만족(customer satisfaction)을 달성하는 데에 어떻게 공헌하고 있는지에 대한 이해를 도모하였다. 구체적으로 업무과정[91]을 외부 고객을 위한 업무과정, 지원과정 그리고 관리과정으로 분류하였으며, 각 과정은 전담그룹에 할당하여 각 그룹으로 하여금 구체적인 업무과정의 개선작업을 진행하도록 하였다. 개선이 필요한 과정에서 우선순위는 집행위원회(executive committee)가 설정한 전략적인 방향과 목적에 따라 정해 준 결정에 따라 이루어졌다.

③ 성공요소

이와 같이 정해진 각 과정에 대하여 과정을 책임지는 사람은 과정의 관리자로서 해당 과정의 개선을 위한 지원과 감독 그리고 관리에 이르는 모든 책임을 지도록 하였다. 한편 성과측정에 관심을 두고 과정을 중심으로 성과가 측정될 수 있도록 하였으며 관리자그룹은 당초에 수립한 계획에 따라 개선이 이루어졌는지 여부를 과정별로 그 성과를 측정하였다.

---

91) ① 외부고객업무과정: 마케팅, 서비스개발, 판매, 고객관리, 수입관리 ② 지원업무과정: 인력관리, 조달, 의사전달 ③ 관리업무과정: 전략적 방향 설정, 기획, 성과측정 및 평가

(5) 캐나다의 국세청(CRA: Customs and Revenue Agency)[92]

① 추진배경

CRA는 세금의 수입을 늘리기 위한 방안으로 세금수입을 늘리는 방법을 연구한 결과, 세금을 쉽게 내도록 고객서비스를 증가시키면 기업들과 국민들이 세금을 더 낼 것이라고 파악하였다. CRA가 가지고 있던 문제점을 살펴보면 다음과 같다.

첫째, 세금법규들과 예외조항들이 너무 복잡하였기 때문에 국민이나 기업이 이해를 하지 못해 세금을 내지 못하는 경우가 빈번하였다. 즉 부가가치세가 부가되는 품목들이 있고 부가되지 않은 품목들이 있는데, 이에 대한 구분이 복잡하여 기업과 국민이 정확히 알지 못함으로써 세금을 내지 않는 경우도 있었다.

둘째, 세금을 보고하거나 납부할 때에 첨부해야 하는 서류들이 너무 많았다. 서류가 너무 많기 때문에 서류를 작성하는 데서부터 실수의 가능성이 생기기 마련이며, 조건에 따른 면세 혜택이 다양하고 면세 혜택의 범위가 다르기 때문에 이에 맞는 서류를 갖추는 작업도 매우 까다로웠다. 즉 기부금에 대한 면세 혜택을 받기 위해서는 어느 항목들이 기부금에 속하는가를 파악하고, 기부금이 얼마만큼이 명세의 혜택을 받는가를 산출하여 면세 혜택을 위해 필요한 다양한 서류들을 첨부해야 하므로 실수의 가능성이 높은 편이었다.

② 추진과정

납세자가 세금을 편하게 납부할 수 있게 만드는 것을 경영혁신의 목표로 설정하고, 약 5년간 3,800만 달러를 투입하여 정보기술을 이용

---

92) 이순철, 정보화 시대의 정부개혁 10가지 성공비결, 삼성경제연구소, 1998. pp.213~218.

한 경영혁신을 시도하였으며, 단순한 정보기술의 도입만이 아니라 실제 4,300명 정도인 CRA직원들의 업무혁신도 동시에 추구하였다. 나아가 서류작업으로 인한 비효율을 없애기 위해 컴퓨터 내에 서류의 양식을 입력시켰다. 과거 필요한 서류를 찾는 시간과 잘못된 서류를 사용하는 오류는 방지될 수 있었으며, 기업에서 필요한 서류들을 온라인으로 제공할 수 있게 되었다. 뿐만 아니라 세금을 온라인으로 바로 납부할 수 있게 하기 위하여 은행과의 온라인을 통하여 전자자금이체(EFT: Electronic Funds Transfer) 방식을 사용할 수 있게 되었다.

또한 '상품이 판매되는 즉시 세금이 정산되도록' 하는 것을 원칙으로 하였다. 물건이 팔릴 때에 금전등록기에 연결된 POS(point-of-sale)와 은행에 연결된 전자자금이체를 통하여 판매금액에 따른 세금을 지불하면, '판매 즉시 세금의 납부'가 가능하다.

③ 성과 및 기대효과

세금 담당부서가 불필요하게 되어 소매업체의 간접비 절감을 꾀할 수 있었고, 세금에 관한 서류를 기업이나 CRA에서 제거할 수 있었다. 세금납부를 자주하게 되면 기업들이 세금을 바로 현금으로 내야 되기 때문에 이를 좋아하지 않으리라 생각되었지만, '판매 즉시 세금납부' 원칙에 입각한 정산방식은 세금담당 부서가 불필요해지고 서류가 제거된다는 측면들 때문에 많은 기업의 호응을 얻게 되었으며 이로 인하여 기업들의 세금납부 실적은 더 높아졌다. 또한 통합세금 시스템을 개발하여 기업의 이름만 입력하면 기업의 세금에 관한 모든 사항을 조회할 수 있도록 하였다. 이러한 통합세금 시스템을 사용하자 기업에서 의문사항이 있으면 어떤 담당자에게나 조회할 수 있게 되어 고객서비스를 증대하게 되었으며, CRA에서도 탈세에 대한 감사기능을 보다 효율적으로 달성할 수 있었다.

④ 성공요소

이상에서의 고찰한 것 이외에도 사회보장연금(social security)의 하나인 경로연금을 자동화하여, 노인들에게 자격이 되면 CRA에서 직접 통보하여 주는 능동적인 고객서비스로 발전하였고, 대상 노인들의 데이터베이스를 구축하여 노인들이 65세 이상이 되면 자동적으로 데이터베이스의 주소를 이용하여 수표를 착오 없이 전달할 수 있고, 주소가 바뀌는 경우도 데이터베이스에 주소를 변경함으로써 인원도 절감하고 잘못 송신되는 경우도 대폭 축소할 수 있었다.

또한 많은 세금분쟁에 관한 과거의 사례를 데이터베이스화하여 전문가 시스템을 구축하였다. 세금분쟁 이력관리와 전문가 시스템을 이용하여 재판에서 승소할 가능성이 높은 경우는 불필요하게 법정에 가는 것을 없앰으로써 재판비용과 시간을 절약하였다. 이 외에도 전문가 시스템을 이용할 경우에는 전문가 시스템의 논리 전개가 사용자에게 보고되므로 비전문가가 세무법규에 대하여 습득할 수 있는 기회를 제공하게 되었다.

(6) 호주 빅토리아(Victoria)주의 통합복지행정서비스[93]

① 추진배경

호주의 연방정부 및 주정부의 정보화 과제는 고객우선주의와 원스

---

93) 김현곤, "호주 빅토리아주의 통합행정서비스와 대국민서비스 혁신전략", 한국전산원, 정보화 동향분석, 1998년 05권 07호: 신형식 외, "호주 통합복지행정서비스 동향 및 국내 보건복지정보화 개선방안", 한국전산원, 정보화 동향분석, 1998년 05권 04호: National Computerization Agency, Electronic Local Government, presented at the G7 Government On-

톱 민원서비스로서 정보기술 활용을 통해 정부서비스 제공 비용을 절
감하고 보다 나은 정부서비스를 제공할 수 있음을 강조하여, 그 구체
적인 실현방법으로서 정부정보인프라의 통합 및 표준화, 기관 간 협력
을 통한 통합서비스의 개발 등을 제시하였고,[94] 구체적인 행정서비스
제공 패러다임으로서의 접근공유모형 등을 실행에 옮기는 통합정부서
비스들이 최근 연방정부 및 주정부 차원에서 활발히 추진하였다.

　호주 연방정부 차원에서는 정부의 공공부문 개혁의 일환으로서 기
존에는 각기 다른 부처를 통해 국민들에게 제공되던 다양한 복지행정
서비스들의 제공창구를 일원화한 Centrelink서비스가 1997년 9월 말에
공식 출범하였다.[95] 이 서비스는 보다 효율적이고 간소화된 행정서비
스의 실현을 위한 호주 연방정부의 공공부문 개혁 프로그램의 일부로
서 추진되었으며, 사회보장청 등 각기 다른 부처를 통해 기존에 국민
들에게 제공되던 복지관련 대민서비스들을 Centrelink로 창구를 단일
화하고 고용서비스국, 건강 및 가정서비스부, 교육 · 훈련 및 청소년부
등의 대민 행정업무를 흡수, 통합하는 형태로 추진하였다.

　또한 빅토리아 주정부에서는 자동차 및 운전면허등록, 운전면허기록
발급, 출생신고서 발급, 다기관대상 주소변경 일괄신고서비스, 공공요
금 지불 등의 서비스를 종합적으로 제공하는 통합민원서비스인 MAXI

　　Line Project 9th Meeting in Seoul, Korea, 1998년 4월 22일 등을 인용
　　요약하였음.

94) http://www.finance.gov.au/pubs/itrg/itrg-tc.html; 한국전산원 정책자료,
　　「고객우선주의: 정부정보화의 과제」(원제: Clients First-The Challenge
　　for Government Information Technology, March 1995), 1996. 10.

95) http://www.nla.gov.au/imsc/;http://isrd.nca.or.kr/BBS/info/iipt/iipt.html;
　　http://www.centerlink.gov.au; 한국전산원 정책자료, 「호주의 국가전략
　　자원으로서의 정부정보관리」(원제: Management of Government Infor-
　　mation as a National Strategic Resource, Oct. 1996), 1997. 7.

프로젝트를 추진하였다. 정부, 산업, 지역사회와의 협력을 통해 빅토리아주를 정보기술과 정보통신의 세계적인 센터로 확립한다는 목표하에 '빅토리아 21 멀티미디어전략'을 수립하였고, 정보기술을 활용한 정부서비스의 혁신과 대국민 서비스 개선을 목적으로 하는 빅토리아정부의 '온라인 2001'전략도 동시에 추진 중에 있다. '온라인 2001'전략은 2001년 말까지 모든 정부서비스를 온라인상으로 제공하는 것을 목표로 설정하였다.[96]

② 추진과정

Centrelink는 행정의 간소화, 보다 질 높은 대국민서비스 제공, 중복투자 방지 등의 목적을 달성하기 위한 행정개혁의 일환으로서, 여러 종류의 행정서비스를 한 사무실에서 처리(co-located under one roof)할 뿐만 아니라 서비스제공에 있어서도 고객중심적 접근법(customer-focused approach)을 취하고 있는 점이 주요 특징이다.

또한 이동서비스, 연락공무원, 전화와 인터넷을 이용한 업무개선 등을 통해 농촌 및 벽지 지역 주민을 포함한 모든 호주인들이 보편적이고 동등한 행정서비스를 제공받을 수 있도록 보장하는 보편적 서비스(special outreach services)를 제공하고 있다. 그리고 Centrelink가 고객인 국민의 인적 정보를 취급하게 되는 만큼 개인정보의 철저한 보호원칙을 준수할 것을 규정·엄수하고 있다.

---

96) 전자정부서비스제공(ESD: Electronic Service Delivery) 프로젝트 MAXI 는 동 전략의 핵심요소의 하나로 선정되었으며, 정부서비스 제공을 위한 단일창구기능을 제공하기 위해서는 전 정부기관에 걸친 통합된 접근법 이 필요하다는 인식을 구체적으로 실천에 옮긴 대표적인 프로젝트이다.

③ 성과 및 기대효과

첫째, 국민의 편익을 강조한 통합복지행정서비스를 제공하게 되었다. 즉 각 부처별로 흩어져 있던 대민복지 행정업무들을 통합 운영함으로써 행정서비스 절차를 간소화하였고, 국민에게 편리한 서비스를 제공할 수 있는 원스톱 행정서비스를 실현하였다.

둘째, 전화 등 기존자원을 포함한 정보기술 가용자원의 최적으로 활용하게 되었다. 신규 정보기술의 적용만을 강조하기보다는 전화를 비롯한 기존 정보기술을 최대한 활용함으로써 그 효과를 높이고 있다. 즉 민원인이 서비스창구에서 오랫동안 기다리는 기존의 불편을 해소하기 위해 전화에 의한 예약, 서비스 수혜 확인 등이 가능하였고, 민원인은 인터넷을 통해 동일한 서비스를 제공받을 수도 있다.

셋째, 국민을 위한 서비스 측면이 향상되었다. 기존에는 각기 다른 부처의 떨어져 있는 사무실을 통해 제공받던 각종 민원서비스들을 단일의 편리한 장소에서 제공받을 수 있다는 점에서 편익이 크다. 또한 행정서비스가 보다 효율적이고 비용 효과적인 방법으로 제공됨에 따라 납세자인 국민의 입장에서 볼 때에도 바람직한 정부 업무수행 형태로 개혁되었다.

④ 성공요소

행정업무를 개혁하고자 할 때 기존 업무의 개혁 없이 기술 중심적으로 신규 정보기술만을 도입하여 적용할 경우 소기의 성과를 거두는 데에는 한계가 있지만, Centrelink는 업무개혁을 선행시킨 기반 위에서 정보기술을 추가로 적용함으로써 행정업무 개혁과 정보기술의 결합이 자연스럽게 이루어질 수 있는 환경을 조성했다는 점에서 높이 평가된다. 하지만 통합복지행정서비스의 제공을 위해서는 다부처에서

관리하던 개인정보를 통합적으로 다루는 체제 구축이 필연적으로 요구되며 이는 통합정부정보기반, 정보자원관리, 정보공동활용 등의 정보기술정책이 존재할 것으로 판단된다.

2) 국내 사례

1990년대 중반 민간부문에 급속히 확대된 업무혁신(BPR)이 점점 공공부문에까지 확산되고 있으며, IMF 관리체제 이후 단순히 덩치 줄이기에만 급급했던 공공기관들이 내부적인 업무프로세스 혁신에 관심을 갖고 업무혁신(BPR)을 점차 도입하고 있다.[97] 이러한 맥락에서 공공기관으로서는 서울특별시가 가장 먼저 업무혁신(BPR)을 시작했는데, 서울시는 1998년 말 민원업무에 대해 업무를 재설계한 결과 처리시간을 50~98%, 인건비는 8~80%를 줄였으며, 2000년에는 교통관리, 재난관리 등의 5개 업무 영역뿐만 아니라 2001년 이후 현재까지 업무혁신(BPR)의 실현 정착을 추진하고 있다.(서문수, 2000: 16~17)

경기도 군포시·평택시·광주시 교육청도 1999년 행정자치부의 도움을 받아 업무혁신(BPR) 방안을 마련한 후 현재 업무에 적용하는 단계에 있다. 광주시 교육청은 11차례나 세우는 대학수학능력시험 계획을 4차례로, 조례개정에서 확정까지 걸리는 교육감 결재 횟수도 11회에서 4회로 대폭 줄이는 시스템을 구축하였다.

1999년에 업무혁신(BPR)을 착수한 경남 거창군에서도 접수에서 처리까지 3일 이상 걸리던 신고·취하민원 1,418종이 즉시 처리되는 시스템으로 바뀌었고, 776개의 업무 전반을 30%가량 줄이고 불필요한

---

97) 서울경제신문 39면(2000년 3월 23일자) 자료: 행정자치부 내부자료.(행정능률과, 2000년 2월)

결재단계를 없애 잉여인력 10%를 경쟁력 있는 관광산업개발 분야와 긴급한 행정서비스 분야로 돌리게 되었다.

대전 동구청·밀양시·울산시 북구청에서도 2000년도부터 업무혁신(BPR)을 추진하고 있고, 경제의 사각지대인 군에서도 업무혁신(BPR)의 도입으로 인하여 병무청에 이어 해군작전사령부도 이 기법을 작전수행에 도입하였고, 국방부도 도입방안을 모색 중에 있다.

이러한 추세에 맞추어 행정자치부는 공공기관의 경우, 의무적으로 3~5년마다 업무를 업무혁신(BPR)하고 이를 위해 각 기관별로 전문인력 양성과 조직을 두는 방안을 검토·실시하고 있다.(서문수, 2000: 16~17)

(1) 행정자치부 시군구 행정종합업무[98]

① 추진배경

민원서비스를 획기적으로 개선하고, 국민편의 위주의 작고 강한 열린 정부 구현 및 국가 경쟁력의 기반을 확보하기 위하여 기관 간 정보의 공동 활용이 가능하도록 행정전산망을 총체적으로 재정비하여 시군구 행정종합정보시스템을 구축하는 것을 그 목적으로 하였고, 그 세부 내용을 보면 첫째, 행정 효율성 극대화 및 행정 투명성 확보로 대국민 신뢰성 제고, 둘째, 행정 효율성 극대화 및 행정 투명성 확보로 대국민 신뢰성 제고, 셋째, 행정계층 개편과 작고 강한 전자정부 및 국가 경쟁력 기반 확립 등이었다.

---

98) 행정자치부는 전자정부 구현의 핵심적인 역할을 하면서 정부조직에서도 국민전체의 생활과 직결된 매우 중요한 역할을 담당하고 있기 때문에 타 부처나 기업, 국민들에게 미치는 영향이 크다. 시사컴퓨터 「국가정보화 프로젝트를 점검한다」, 1999년 8월과 http://www.sisait.co.kr/200005/choice/special%204.htm에서 인용하였다.

② 추진과정

조직적 측면에서의 범위에서, 전국 232개 시군구를 대상으로 민원 및 행정사무에 대한 정보시스템 구축이 궁극적인 목적이나 본 사업에서는 시행착오를 최소화하기 위하여 4개 시범지역(광주시 서구, 경기도 수원시, 충청북도 충주시, 제주도 남제주군)을 중심으로 시행할 예정이었고, 수직적인 조직 측면에서 시군구의 모든 행정업무를 바탕으로 중앙부처, 광역시 / 도 및 읍면동으로 연관되는 업무 중에서, 단계적 접근전략에 의거하여 시군구(읍면동 포함)에서 수행하는 업무처리 부문을 중심으로 하였다. 둘째, 업무 성격에 따른 범위에서, 시군구에서 공통으로 수행하는 행정 및 민원 사무로서 지방행정사무의 구분 기준에 따른 지방위임사무와 단체위임사무로, 업무기능 분류에 의한 대상 업무영역은 21개 업무영역[99] 중 10개 업무[100]를 중심으로 업무혁신(BPR) 및 정보시스템을 설계하였다.

행정 서비스 측면에서는 업무 처리 시간의 단축, 중복 업무의 통합과 반복 업무의 제거로 업무량의 축소, 업무 표준화 및 단순화로 처리 비용의 절감 등을 목표로 설정하였다. 핵심 프로세스의 선정기준은 〈표 2-14〉와 같은 6가지 평가항목[101]에 대하여 111개 현행프로세스를 평가하여 총점이 높은 프로세스를 선정하였다.

---

99) 주민, 토지지적, 차량, 보건복지, 환경, 농촌, 재세정, 건축, 지역산업, 민원, 호적, 도로교통, 상하수도, 문화체육, 민방위, 재난재해, 축산, 산림, 수산, 내부행정업무

100) 주민, 토지지적, 차량, 보건복지, 환경, 농촌, 재세정, 건축, 지역산업, 민원업무

101) Likert scale로 '매우 높음(5)~매우 낮음(1)'의 5점 척도로 측정하였다.

〈표 2 - 14〉 대상프로세스의 선정기준[102]

No.	평가 항목	항목 내용
1	처리기간 및 실투입시간 단축 요구도	• 민원처리기간(delivery time)의 단축 요구도 • 행정업무 처리기간(delivery time)의 단축 요구도 • 민원업무 및 행정업무 처리를 위한 실투입시간(net execution time)의 단축 요구도
2	수작업의 전산화 요구도	• 수기 대장 작성의 전산화 요구도 • 수기 전표 작성의 전산화 요구도 • 수기 보고서 작성의 전산화 요구도
3	관리 및 업무의 중첩 정도	• 동일 항목을 여러 영역에서 중복되게 관리하는 정도 • 동일 업무를 여러 부서에서 중복되게 수행하는 정도
4	프로세스 간 연계 정도	• 프로세스 수행 중 타 프로세스와 정보를 주고받는 정도 • 프로세스 수행 중 타 프로세스와의 긴밀한 업무협조가 필요한 정도
5	정보 공동활용 요구도	• 타 프로세스와 중복된 정보를 필요로 하여 정보의 공동관리(create, update, delete 등)가 요구되는 정도 혹은 단독 관리 후, 공동 활용(read)이 요구되는 정도 • 업무수행 중 타 프로세스에서 생성된 정보의 활용이 필수적인 정도
6	민원절차 및 구비서류 간소화 요구도	• 민원절차의 복잡성을 단순화하고 간소화할 필요가 있는 정도 • 민원 구비서류가 불필요하게 많아 이를 간소화할 필요가 있는 정도

③ 기대효과

정성적인 측면에서, 정보화 사업으로부터 기대되는 효과는 업무혁신(BPR)에 따라 정보 시스템이 구축됨으로써 얻어지는 행정 업무의 효율화이며, 이는 법·제도의 개선, 표준화와 상호 연계되어 전체적인 시군구 행정업무의 혁신을 가능하게 할 것으로 기대된다. 또한 직접적

---

102) 「'98년도 정보화 지원사업 시군구 행정정보화 완료보고서」(1998)를 토대로 연구자가 작성·재정리하였음.

인 기대효과는 첫째, 세원의 적기파악과 체납자의 정확한 관리로 체납
액 감소,[103] 둘째, 서류 감축, 민원서류 간소화, 대장 관리의 효율화를
통한 비용 절감으로 연간 약 5,883억 원의 효과가 예상된다. 셋째, 시
군구 업무처리 속도 향상에 따른 비용 절감(4,665억 원/년) 등이다.

(2) 서울특별시 전체 업무[104]

① 추진배경[105]

서울시의 경우 타지방 자치단체를 이끌어 나갈 선구자적 위치에서
도시경쟁력 확보를 위한 다양한 개혁 작업을 추진하였으며, 이러한 시
정개혁의 중점 과제로 채택한 것이 업무혁신(BPR)이었다.

민선 2기 시장 취임 후 추진한 조직구조 조정이 정착할 수 있도록
업무흐름의 절차와 방법, 제도, 조직 및 정보시스템을 공급자 위주에
서 수요자 중심으로 전환하였다.

또한 시정업무의 기능과 절차를 개선하여 시정의 생산성을 향상시
키고 공급자 위주의 행정을 수요자인 시민중심으로 전환하여 대시민
서비스수준 향상과 효율성을 제고하고자 추진한 업무혁신(BPR)은
1998년도부터 2002년까지를 계획기간으로 추진되고 있으며, 시민에게
양질의 행정서비스를 신속하게 제공하여 만족도를 배가시키는 것을
주요 목적으로 하고 있다.

---

103) 1995년 말 현재 체납액 1조 7,600억 원을 약 30% 정도를 감소시킬 수
  있을 것으로 추정되며, 이를 1998년 현재 가치로 환산하면 연간 약 7천
  억의 효과가 예상된다.

104) 서울특별시, 업무재설계(BPR) 최종보고서(1·2·3), 1999~2001에서
  인용 발췌함.

105) http://www.krila.re.kr/inno/%EA%B5%AD%EB%82%B41.htm에서 인
  용 발췌함.

② 추진과정[106]

가. 표준 모델 설계·실행 및 기법개발: 1998년 하반기

1998년도에는 처음으로 시작하는 업무인 만큼 우선적으로 서울 시정의 목표를 파악한 다음, 각 실·국에서 작성, 제출한 자료를 토대로 해당 부서별로 인터뷰를 실시하였고, 서울시 전체 프로세스를 지원 프로세스(infrastructure process) 73개와 운영 프로세스(operation process) 185개를 합하여 총 258개 프로세스로 파악한 다음 82개의 핵심 프로세스를 우선 업무혁신(BPR) 대상으로 선정[107]하는 한편 효과가 클 것으로 예상되는 프로세스를 선정하기 위하여 시민요구 및 시정목표 밀접성, 현재 업무 수행 시 문제점, 장애요인, 예상 소요기간 등을 평가하여 1998년도에는 민원 및 자원봉사업무를 시범 대상으로 선정하였다.

나. 표준 모델의 정립: 1999년 4월 12월

1999년도에는 1998년도에 작성된 258개 프로세스를 목적, 기능의 유사성, 연계성 측면에서 통합적, 거시적 차원으로 조정·보완하여 약 19개의 거시 프로세스로 재정의하였다. 또한 프로세스를 선별기준에 따른 세부 항목으로 구분한 후, 추진팀의 워크숍 및 실·과장 회의, 시장단 보고회를 거쳐 교통, 재난, 사회복지, 도로굴착 복구업무를 선정하였다.

다. 업무혁신(BPR)의 실현 정착: 2000년 이후

2000년도에는 각 실·국장 이하 간부들을 대상으로 업무혁신(BPR)

---

106) http://www.metro.seoul.kr/kor2000/snews2_01/main_14.html에서 인용 발췌함.
107) 고객만족도, 전략적 목표, 타부서 연결성, 개선효과, 변화필요성 등의 기준에 의거 각각의 프로세스에 대한 순위를 부여한 ① 재난관리, ② 민원, ③ 대내외 정보교류, ④ 복합민원처리, ⑤ 재정운용, ⑥ 민원처리, ⑦ 홍보물제작, ⑧ 통합DB개발 및 관리 등의 업무

에 대한 교육을 실시하는 한편, 실·국장 개별면담 실시와 병행하여 실·국별로 원하는 프로세스를 추천받아 전략적 중요성, 행정의 효율성, 시민만족도, 개선요구도, 효과 및 실행가능성 등을 평가하여 1차로 건축 인·허가 및 계약·지출관리업무를 선정, 2차로 3개 구청을 표본으로 하여 실무담당자 면담 및 12개 지역 현장방문을 통한 설문조사 등을 실시하였다.

③ 성과 및 기대효과

민원업무의 경우, 창구전환 민원의 경우(11개) 프로세스 타임(process time) 12,370시간, 리드 타임(lead time) 316,556시간이 절감되어 연간 총 328,929시간의 절감과 정원감축(204명)으로 연간 5.1억 원의 예산 절감 효과를 예상할 수 있다.[108] 이 외에도 시민만족도가 대폭 향상되었으며, 새서울 종합민원실을 방문한 시민의 대다수가 업무처리에 만족을 느끼고 있을 뿐만 아니라 업무혁신(BPR)(안)에서 제시하지 않았던 민원업무까지 창구로 확대 전환하는 등 해당 부서에서 보다 적극적으로 업무혁신(BPR)을 활용하고 있다.

④ 성공요소

시정 개혁단에서는 그동안 업무혁신(BPR) 전문기관과의 합동작업에서 습득한 추진기법에 대한 노하우를 지속적으로 전파하는 한편, 업

---

108) 공무원 업무의 효율성과 생산성을 높여서 시민에게 고품질 행정서비스를 추구하고, 이러한 것은 사무자동화시스템과 연계되어 가시적인 성과가 나타나고 있다. 즉 종전에는 3일 걸리던 민원처리가 '새서울 민원봉사실'에 오면 원스톱서비스를 받을 수 있게 되었다. 또한 저소득시민에 대한 전세자금 융자업무는 사무자동화시스템으로 재산조회를 함으로써 16일 이상 소요되던 처리기간을 7일 이내로 단축하였다.(고건, 2002: 29~31)

무혁신(BPR)에 대한 교육실시를 통해 실·국의 선도요원을 자체 전
문가로 양성하여, 2002년 이후에는 실·국별로 업무혁신(BPR) 전담
팀을 구성하여 외부 전문가 도움 없이 자체적으로 업무혁신(BPR)을
추진하도록 함으로써 서울시 전 업무 분야로의 업무혁신(BPR) 확산
및 타지방자치단체, 행정자치부, 기획예산처에서도 서울시를 벤치마킹
대상으로 업무혁신(BPR)을 추진하고 있다.

(3) 법원행정처 상업등기업무[109]

① 추진배경

상업등기 관련 민원을 처리하는 데 1~24시간이 소요되었으나, 인
원증원만으로는 본질적인 문제해결이 불가능하였다. 무엇보다도 경제
성장과 더불어 기업의 수가 증가하고 세계화가 진전되면서 기업의 경
영활동이 활발해짐에 따라 상업등기 관련 업무가 폭증하고 있어서, 인
원증원만으로 서비스를 개선하는 것은 기대조차 하기 어려운 것이었
다. 수작업으로 등기부를 창고로부터 반출하여 등기부에 기록 또는 복
사하고 다시 등기부를 창고에 반입하는 과정에서 많은 시간이 소요되
었다. 이러한 민원인들의 불편은 궁극적으로 회사를 비롯한 다양한 경
제주체의 불필요한 부담으로 이어졌다.

② 추진과정

법원행정처 전산실은 1993년 3월 상업등기 전산화 프로그램 개발에

---

109) 상업등기는 회사의 자본, 해산, 기타 중요 사항을 법적인 절차에 따라
등기하는 제도로서, 이를 통해 회사는 거래의 신속성과 확실성을 높일
수 있고, 신용을 유지할 수 있다. 처리하는 업무는 ① 회사 및 법인의
설립, 변경 등의 등기신청 처리, ② 회사 및 법인에 관한 등/초본 발
급, ③ 회사 및 법인 임원의 인감증명 발급 등이다.

착수하였고, 1994년 1월 상업등기 전산화 시스템이 개발되었고, 법원 행정처장이 참석한 시연회가 개최되었다. 시연회에서 기관장은 시스템 개발의 성과를 높이 평가하면서 본격적으로 사업을 추진하도록 조치 하였다.

그러나 기술적인 문제 이외에 공공기관의 특성상 무엇보다도 예산 의 확보가 장해요인으로 작용110)하게 되었는데, 예산과정을 그대로 따를 경우 사업의 시작은 1995년 이후에나 가능한 것이었다. 등기관련 업무는 국민의 재산권과 관련되는 것이기 때문에 법률 개정이 불가피 하였다. 비송사건절차법, 상업등기처리규칙 등이 직접적으로 관련되는 것으로, 국회의 심의를 거쳐야 하는 것이었기 때문에 제도 정비에만 6 개월 이상이 소요되었다.

③ 성과 및 기대효과
가. 서비스의 질 개선

서비스 개선은 무엇보다도 대기시간의 단축이 그 핵심이다(〈표 2-15〉참조). 민원인 대기시간이 획기적으로 단축됨으로써 연간 11억 3,500만 원111)의 경비 절감효과가 발생한 것으로 추정되었고, 향후 등 기소 간 정보통신망 구축이 완료된다면 가까운 등기소에서 상업등기 등, 초본발급이 가능하여 지리적 한계를 상당 부분 극복할 수 있게 될 것이다.

---

110) 민간기업의 경우에는 필요에 따라 신축적으로 재원을 활용하기 쉽지만, 공공기관은 국회의 심의를 거쳐야 하기 때문이었다.

111) 이전의 접수 건수 기준으로 시중노임단가(27,218원)를 적용하여 얻은 결과로서, 보다 자세한 것은 「상업등기전산화 백서」, p.165를 참조바람.

〈표 2-15〉 서비스의 개선효과

구 분		이 전	이 후
등기 신청 업무		4시간	16분 이내
등/초본 발급업무	10통 이하	40분 - 1시간	5분 이내
	10통 이상	2시간 - 24시간	10분 이내
인감증명 발급 업무		1-2시간	5분 이내

나. 인력감축

직원들은 자기의 책상에 놓인 컴퓨터를 통해 등기신청 업무를 처리하고 등초본과 법인인감증명을 발급할 수 있게 되었기 때문에 등기부를 반출입하거나 복사하는 인원이 불필요하게 되어, 인력을 19명 감축할 수 있게 되었다(〈표 2-16〉참조). 이상과 같은 인력 감축으로 발생하는 인건비 절감효과는 연간 2억 7천만 원에 이른다.

〈표 2-16〉 인력감축의 효과

구분	직급	이전(94. 1)	이후(95. 9)
일반직	서기관	1	1
	사무관	2	2
	주사(보)	7	4
	서기	24	0
	서기(보)	22	24
	소계	56	31
기능직	사무보조원	15	20
	운전원	1	1
	위생원	1	2
	소계	17	23
총계		73	54

다. 경비절감

연평균 복사지 4,500만 원, 토너 및 드럼 2억 5,000만 원의 경비가 줄어들게 되었다(〈표 2-17〉참조).

〈표 2-17〉 경비절감의 효과

	이 전	이 후
필요 복사기	36대	11대
복사지	83,216매(1통당 7매)	35,664매(1통당 3매)
토너 및 드럼	166만 원	53만 원

④ 성공요소

가. 최종 결정권자의 리더십 확립

1994년 1월 상업등기 정보화 시스템 시연회에 참석한 법원행정처장은 시스템의 효용성을 높게 평가하고 그 필요성을 깊이 인식하여 사업을 적극 지원하였다. 원시자료 입력에 소요되는 27명의 인원을 차출하도록 지원하였을 뿐만 아니라 사업예산으로 예비비를 활용하도록 하였는데, 실무 성격의 사업에 예비비가 활용된 것은 법원행정처 역사상 초유의 일로서 기관장의 관심과 지원이 어느 정도였는지를 여실히 보여주는 증거이다.

또한 전산담당관실은 계획수립, 시스템 개발, 원시자료 입력, 설치, 안정화에서 사무환경의 변경에 이르기까지 모든 단계에서 단일의 사업추진 주체로서 핵심적인 역할을 수행하였다. 이로써 정보시스템의 도입에 부합하는 업무혁신이 일관성 있게 진행될 수 있었다. 특기할 만한 점은 법원의 핵심 주체인 판사가 전산실의 운영을 맡게 되면서 기관장인 법원행정처장의 지원을 보다 수월하게 얻을 수 있었다.

나. 적합한 사업전략과 인력활용

복잡한 업무를 정보화하는 것은 시간이 많이 소요되고 철저한 집행이 어렵다는 점에서 성공의 가능성이 낮을 수밖에 없지만, 많은 업무량과 단순한 절차로 특징지어지는 상업등기 업무의 선택으로 효과를 극대화할 수 있었다. 또한 프로그램의 개발, 원시자료의 입력, 관련 업무의 혁신 등 대부분의 활동이 내부 직원에 의해 수행된 것이다.

다. 업무혁신(BPR)의 병행 추진

업무의 효율적 배분을 위해 사무실 구조를 개조하여 은행식 민원창구를 개설하고 번호표 발급기를 도입하였다. 관리통제가 은행에 비해 느슨한 점을 감안하여 민원인이 유입되는 순서에 따라 강제적으로 업무를 배분하였는데, 직원의 개인적인 사정으로 잠시 자리를 비우는 경우를 고려하여 2인 1조로 편성함으로써 계속적인 업무가 가능하도록 하였다.

라. 변화의 효율적 관리

정보화로 감축이 가능하게 된 인원은 법원 내 여타 업무로 재배치함으로써 해당 업무의 서비스를 개선하고 인원 충원을 억제할 수 있었다. 정보화 이후 태업 등 민원창구 직원들의 반발에 대처하여 2개의 민원창구를 묶어 업무를 배분하는 등 관리방식을 바꾸었으며, 무뚝뚝하고 위압감을 주는 남자직원을 상냥한 여자직원들로 교체하였다. 또한 등초본 발급이 5분 이내로 처리됨에 따라 기존의 전화, 팩스에 의한 신청제도의 활용이 급감하게 되어 이를 폐지하였다.

(4) 부동산관련기관(행정자치부·건설교통부·법원)관리업무[112]

① 추진배경

부동산 관련 정보는 행정자치부, 건설교통부 및 법원 등 여러 기관에서 취급함으로써 부동산 관련 정보관리 업무가 혼란을 겪고 있으며 이의 조정이 매우 어려운 실정이다. 각 기관이 별도로 정보를 관리하고 있고, 이로 인한 정보의 중복 및 불일치 문제, 정보 공동 활용의 문제 등이 심각한 실정이다. 이를 처리하는 전산시스템을 제각각 개발하고 있어 개발비용의 중복투자의 문제와 정보망 간의 연계문제가 심각한 문제로 대두되고 있다.

② 추진과정

정보 공동 활용을 통한 기관 간 정보의 중복 및 불일치 해결, 고객지향적 원스톱·논스톱 민원행정서비스 실현, 행정의 능률성 향상 및 행정개혁 촉진, DB의 통합으로 부동산종합정보시스템 구축, 부동산관리업무 관장조직의 1원화 등이다.

첫째, 단기 개선방안으로 불필요한 민원서류를 대폭 감축하고, 정보망의 연계 및 전자자료 교환 도입으로 타 기관의 구축정보를 실시간으로 이용하도록 하였다. 둘째, 중기 개선방안으로 현행 부동산 관련 공부를 그대로 유지하되 관리기관을 지정해 이중으로 정보를 구축하는 경우가 없도록 부동산통합DB를 구축한다. 아울러 전자결재 및 전문가시스템 도입하여 행정의 능률성을 향상시킨다. 셋째, 장기 개선방안으로 기존에 행정자치부와 사법부에서 맡고 있던 부동산 관련 공부

---

112) 토지에 관한 정보, 토지소유에 관한 정보와 토지거래에 관한 정보를 행정자치부, 법원, 건설교통부가 지적, 등기, 토지거래신고 및 허가업무이다.(한국전산원, 1997)

를 새로운 독립기구가 담당하여 관련조직을 일원화하도록 하였다.

③ 성과 및 기대효과

정성적인 효과 측면에서는 살펴보면 첫째, 국민의 관점에서 부동산등기 등 부동산민원에 있어 불필요한 서류감축, 원스톱·논스톱 민원처리, 대기시간 감축 등으로 고객지향적 민원행정서비스가 가능해진다는 것이다. 둘째, 행정시스템의 관점에서 부동산정보의 공동 활용, 업무처리방식의 개선으로 비용절감 등 행정의 능률성을 향상시키고 보다 질 높은 서비스 제공이 가능해질 것이다.

또한 정량적인 효과 측면에서는 지적업무, 건축물대장관리업무, 토지거래관리업무, 부동산등기업무의 사례를 중심으로 현행 업무처리방식과 중기 개선방안이 도입될 경우의 업무처리방식 및 그 효과는 〈표 2-18〉과 같다.

〈표 2-18〉 사례별 개선방안 및 효과

사례 \ 비교	현 행	중기개선방안	효 과
〈지적업무〉 민원인이 토지분할신청을 하고 토지대장 및 지적도를 신청하여 수령받는 경우	34단계 35,416분	24단계 22,987분	1,689억 원 (민간부문 1,462억 원 정부부문 227억 원)
〈건축물대장관리업무〉 민원인이 건축물대장 기재사항변경신청을 하여 이를 변경하고 건축물대장 등본을 발급받는 경우	15단계 6,183분	10단계 6,016분	830억 원 (민간부문 423억 원 정부부문 407억 원)

사례 \ 비교	현 행	중기개선 방안	효 과
〈토지거래관리업무〉 토지거래허가지역에서 토지를 거래하는 경우 토지거래허가 및 검인을 받고 관련자료를 주무부서에 송부하는 경우	20단계 8,275분	11단계 4,756분	880억 원 (**민간부문** 462억 원 **정부부문** 418억 원)
〈부동산등기업무〉 민원인이 토지소유권이전등기신청을 하고 등기필통지에 의해 토지대장을 정리하는 경우	26단계 7,782분	7단계 220분	2,031억 원 (**민간부문** 1,817억 원 **정부부문** 214억 원)

(5) 해군부대의 함정업무[113]

현재까지 소개된 군부대에의 업무혁신(BPR) 적용사례는 매우 드물며, 미 육군 전력사령부와 한국 육군의 군 급여관리체계에 관한 사례 등 몇몇 사례들만 보고되고 있을 뿐이다.(Reimer, 1995: 31~34; 강필수, 1997) 그러나 이러한 사례들의 교훈은 업무혁신(BPR)이 민간부문 이외에도 군 조직과 같은 공공부문에서도 매우 효과적으로 적용될 수 있음을 시사하고 있다.

① 추진배경

해군은 최근 ○○부대를 중심으로 업무혁신(BPR) 기법을 활용하여 행정의 간소화 및 효율화를 통한 전투력 증대를 꾀하여 왔으며 분야별로 적지 않은 성과를 거두고 있다. 해군에서 정보기술의 일반 업무분야 도입은 1980년대 초로 거슬러 올라간다. PC보급과 함께 '사무자

---

113) 서영길, "BPR의 군부대적용: 해군함정 업무개선 Pilot Stusy를 중심으로", 정책분석평가학회보 제11권 제1호, 2000. pp.1~22.

동화˚의 추진으로 많은 정보기기가 보급되었고, 사용자를 위한 정보화 교육이 이루어졌지만, 군의 발전과 더불어 행정수요도 꾸준히 증가되어 왔으며 경우에 따라 과도한 행정업무가 조직의 전투력에까지 영향을 미치게 되었다. 이에 따라 ○○부대는 정보기술을 활용하여 업무프로세스를 재설계함으로써 과도란 행정업무를 간소화, 효율화하여 부대원으로 하여금 작전, 교육훈련, 정비, 체력단련 등 전비태세유지에 전념하게 하는 업무혁신(BPR) 추진계획을 수립하였다.

1999년 6월 부대지휘관의 업무혁신(BPR)을 통한 조직혁신의 마인드를 전파하고 구체적인 방침이 설정되었다. 세부 방침은 다음과 같은 네 가지로 요약할 수 있다. 첫째, 업무혁신(BPR) 기법을 도입하여 조직의 업무를 재설계한다. 둘째, TFT를 구성하여 강력히 업무를 추진하고 지속적으로 변화 및 성과에 대한 관리를 한다. 셋째, 업무 재설계에 따른 정보기술을 도입하고 활용한다. 넷째, 외부 전문 업체에 의한 용역과 정보통신단에 의한 자체수행을 고려한다.

　② 추진과정

1999년 6월 프로젝트 추진을 위한 위원회가 ○○부대 부사령관을 위원장으로 조직되었고, 초기 마인드 확산과 교육을 위해 초빙 강연이 실시되었다. 동년 8월 세부적인 마스터플랜이 세워졌고 ○○부대 △△ 함정이 시범함정으로 선정되어 업무혁신(BPR)의 적용을 시작하였다. 이후 ○○부대 전체와 해군 전체로의 적용 가능성을 진단해 보고자 한국 ORACLE사의 업무혁신(BPR) 진단이 1999년 9월부터 2개월에 걸쳐 실시되었다. 2000년 1월 ○○부대 정보통신단에 의한 업무혁신(BPR) 추진계획이 수립되었으며 업무혁신(BPR) 추진을 위한 워크숍이 개최되었다. 2000년 6월 업무혁신(BPR) 시범함정의 추진성과가 측정되었고, 그 후에도 업무혁신(BPR)을 계속 추진하였다.

업무혁신(BPR)의 대상업무로 함정표준일과, 제대별 책임제 교육훈련, 자체정비업무, 함정 군수지원업무, 제위원회의 운영, 함장 행정절차 등이었으며 행정 효율화, 간소화로 전투력 증대에 가장 핵심적인 영향을 미칠 수 있는 3개의 주요 프로세스를 선정하였다. 3개의 주요 프로세스는 함대 행정업무, 군수종합업무, 기타 업무 등이었는데 각각 3~4개의 세부 프로세스를 포함하고 있다.

③ 성과 및 기대효과

성과분석을 위해 Pilot Study 방법을 적용하여 업무혁신(BPR)을 실시한 함정과 그렇지 않은 함정을 선정하여 실증분석을 실시한 결과, 크게 효과성 측면과 효율성 측면으로 나누어 정리할 수 있다.

효과성 측면에서 ○○함정의 관리자 집단과 전투 집단의 의사결정의 신속성, 비관리자 집단과 전투 집단의 교육훈련성과, 비관리자 집단의 직무만족 등은 직접적으로 전투력의 향상에 기여할 수 있는 것으로 나타났다.

효율성 측면에서 전체 집단이 보인 행정의 효율성, 비관리자 집단의 조직의 탄력성이 우세하게 나타났다. 특히 조직의 탄력성은 동일 부서 내에서 동료나 상하관계의 부재 시 담당자가 그 업무를 대신할 수 있는가를 측정한 것으로 비관리자, 비전투 집단에서 그 유의성을 나타냈다. 이는 정보기술의 도입에 의한 프로세스의 변화로 해당 조직 구성원이 다기능화해졌다는 결과를 나타내며, 궁극적으로 병력절감의 가능성을 시사하고 있다.

④ 성공요소

업무혁신(BPR)을 위한 지휘관의 관심은 지대하였다. 즉 부사령관을 추진위원장으로 하는 추진위원회를 구성한 점이나 초기에 외부강사의 초빙강연을 통한 마인드 확산, 추진위원회에 의한 계획시달 및 지속적 추진, 예하부대원들에 대한 지휘서신의 발송, 워크숍 참여 및 외부 전문 업체를 적극적으로 활용하였다.

변화에 대한 함정 근무자들의 태도를 보면, 도입 초기에는 저항과 우려의 면이 없지 않았으나 추진방법론에 의한 진행이 계속되면서 구성원 스스로가 혁신이 조직뿐만 아니라 개인을 위해서도 필요하다는 근본적인 변화의 당위성을 인식하게 되었고, 정보기술을 보다 구체적으로 활용한다면 전투력 극대화를 위한 업무혁신(BPR)의 활용이 보다 확대할 수 있음을 알 수 있다.

2. 비교·정리 및 시사점

이상에서 검토한 업무혁신(BPR)의 공공부문 적용사례를 비교·분석하면 다음과 같다.[114]

첫째, 외국사례를 분석한 결과, 공공환경 변화로 인한 최고 정책결정권자의 인식에서 업무혁신(BPR)이 추진되었으며, 조직구성원들의 적극적인 참여 아래 정보기술을 바탕으로 전반적이고 대폭적인 변화가 시도되는 것으로 나타났다. 나아가 최고 정책결정권자는 조직구성원의 적극적인 참여 및 지원을 유도하기 위하여 여러 공무원 신분보장을 강조한 점이 주목된다(〈표 2-19〉참조).

---

114) 국가 간 분석에서는 동일 업무 또는 환경이 유사한 공공기관을 대상으로 비교·분석하고자 하는 것이 아니며, 업무혁신(BPR) 사례를 이용하여 공공업무 업무혁신(BPR)의 특성요인을 도출하기 위한 것이다.

〈표 2-19〉 외국 공공부문 업무혁신(BPR)의 특징분석

구분·단계		미국 국세청	미국 사회보장청	미국 오레건주 고용부	영국 우체국	캐나다 국세청	호주 빅토리아주
추진 배경		• 세금관련 법 준수 • 납세자 부담 최소화 • 서비스 만족	• 업무량 증가 • 서비스 질적 저하	• 연방정부의 지원삭감 • 인력감축에 따른 행정 서비스의 축소	• 노동 집약적 운영 • 독점 시장의 붕괴	• 세금수입 향상 방안 • 고객 서비스 증가	• 고객우선주의 • 원스톱민원 서비스 • 서비스 비용 절감
추진 방법		• 점진적+급진적	• 개혁적, 급진적	• 의회와 긴밀한 협조 관계를 구축함	• 전격적인 변화 • 벤치마킹 실시	• 업무의 문제점 분석 • 서류작업 비효율 없앰	• 정보인프라 표준화 • 기관 간 협력 • 접근공유모형
계획 (P)	추진 전담 팀	• 4개의 추진팀 • 업무과정 개선을 위한 집행위원회	• 별도 작업팀(고객, 기관 면담)	• 연구팀 • 전문팀 • 외부기관의 활용	• 전담팀	• 전 직원 업무 혁신 병행	• 관련기관 기능의 통합/흡수
	대상 업무 의 범위	• 납세자를 고객으로 인식하는 6개의 핵심 업무 시스템	• 장애복지 프로그램	• 종합적, 자동화된 서비스 전달체계 (취업, 실직청구)	• 외부고객 업무 • 지원업무 • 관리업무	• 세금신청~납부 업무 • 기부금 면세업무 • 경로연금 지급업무	• 복지행정 서비스 • 통합민원 서비스
	관리 자층 의 인식 및 지원	• 국세청장의 다각적인 노력	• 법에 독립화된 기관, 업무	• 최고 책임자와 부서장 주축	• 집행위원회	• 국세청장의 의지	• 주정부 차원에서 추진됨

구분· 단계		미국 국세청	미국 사회보장청	미국 오레건주 고용부	영국 우체국	캐나다 국세청	호주 빅토리아주
실행 (D)	조직의 혁신	● 공무원 신분 보장 ● 인적자원 계획의 제시	● 적극적인 참여	● 적극적인 참여	● 인식의 공유	● 전 직원 (4,300명) 참여	● 인식의 공유
	변화 관리의 실시	● 평가측정 방법 ● 조직구조 단순화	● 고객의지를 명확히 파악함	● 공무원의 신분보장 ● 지속적인 교육 실시 ● 자발적인 행정문화 유도	● 성과 측정을 병행	● IT를 이용한 경영혁신 ● 3,800만 달러 (5년간) ● 외부 컨설팅 활용	● 행정업무 개혁과 IT의 결합 ● 고객중심적 접근
	정보 기술의 활용	● 세금체계 프로그램 ● 문서관리 시스템 ● 세금환급 시스템	● 새로운 청구처리 시스템	● 키오스크 설치 ● 전화를 이용하여 수당을 청구함	● 고객만족을 위한 To-Be 프로세스 설계	● 전자자금 이체 ● 전문가 시스템 ● 분쟁사례 DB ● 통합세금 시스템	● Centrelink 서비스 ● 전화, 인터넷 활용 ● MAXI 프로젝트 ● 온라인 2001 전략 ● 멀티미디어 전략
평가 (S)	서비스 향상· 속도 향상· 비용 절감	● 세금납부 실적의 향상 ● 세금신고 건수의 증가 ● 오류 발생률 감소	● 소요기간 단축 ● 인력 감소 ● 청구 단계의 축소	● 결제 사인의 축소 ● 대기시간 감소 ● 서류작업 감소	● 조직 단순화 ● 관리계층 재조정	● 서비스 증대 ● 탈세감시기능 강화 ● 인원/비용/시간절감 ● 조직슬림화	● 편리한 민원서비스 ● 민원 대기시간 감소 ● 행정서비스 절차의 간소화

둘째, 국내 사례를 분석한 결과, 전자정부 실현을 위한 공공서비스 향상과 시민만족을 위한 업무처리 시간 단축을 목표로 하고 있다. 공공업무에 대한 단순한 정보화보다는 업무혁신(BPR)을 통한 업무프로세스 혁신에 초점을 두고 전개되었고, TFT가 구성되어 추진되어 외부 전문가(컨설턴트)를 활용하고 있는 것으로 나타난다. 나아가 업무혁신(BPR)을 적용하기 위하여 정보기술을 적극적으로 활용하며, 공무원들의 참여를 위해 의식과 필요성을 강조하는 변화관리를 병행하였다. 그러나 변화관리는 주로 외부 전문가(컨설턴트)에 의존하였거나 프로젝트 참여 요원에 대한 인센티브의 제공 측면은 없었던 점으로 보아 향후 개선할 사항이라고 본다(〈표 2-20〉참조).

셋째, 국내·외의 사례에서 나타난 공공부문에 있어서의 업무혁신(BPR) 적용에 따른 성과는 〈표 2-21〉과 같이 'Service·Delivery·Cost Category'로 분류할 수 있고, 업무혁신(BPR) 계획(Plan) 이후의 구체적인 구현수단 및 적용요소로서는 신(新)프로세스의 정착화, 새로운 정보시스템의 구축, 법·제도의 개선 등이라고 할 수 있다. 특히 불필요한 업무처리가 감소됨으로써 업무 효율화를 통한 조직의 생산성이 증가되었다. 더구나 정보기술을 이용한 one-stop, non-stop 공공서비스가 구현됨으로써 민원서비스 절차의 간소화로 인한 시민 중심적 서비스가 가능하여 시민만족도가 향상되었다. 또한 결재단계의 축소로 인하여 업무처리 속도가 향상되었고, 시간, 인원, 경비 등의 절감 등 예산절감 효과도 도모하였다.

그 이외에도 업무프로세스를 표준화하고, 재정립함으로써 조직의 탄력성이 강화되어 조직구성원의 직무에 대한 만족도 역시 향상되었음을 알 수 있다.

〈표 2-20〉 국내 공공부문 업무혁신(BPR)의 특징분석

구분·단계		행정자치부 시군구 종합업무	서울특별시 전체업무	법원행정처 상업등기업무	부동산관련 기관 관리업무	해군부대 함정업무	기타
추진배경		• 서비스 개선 • 정보 활용 • 행정전산망 정비	• 개혁정착 • 경쟁력 확보 • 수요자중심 전환	• 질적 서비스 업무 폭증 • 업무시간 과다	• 부서 간 업무혼란 • 정보의 불일치 • 정보활용 미흡	• 행정업무 간소화 및 효율화 • 전투력 증감	• 행정업무 효율화
추진방법		• 업무혁신 (BPR) +IT 활용 분석	• 업무혁신 (BPR) +정보화 기반	• 정보화+ 업무혁신 (BPR)	• 정보화+ 업무혁신 (BPR)	• 업무혁신 (BPR) +IT활용	• 업무혁신 (BPR)+정보화
계획(P)	추진 전담 팀	• 실무 전담반 • 추진팀+ 외부업체	• 추진 지원팀 • 외부 전문기관	• Task Force Team	• Task Force Team	• 추진위원회 • Task Force Team	–
	대상 업무의 범위	• 10개 업무(주민, 차량 등)	• 전체 프로세스 (지원+ 운영)	• 등기신청 업무 • 법인인감 증명 발급	• 토지대장 • 토지등기부	• 함대 행정업무 • 군수 종합업무 • 기타 업무 (교육, 회의)	• 민원처리업무 • 의사결정단계 합리화
	관리 자층의 인식 및 지원	• 행정정보화 사업 단장	• 행정1 부시장 +추진위원회	• 법원행정처장 의지	– (독립기구 검토)	• 사령관의 적극적 의지 • 부사령관 중심의 추진위원회	• 행정자치부 지원

구분·단계		행정자치부 시군구 종합업무	서울특별시 전체업무	법원행정처 상업등기업무	부동산관련 기관 관리업무	해군부대 함정업무	기타
실행 (D)	조직 혁신	• 변화관리에 의한 적극참여 유도	• 체험 후 적극 참여 • 필수사업으로 인식시킴	• 변화관리 • 조직원의 참여 유도	–	• ○○함정 전원 • 변화관리로 참여 유도	• 행정자치부 지원
	변화 관리의 실시	• 법·제도 • 업무절차 확립 • 업무 표준화	• 단계별 추진 • 지속적 평가·환류 • 자발적 행정문화(능률협회 컨설팅)	• CIO 리더십 • 예산 확보 • 관계 법령	• 외부 전문가 활용 (한국전산원)	• 성과의 지속적 모니터링과 피드백 • 외부전문기관 활용 (한국오라클)	
	정보 기술의 활용	• 정보화 전략 • 인트라넷	• 행정업무에 정보기술 접목 • 민간의 경영마인드 도입	• 통합DB 구축 • Client / Server 시스템	• 정보시스템 신규 개발	• 기존 소프트웨어 개선 • 네트워크, PC 활용·단계별 도입 추진	• 대학수능 시험계획 (11→4회, 광주시교육청) • 조례개정의 교육감 결재 (11→6회, 광주시교육청) • 민원처리 (3일→즉시, 경남 거창군) • 업무 효율화(30%향상, 경남 거창군) • 결재단계축소 인력절감(10%, 경남 거창군)
평가 (S)	서비스 향상·속도 향상·비용 절감	• 행정능률 향상 • 기대효과 (전체: 약18조, 직접: 약 9조 원)	• 민원처리 시간 단축 • 시민만족도 향상 • 타 기관 (행자부)에의 모범사례 제공	• 서비스 질 개선 • 인력감축 • 경비절감	• 고객지향적 행정 서비스 • 비용절감 • 행정능률성 향상	• 의사결정의 신속화 • 직무만족 향상 • 조직 탄력성 강화 • 병력절감 가능 • 행정 효율성 증대	

〈표 2-21〉 업무혁신(BPR)의 공공부문 적용에 따른 성과분석

구분	외국 사례						국내 사례					
	미국 국세청	미국 사회 보장청	미국 오레건 주고용 부	영국 우체국	캐나다 국세청	호주 빅토리아 아주	행정 자치부 시군구 종합 업무	서울 특별시 전체 업무	법원 행정처 상업 등기 업무	부동산 관련 기관 관리 업무	해군 부대 함정 업무	기타
서비스 향상 (S)	●조직 생산성 향상 ●오류 발생률 감소 (15%→ 1.3%)	●의사 결정 권자 와의 인간 관계 확대	●서류 작업 감소 ●업무 능률 성 확 보	●업무 생산성 향상 ●조직 단순화 ●관리 계층 재조정	●서류 사용 오류 방지 ●불필 요한 서류 제거	●행정 간소화 ●서비 스 절 차 간 소화	●업무 표준화 ●행정 업무 효율화	●민원 처리의 감소	●불 필요한 업무 처리 감소	●불 필요한 서류 감소	●행정 능률성 향상	●행정 업무 효율화 (30% 향상)
업무 처리 시간 단축 (D)	●결재 단계 축소 (7→5 단계)	●청구 단계 축소 ●155일 →40일 ●거부 기간 (1년→ 5개월)	●대기 시간 감소		●서류 찾는 시간 방지	●민원 처리 대기 시간 해소	●업무 처리 속도 향상 (4,665 억/년)	●프로 세스 타임 절감 ●리드 타임 절감			●행정 효율성 증대 ●의사 결정 신속화 ●직무 만족 향상 ●조직 탄력성 강화	●계획 단축 (11→ 4회) ●결재 감소 (11→ 6회) ●민원 처리 (3일→ 즉시)
비용 절감 (C)		●16~ 26명→ 7~8명 으로	●관청 방문 의 시 간적 비용 감소	●세금 담당 부서 불필요 ●간접 비 절 감	●중복 투자 방지		●체납 액 감소 ●대장 관리 효율화 (5,883 억/년)	●정원 감축 ●예산 절감	●경비 절감 ●인력 감축		●인원 절감 가능	●인력 절감 (10%)
공공 요구 의 대응	●납세 자부 담 최 소화		●다양 한 행 정 서 비스 ●방문 의 복 잡함 해소		●고객 서비스 증대	●국민 서비스 ●원스 톱 행 정 서 비스		●대기 시간의 단축	●대기 시간의 단축	●민원 처리 ●대기 시간 감축		
시민 만족 향상	●서비 스에 대한 시민 만족도 향상				●탈세 에 대 한 감 시 기 능 강 화	●고객 중심적 서비스 제공	●법/ 제도 개선	●시민 만족도 향상		●고객 지향적 민원 행정 서비스		

제3장 연구설계와 분석방법

제1절 연구모형 및 가설설정

1. 연구모형

여기서는 앞에서 고찰한 내용에 기초하여 본 연구를 위한 모형을 설정하고 그에 관련된 연구 변수들에 대해 설명한다.

현재까지 대부분의 업무혁신(BPR)에 관한 연구는 주로 기존자료의 분석·사례분석 등의 비계량적인 방법을 주로 사용하였지만, 본 연구에서는 이러한 분석 이외에 업무혁신(BPR)의 계획(Plan)·실행(Do)·평가(See)가 원활하게 진행되었을 때 조직성과(Performance)가 충분히 달성될 수 있는지를 실증적으로 분석하였다. 특히 공공업무에 있어서 업무 생산성과 효율화를 위해 기존의 업무처리방식을 그대로 둔 채 단순히 정보기술의 도입만으로는 업무효율화를 도모할 수 없다. 이는 현재의 업무흐름에 정보기술을 맞춘다는 문제점을 내포하고 있기 때문에 궁극적으로는 공공서비스의 제공자(공공기관)나 수혜자(시민)

가 다같이 피해를 볼 수 있다는 측면에서 공공부문에서의 업무혁신 (BPR)의 성공적인 추진이 절실히 요구되고 있다.

따라서 본 연구는 이러한 한계를 극복하기 위하여 제2장의 〈표 2-19〉, 〈표 2-20〉, 〈표 2-21〉와 같이 업무혁신(BPR)을 실제 공공부문에 도입·적용하였을 때 나타났던 핵심요인과 적용성과들을 변수로 설정한 후, 이들 간의 관계를 알아보고자 〈그림 3-1〉과 같은 연구모형을 설정하였다.

〈그림 3-1〉 연구모형의 틀(framework)

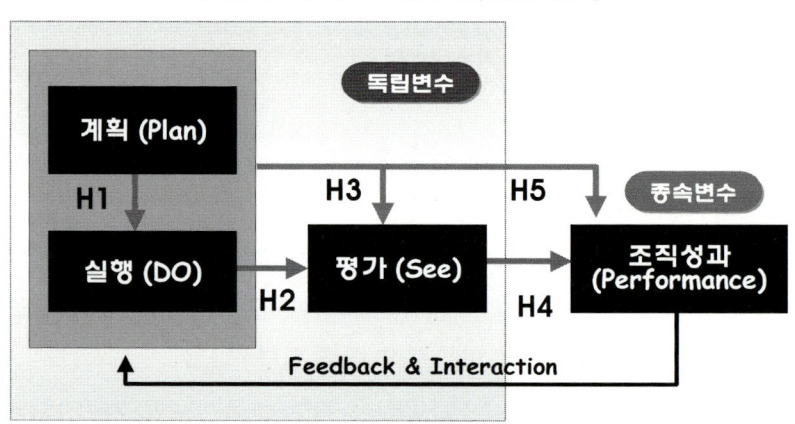

2. 가설설정

업무혁신(BPR)의 적용에 따른 조직성과는 다양한 요인에 의해 영향을 받는데, 본 연구에서 조직성과는 조직구성원들이 느끼는 행동적 성과로서 조직몰입도·직무만족도와 같은 구성원들의 주관적 느낌 정도를 성과로 정의한 조영호·박계홍(1992)의 연구를 이용하였고, 공공서비스 제공의 측면에서 기꺼이 시민을 돕고 신속한 서비스를 제공하려는 의향의 개념으로 공공요구의 대응을 정의한 Zeithaml · Parasuraman · Berry(1992)의 구성요소를 이용하였다.[115] 이러한 조직성과에 영향을 미치는 독립변수들 중 업무혁신(BPR)의 계획 · 실행 · 평가와 종속변수인 조직성과 사이에 상호 영향을 미치는 변수들을 분석하고자 본 연구의 연구모형을 토대로 다음과 같은 가설을 설정하였다.

1) 계획(Plan)과 실행(Do) 간의 가설

(1) 업무혁신(BPR) 계획(Plan)에서 가장 중요한 요인 중의 하나는 관리자층의 적극적인 지원과 참여에 있다. 이들의 역할은 조직의 비전, 업무혁신(BPR) 목표의 제시와 명확화, 혁신에 투입한 시간과 노력 및 지원 정도 그리고 조직구성원들에게 혁신의 내용과 成敗事例 등의 확산 등을 제시할 수 있다.(Beer, M., Einsenstat, R. A. & Spector, B., 1990: 178; Mceven, N., Carmichael, C., Short, D. & Steel, A., 1988: 211~223) 또한 업무혁신(BPR)은 조직이 경쟁우위에 서기 위한 중요한 조직혁신활동이므로 관리자층의 리더십 없이는 성공할 수 없다. 즉 관리자층이 업무혁신(BPR)에 대한 방침과 비전을 설정하는 것으로 시작하여, 전 구성원에게 그 중요성과 필요성을 이해시켜 의식과 마음의 변혁을 일으키는 과정에서 업무혁신(BPR)은 시작되기 때문이다.

(2) 업무혁신(BPR)의 성공을 위해서는 우선 조직의 전체 프로세스를 크게 구분하여 핵심 프로세스를 분류하고, 프로세스별 관리항목과 Chief Process Officer(혹은 process owner)를 결정한 후, 각 프로세스

---

115) Zeithami et al. "Delivery Quality Service: Balancing Customer Perceptions and Execptions", NY; The Free Press, 1992, pp.21~22.

별로 목표를 설정해야만 큰 성과를 기대할 수 있다. 업무혁신(BPR)을 위한 프로세스의 분류는 기능별이 아닌 조직 전체의 업무를 단위로 하는 것이 원칙이나 범위가 너무 방대한 경우, 목표는 하나로 설정하되 2~4개의 핵심 프로세스로 구분한다.

(3) 업무혁신(BPR)의 성공과 실패를 결정짓는 또 하나의 핵심요인 중의 하나는 실질적인 업무를 수행하는 업무혁신(BPR) 추진팀이다. (김효석 · 김경한, 1995: 103~105)

업무혁신(BPR) 추진담당자 및 전담조직의 역할에 관한 연구에 의하면(Zaltaman, G., Duncan, R. & Holberk, J., 1973), 업무혁신(BPR)의 추진팀장은 혁신적인 마인드와 주도적인 리더십을 갖춘 인물이 선정되어야 하고, 팀원은 현재 업무에 가장 밝은 업무전문가를 선정하여야 한다. 팀원들의 직급은 업무현장에서의 전략에 대한 중요성과 조직전반에 대한 이해가 필요하기 때문에 관리자급 이상으로 하는 것을 원칙으로 한다. 팀의 운영에 있어서는 자기의 소속 부서와 상관없이 프로젝트를 추진할 수 있도록 교육훈련과 제로베이스 마인드가 필요하며,[116] 팀의 전담도에 있어서도 업무혁신(BPR) 프로젝트 추진을 위한 업무 전담률을 높여야 한다.(김길생, 1996: 94)

이와 같은 업무혁신(BPR)의 계획(Plan)을 잘 정립함으로써 업무혁신(BPR)의 실행(Do)은 보다 성공적으로 추진될 수 있다는 관점에서 가설 H1을 설정하였다.

---

116) 업무혁신(BPR)에서 팀을 활용하는 이유는 구성원들이 차출된 부서의 '대표(represent)' 기능을 수행하는 것을 지양하고, 주어진 과제만을 달성한다는 한 가지 목적만을 지니고 참여할 수 있도록 하기 위해서이다.(유홍림 외 공저, 2003: 561)

▣ **H1: 업무혁신(BPR) 계획(Plan)의 특성요인은**
   공공부문 업무혁신(BPR)의 실행(Do)에 영향을 미칠 것이다.

2) 실행(Do)과 평가(See) 간의 가설

(1) 업무혁신(BPR)의 구체적인 실행(Do)형태는 크게 신(新)프로세스의 적용, 조직의 혁신, 정보기술의 활용, 변화관리의 실시로 구분할 수 있다. 이 중에서도 업무혁신(BPR) 계획(Plan)에서 새롭게 설계된 신(新)업무프로세스는 Chief Process Owner에 의해 결정되고, 관리자층에 의해 승인된 후 바로 업무현장에서 적용되어야 한다. 이러한 신(新)업무프로세스의 적용은 업무처리에 있어서 누구라도 쉽게 이해되고 관리될 수 있도록 업무표준화 관점에서 추진돼야 하고, 적용되는 업무프로세스는 문서로서 기술되어 그것을 실행하는 해당업무 수행자들에게 분명하게 이해돼야 한다.

(2) 업무혁신(BPR)의 가장 핵심적인 요소는 업무프로세스의 재설계이지만, 새롭게 설계된 신(新)업무프로세스를 적용하기 위해서는 새로운 조직의 신설이나 기존 조직의 폐지 또는 업무조직 간의 흡수·합병, 인원의 변화가 필연적으로 수반하게 된다. 따라서 새로운 업무프로세스가 지속적으로 실현되고 개선되기 위해서는 업무담당자의 역할과 책임, 명확한 직무분장 등 조직의 새로운 변화 없이는 업무혁신(BPR)의 성공적 실행을 기대할 수 없다.

(3) 업무혁신(BPR)은 현상의 문제를 혁신적으로 추진하기 때문에 그 실행과정에서 조직구성원의 심각한 저항을 초래할 수 있다. 이러한 저항을 극복하고 변화의 필요성을 인식시키기 위해서는 위기감(sense of crisis)을 갖게 하고 기존 패러다임의 정당성을 무력화시키는(delegitimate)

방안들이 동원된다.(Kotter, 1995) 따라서 개인적·체계적인 저항을 예방하거나 제거하여 조직이 목표한 성과를 달성할 수 있도록 조직구성원들의 공유와 참여를 유도할 수 있는 변화관리의 실시가 매우 중요하다.

(4) 업무혁신(BPR)의 실행요소 중에서 잘못된 업무프로세스가 다시 과거의 관행으로 돌아가려는 회귀성을 근본적으로 방지할 수 있는 수단은 정보기술을 잘 활용함으로써 가능하다. 과거 업무혁신(BPR) 프로젝트의 경우, 업무프로세스를 아무리 이상적(理想的)으로 설계한다 하더라도 그 구체적인 실현수단이 명확하지 못했었고, 이의 실행을 뒷받침할 수 있는 정보기술이 발달하지 못해 실패한 경우가 많았다. 따라서 업무혁신(BPR)의 실행을 위한 정보기술의 활용수준은 업무혁신(BPR)을 적용하기 위한 강력한 수단으로서 업무혁신(BPR)은 정보기술을 이용한 업무의 재설계라고도 할 수 있다.

이상과 같은 업무혁신(BPR)의 실행(Do)이 성공적으로 추진되면 업무혁신(BPR)의 평가(See)는 더욱 높게 나타날 수 있다는 관점에서 가설 H2를 설정하였다.

▣ **H2: 업무혁신(BPR) 실행(Do)은 업무혁신(BPR)의 평가(See)에 영향을 미칠 것이다.**

3) 평가(See)와 조직성과(Performance) 간의 가설

업무혁신(BPR)을 통해 궁극적으로 얻고자 하는 목표는 고효율·저비용의 업무구조를 통해 공공서비스 창출을 위한 업무생산성 향상에 있으며, 이러한 생산성을 평가하는 지표는 서비스 향상, 업무처리시간 단축, 비용 절감 등에 의하여 결정된다고 볼 수 있다.

또한 업무혁신(BPR)은 시민지향적인 관점에서 업무처리흐름을 재구축함으로써 경쟁력 강화에 의한 경쟁우위를 달성하는 것을 목표로 하고 있다. 급진적인 변화는 기존의 패러다임을 무시하고, 새로운 사고와 방식을 제로베이스에서 생각함으로써 조직의 문제를 정확히 파악하여 보다 시민지향적인 조직을 구성할 수 있기 때문에 목표달성에 소요되는 시간을 단축시킬 수 있고(서진완, 1998: 13), 업무가 어떻게 이루어지고 있는지를 평가하고, 기존의 업무처리과정을 재점검함으로써 필요 없는 업무나 혹은 중복되는 업무를 개선 또는 폐지하여야 한다는 내용을 포함하고 있다. 따라서 이러한 관점에서 다음과 같이 가설 H3을 제시하고자 한다.

■ **H3: 업무혁신(BPR) 평가(See)는 조직성과에 영향을 미칠 것이다.**

4) 계획(Plan)·실행(Do)과 평가(See) 간의 가설

업무혁신(BPR)의 평가(See)는 업무혁신(BPR)의 도입 목적과 이를 추진하기 위해 책정된 조직·업무의 규모(예산, 인원 등)에 따라 앞서 논의한 PDS Cycle의 절차에 따라 단계별로 추진할 수 있고, 계획(Plan) 단계를 생략한 채 바로 실행(Do)으로 추진하는 경우도 있다. 또한 최고 결정권자로부터 승인받은 프로젝트 기간의 한시성에 따라 계획(Plan)과 실행(Do)을 동시에 추진하는 하는 경우도 많이 있다. 이러한 관점에서 본 연구모형을 토대로 가설 H4를 설정하였다.

■ **H4: 업무혁신(BPR) 계획(Plan)·실행(Do)은 업무혁신(BPR)의 평가(See)에 영향을 미칠 것이다.**

5) 계획(Plan)·실행(Do)과
조직성과(Performance) 간의 가설

대부분의 조직이 고민에 빠지게 되는 것은 조직의 성과가 무엇인가라는 문제보다는 어떻게 하면 조직성과를 제고할 수 있을까 하는 점이다. 성과를 제고하기 위한 다양한 경영기법과 많은 연구논문들이 쏟아지고 있고, 그 어느 때보다 성과중심 혹은 결과중심의 사고방식을 강조하고 있지만 실제로 조직이 거두는 성과는 이러한 노력에 비해서보다는 미미한 경우가 대부분이다.(안희정, 2002: 24)

업무혁신(BPR)의 업무혁신 활동을 통한 조직성과도 업무혁신(BPR)의 PDS 모형에 의하여 나타나는데, 이는 일회성 사건(event)이 아니라 하나의 개혁 활동이 끝임과 동시에 새로운 업무혁신(BPR) 혁신의 시작을 의미하기 때문에 지속적인 혁신(continuous improvement)과 사후 관리(follow-up)를 필요로 한다. 이는 어느 한 시점에서 탁월한 성과를 거두면 성공을 거둘 수 있는 시대가 마감을 하고, 이제는 전방위적으로 개혁과 개선을 도모해야만 하는 상황에 놓이게 된 것이다.[117] 이러한 관점에서 업무혁신(BPR)의 계획(Plan)·실행(Do)단계는 명시적이든 묵시적이든지 간에 조직성과를 향상시키는 주요한 성공요인이 될 수 있기 때문에 다음과 같이 가설 H5를 제시하고자 한다.

▣ H5: 업무혁신(BPR) 계획(Plan)·실행(Do)은 조직성과에 영향을 미칠 것이다.

---

117) 정부의 지속적인 성과향상을 위해서 핵심전략(core strategy), 성과전략(performance strategy), 고객전략(customer strategy), 통제전략(controls strategy), 문화전략(culture strategy) 등 정부개혁전략의 추진이 필요하다.(데이빗 오스본 외·최창현 옮김, 1999)

6) 공공기관별 특성과 PDS 모형 간의 가설

업무혁신(BPR)을 추진하는 공공기관별 특성에 따라 업무혁신(BPR) PDS 모형에 의한 업무혁신(BPR)의 도입·적용수준에 차이가 있을 것이라는 관점에서 가설H6을 설정하였다.

■ **H6: 공공기관과 업무혁신(BPR) PDS 모형 간에는 유의한 차이가 있을 것이다.**

제2절 변수의 조작적 정의

이론이란 상호 관련된 개념·명제·법칙들의 집합체이며, 연구란 이론을 정립시키는 작업이라고 한다면, 우선 그 개념들을 정확하고 구체적으로 정의하여야 함은 당연한 것이다. 여기서 개념화란 어떤 용어를 사용하여 '무엇'을 의미하고자 할 때, 그 무엇에 대한 정확한 구체화 과정을 말하는데, 방법에는 크게 두 가지, 즉 명목적 정의(nominal definition)와 조작적 정의(operational definition) 방법이 있다. 이 중에서 조작적 정의는 변수의 개념적 정의를 보다 구체적인 형태로 표현하는 과정으로서 실증분석에 전제되는 관찰가능성 또는 측정가능성을 제시함으로써 실증분석에 의미를 주는 것을 말한다.(류지성, 1999: 161~167)

본 연구에서는 연구의 개념적 틀을 검증하기 위하여 6개의 가설로 연구문제를 설정하였고, 이러한 하위가설들은 53개의 설문항목을 통해 측정하였고, 각 문항의 정도를 측정하기 위하여 Likert 형태의 5점 척도법을 이용하였다. 척도의 1은 '전혀 그렇지 않다'로 그 변수가 미친 영향이 낮은 것을 의미하고, 척도의 5는 '매우 그렇다'로 그 변수의 영향이 아주 큰 것을 의미한다. 이러한 가설들을 실제 현상에서 검증 가능하도록 변수들을 정의하면 다음과 같다.

1. 독립변수

업무혁신(BPR)은 문제해결을 프로세스의 전체 최적화 관점으로 접근하는 혁신기법이다. 이는 프로세스의 문제점을 파고들어 전체 최적화라는 관점에서 문제해결에 노력하는 것이 조직목표에 커다란 성과를 가져다주기 때문이다.[118] 이러한 관점에서 업무혁신(BPR)의 계획(Plan)·실행(Do)·평가(See)를 독립변수로 설정하고, 각 단계별로 하위변수를 구성하여 측정한다.

1) 계획(Plan)

(1) 관리자층의 지원

이는 업무혁신(BPR)을 이해하고 지원하는 관리자층의 잠재적인 활동들과 연관되어 있고, 관리자층의 지원 정도가 업무혁신(BPR) 실행에 있어 좋은 결과를 얻는 데 중요한 요인이기 때문이다.(Stewart, 1994) 이러한 이유는 업무혁신(BPR) 추진과정에서 현상(as-is)과 향후 방향(to-be) 간에 해결해야 할 이슈사항들이 관련부문 간의 이해

---

118) http://factory119.com.ne.kr/book21/2.htm

관계로 인하여 의사결정이 지연될 뿐만 아니라 그러한 사항들은 추진 전담조직이나 현업실무자들을 포함한 조직의 중, 하위 레벨에서 해결할 수 없는 사업전략이나 방침에 관한 내용이 많기 때문이다. 따라서 관리자층의 지원을 측정하기 위해서 업무혁신(BPR)에 대한 이해도·참여도·지원도를 선정하였고, 이를 Likert의 5점 척도로 산술 평균하였다.

(2) 대상프로세스의 범위

업무혁신(BPR) 과정은 근본적으로 업무프로세스를 대상으로 하고 있고, 불필요하게 나쁜 의도(해고, 감원 등 구조조정, 명분 등)를 갖게 되면 실패할 가능성이 매우 크기 때문에 중요한 핵심 프로세스를 잘 선정하여야 한다.(Hammer, 1990: Hall et al, 1993: Davenport, 1993) 이는 업무혁신(BPR)의 도입 초기에 너무 과도한 목표를 설정하고, 모든 프로세스를 대상범위로 설정하는 경우, 적용을 위한 구체적이고 실현가능한 신(新)프로세스가 설계가 어렵기 때문이다. 또한 업무혁신(BPR)에 있어서 가장 중요한 접근관점은 대상이 되는 업무프로세스가 조직의 목표에 부합되어야 할뿐더러 조직 내에서 공유되고 전달돼야 한다.

따라서 대상프로세스의 범위를 측정하기 위하여 프로세스 선정의 합리성, 선정된 프로세스의 핵심성·목표성을 선정하였고, 이를 Likert의 5점 척도로 측정하여 산술 평균하였다.

(3) 추진전담조직의 역할

추진전담조직이란 업무혁신(BPR)의 실무적인 문제에 관여하는 조직으로서, 주로 프로젝트 관리자, 업무혁신(BPR) 추진위원회·process owner·실무추진 전담팀·지원팀 등으로 구성된다.(한국전산원, 1997:

박옥구, 2001) 그중에서도 추진전담팀은 업무혁신(BPR)을 실무적으로 기획, 적용하고 개선안을 찾아 사업전략의 달성과 프로세스의 모습을 변화시키는 실무적인 모든 일을 담당하기 때문에 해당 프로세스에 정통할 뿐만 아니라 창의력과 도전적이며 실패를 두려워하지 않는 적극적인 사람(6~7명 규모)으로 구성하는 것이 바람직하다.(Hart & Banbury, 1990; Drew, 1994) 또한 업무혁신(BPR)에 대한 적용방법론과 업무설계에 대한 자문을 목적으로 주로 외부 전문가(컨설턴트)와의 용역계약을 체결하여 추진하는 경우가 많은데, 추진전담팀은 실무담당자와 이들의 가교역할을 수행하면서 전체 업무혁신(BPR) 프로젝트를 선도하는 중요한 역할을 담당하여야 한다. 따라서 추진전담조직의 역할을 측정하기 위하여 전문성·방법론·일치성·프로젝트에 대한 종사도를 선정하였다. 이를 Likert의 5점 척도로 측정하여 산술평균하였다.

2) 실행(Do)

(1) 신(新)프로세스의 적용

업무혁신(BPR)에서는 업무처리 절차를 개개의 업무로 보지 않고 '하나의 목적 달성을 위해 필요한 일관된 업무'로 파악한다는 점에서 신(新)프로세스의 설계와 적용을 추진하며, 업무혁신(BPR)의 계획(Plan) 단계에서 설계된 신(新)프로세스는 다음과 같은 특징을 반영하여야 한다.(Champy, 2002; 김상국·양병무, 1997; 이순철, 1993)

- 관련된 모든 당사자들이 적극적으로 협력한다.
- 낮은 비용을 유지하고 시민에게 더 많은 가치를 제공한다.

- 공공서비스 제공을 위해 모든 조직구성원들의 업무능력을 개선한다.
- 업무방식과 서비스 품질에 대한 피드백을 제공한다.
- 조직구성원들이 쉽게 처리할 수 있도록 표준화되고, 문서화되어 잘 이해돼야 한다.

또한 신(新)프로세스 중심으로 관리되는 조직들에 있어서의 리더의 기본적인 임무는 여러 사람들을 서로 연결시키고 관계를 구축시켜 줌으로써 진정함 팀워크(teamwork)가 생겨나고 창의력이 발현되게 만들어 주는 상호 신뢰와 믿음의 분위기를 조성하는 것이다.(Hammer, 1990: 보스톤 컨설팅그룹, 1994; LG주간경제, 1997년 11월) 이러한 관점에서 신(新)프로세스의 적용을 측정하기 위하여 제도화·계획성·수행성을 선정하였고, 이를 Likert의 5점 척도로 측정하여 산술 평균하였다.

(2) 조직의 혁신

기존의 대부분 조직구조는 프로세스 흐름과 관계없이 업무기능중심으로 되어 있었기 때문에 업무혁신(BPR)이 기획되고 나면 프로세스 중심 조직구조로 바꿔야 하며, 업무혁신(BPR)의 성과를 도출하기 위한 수단으로서 새로운 조직의 신설, 폐지 또는 인원의 증감이나 재배치 등이 나타나게 된다.(Hammer, 1990; Hall & Rosental & Wade, 1993; Davenport, 1993; LG주간경제, 1996. 12)

조직혁신에 관해서는 학자들에 따라 다양한 정의가 가능하겠지만, 본 연구에서는 개념화를 위해 조직혁신의 성격을 다음과 같이 규명한다.(Drucker, 1995; West & Farr, 1990; Downs & Mohr, 1980)

- 조직혁신의 주체는 '조직'이지만, 혁신과 관련한 아이디어를 제안하고 실행하는 주체는 조직구성원들이다.
- 많은 경우에 조직혁신은 의도적 동기를 갖고 있지만, 뚜렷한 동기 없이도 혁신이 일어나는 경우가 많다.
- 조직이 혁신을 추구하는 주된 목적은 경제적 수혜이지만, 조직구성원의 태도나 행동의 변화 같은 행동적 목적이나 혁신조직에 대한 사회적 인정 같은 상징적 목적도 무시할 수 없다. 이러한 관점에서 조직의 혁신을 측정하기 위하여 효율적인 인원배치·권한과 책임의 명확성·조직분위기를 선정한 후, 이를 Likert의 5점 척도로 측정하였다.

(3) 변화관리의 실시

업무혁신(BPR)은 현상의 업무를 제로베이스의 관점에서 출발하여 급진적인 조직성과 달성을 추진하기 때문에 조직 내의 많은 저항을 유발하는데, 이러한 저항의 유형은 부인(denial), 방어(defense), 무시(discarding), 적응(adaptation), 내재화(internalization) 등으로 나타난다.(Lewin, 1947: Colin Carnall, 1986)[119] 따라서 업무혁신(BPR)의 조직 내 효과적 실행을 위해서는 이러한 저항을 어떻게 잘 극복하여 나가야 할 것인가라는 측면에서 조직원의 공유와 참여를 유도할 수 있는 세부사항들을 고려해야 한다.(Kotter, 1995: KPMG, 1991: IBM, 1993: 서창갑, 1994: 이순철, 1994: PWC, 1997: 현대경제연구원, 1999)

변화관리는 크게 세미나, 사례발표, 교육, 워크숍, 벤치마킹 등을 통

---

119) 즉 기존 질서 속에서 안정감을 느끼는 사람들은 혁신에 의하여 새롭게 닥칠 상황에 의해 초래될지도 모르는 불확실성·모호성 그리고 개혁내용이 기존질서에서 이탈되는 정도가 클수록 불안감은 커지고, 그로 인한 저항도 거세어질 것이다.

해 변화에 대한 타당성을 인식시키는 의식변화(mind change) 측면과
업적평가, 목표관리, 연봉제, 동기부여 등의 제도·업무기준·rule 등
을 새롭게 정립함으로써 변화하지 않으면 안 되겠다는 현실적인 강제
성을 인식시켜 업무혁신(BPR)의 계획(Plan) 내용이 반드시 실행될
수 있도록 하는 행동변화(action change)로 구분할 수 있고, 이러한
변화관리의 원활한 추진을 위하여 외부 전문가(컨설턴트)를 활용[120]
할 수도 있다.(佐藤正春, 1999) 이러한 관점에서 변화관리의 실시를
측정하기 위하여 교육훈련·참여도·평가 및 보상을 선정하였고, 이를
Likert의 5점 척도로 측정하여 산술 평균하였다.

(4) 정보기술의 활용

정보기술의 발전이 조직의 성과에 대한 기여도가 매우 클 것으로
기대되었으나 종래의 업무수행방법과 조직구조 등을 그대로 두고 정
보기술을 도입·적용한 결과 그 효과가 미미한 것으로 나타나 업무수
행방식의 전환, 즉 업무혁신(BPR)의 필요성이 제기되었다.(Peppard
and Rowland, 1995: 149)

최근의 정보기술은 조직경영과 관련하여 자료 또는 정보의 저장, 업
무처리 및 의사소통기술을 지원함으로써 업무혁신(BPR)의 촉진제 및
조직개혁전략 등의 역할을 수행한다.(Venkatraman, 1991; Belmonte
& Murry, 1993; 서진완, 1998; 김성태, 1999) 업무혁신(BPR)에 있어
서 정보기술은 반드시 필요한 것은 아니지만, 업무프로세스에 흐르고

---

120) 컨설턴트 영입의 주요 목적은 관리자에게 코칭을 제공하고 이미 보유
하고는 있지만 관리자가 사용하기에 아직 적절치 않은 기술과 재능을
활용하는 새로운 방법을 찾아주는 것이다. 이러한 컨설턴트의 능력은
충분조건은 아닐지라도 필요조건임에 틀림없다.(멜 실버맨 엮음·IBS
컨설팅그룹, 2002: 126~127)

있는 데이터와 정보의 흐름을 정확히 파악하여 이를 체계적으로 관리할 수 있을 때에만 프로세스 혁신의 실질적인 효과가 장기적으로 지속된다.

또한 먼저 프로세스가 새롭게 정립된 이후 이를 효과적으로 지원할 수 있는 통합정보시스템 구축이 진행되어야 하며(LG주간경제, 1997. 11), 이를 통해 적용된 신(新)프로세스가 과거나 현재의 프로세스로 되돌아가려는 회귀성을 방지할 수 있고, 조직과 업무운영의 전략적 수단으로 정보기술을 활용할 수 있다. 이러한 관점에서 정보기술의 활용을 측정하기 위하여 전문가 활용·연계성·물리적 기반을 선정하였고, 이를 Likert의 5점 척도로 측정하여 산술 평균하였다.

3) 평가(See)

업무혁신(BPR)의 계획(Plan)·실행(Do)이 끝난 후에 업무혁신(BPR)에 따른 업무프로세스의 목표가 어느 정도 달성되었는지를 검토하는 것이 필요하다. 이를 위해 기존의 사례연구 및 선행연구에서 제시된 성과측정항목들을 중심으로 조작화(operationalization)를 시도하였다. 구체적으로는 업무혁신(BPR)의 정의에 입각하여 서비스 향상, 업무처리속도 향상, 비용절감으로 설계하였는데, 이는 Hammer(1990)가 제시한 성과측정항목과 거의 같은 맥락을 취하고 있다. 즉 서비스의 향상에 대한 측정요소로는 공공서비스 제공에 따른 민원발생률·업무대응·업무 중복성을 설정하였다. 업무처리속도의 향상에 대한 측정요소로는 업무처리를 위한 단축성·신속성으로 설정하였고, 비용절감에 대한 측정요소로는 업무처리와 관련한 정성적 비용과 정량적 비용인 예산절감으로 설정하였다. 그리고 이를 Likert의 5점 척도로 측정하여 산술 평균하였다.

2. 종속변수: 조직성과

조직성과는 조직의 다양한 목적, 즉 생산성, 조직구성원의 만족, 사회적 책임 및 재정적 안정 등을 실현하는 조직능력과 변화하는 환경 속에서 적응하고 생존하는 능력이라고 정의할 수 있다.(김길생, 1996; 방한오, 1997) 또한 조직성과는 다수준, 다측면의 개념으로 이를 크게 두 가지 관점으로 구분하면 경제적·재무적 성과차원(예, 수익성, 성장성, 생산성, 총매출액 등)과 심리적·행태적 성과차원으로 나누어 볼 수 있다.(조영호·박계홍, 1992; 박창희, 2000)

그러나 기존의 조직성과 연구들은 경제적·객관적 지표보다는 심리적·주관적 성과지표를 주로 활용하여 연구를 진행해 왔고, 경제적·재무적 성과를 업무혁신(BPR)의 적용이라는 단일기준으로 측정한다는 것은 그리 용이하지 않기 때문에 본 연구에서는 조직성과를 심리적·행태적 성과차원으로 측정하고자 한다.

따라서 본 연구에서는 업무혁신(BPR)의 PDS 모형에 따라 조직성과가 영향을 받게 되는데, 여기서의 조직성과는 조직구성원이 조직과 업무에 관하여 느끼는 행태적 성과로서 '조직몰입도·직무만족도·공공요구의 대응'과 같이 조직구성원의 주관적 느낌 정도를 성과로 정의하였다.

조직몰입도는 구성원들이 자신의 일에 애착을 갖고 최선을 다하고자 하는 생각 정도를 말하는 것으로서, Mowday et al.(1979)이 사용한 문항을 활용하여 상황에 맞게 수정하여 설계하였다. 이의 측정요소로는 애착심·근무의욕·가치 일치감으로 설정하였다.

직무만족도는 구성원들이 자신의 직무를 수행함에 있어서 직무의 내용이나 상사, 동료, 기회, 보상, 작업환경 등과 관련하여 느끼고 있는 만족도를 의미하는 것으로, Weiss et al.(1967)이 작성한 직무만족 설문지(MSQ: Minnesota Satisfaction Questionnaire)의 문항을 활용하여 구성하였다. 이의 측정요소로는 능력발휘기회·업무관리능력으로 설정하였다.

공공요구의 대응은 공공기관의 조직구성원들로 하여금 적시에, 친절하게, 편리한 서비스를 시민에게 제공하도록 하는 새로운 관리실천이념으로서 보다 장기적인 공공서비스 개선이 요구된다.(김기식, 1999: 46) 나아가 업무혁신(BPR)을 적용함으로써 공공기관의 직접적 시민의 반응을 추적하고, 그것을 의사결정상의 하나의 고려요인으로 이용한다면 공공서비스의 질과 대응성 강화라는 점에서 커다란 도움을 준다.(Swiss, 1992: 360) 이러한 관점에서 Zeithaml et al.(1992)이 설명한 서비스 질 구성의 10가지 차원의 내용을 활용하여 구성하였다. 이의 측정요소로는 시민지향성·친절성·정보제공으로 설정하였고, 이를 Likert의 5점 척도로 측정하여 산술 평균하였다.

제3절 설문구성

본 연구의 실증분석에 사용되는 설문지는 구성원에 대한 사전면담 결과와 업무혁신(BPR) 프로젝트에서 경험한 사례, 선행연구에서 그 타당성이 입증된 설문문항을 수정·보완하여 설계하였다.

선행연구에서 개발된 측정도구는 업무혁신(BPR)의 계획(Plan)·실행(Do)·평가(See)와 조직성과 등에 대하여 총 53문항으로 구성되었다. 설문지는 크게 5부분으로 구성되어 있는데, 독립변수는 업무혁신

(BPR)의 계획(Plan)·실행(Do)·평가(See)의 요소를 측정하기 위한 총 43문항 중, 연구대상의 통계변수는 5문항, 계획(Plan)에서는 관리자층의 지원(3문항), 대상프로세스의 범위(4문항), 추진전담조직의 역할(4문항) 등 11문항이고, 실행(Do)에서는 신(新)프로세스의 적용(3문항), 조직의 혁신(3문항), 변화관리의 실시(3문항), 정보기술의 활용(3문항) 등 12문항, 평가(See)에서는 서비스 향상(3문항), 업무처리속도 향상(2문항), 비용절감(2문항) 등 7문항으로 구성하였다. 종속변수인 조직성과를 측정하기 위한 총 8문항 중, 조직몰입도(3문항), 직무만족도(2문항), 공공요구의 대응(3문항) 등으로 설계하였다. 이러한 내용의 설문구성을 정리하면 〈표 3-1〉과 같다.

〈표 3-1〉 설문구성

독립변수	하위변수	측정요소	설 문 내 용	문항번호	비 고
계획(P)	관리자층의 지원	이해도	업무혁신(BPR) 본질에 대한 이해 정도	I.1-3 (3문항)	Hart & Banbury(90), Belmonte & Murry(93), Grove et al(95), Stewart(94)
		참여도	지속적으로 관심을 갖고, 참여하는 정도		
		지원도	업무혁신(BPR) 기획단계에서 필요한 예산이나 인원 등 조직적인 지원 정도		
	대상프로세스의 범위	합리성	대상프로세스의 선정기준이 합리적으로 선정되었는지에 대한 정도	I.4-7 (3문항)	Hammer(90), Hall et al(93), Davenport(93), Robert(90), Drew(94), Champy(02), 정무상(96), 정재명(96), 서문수(00)
		핵심성	선정된 프로세스가 조직목표달성에 핵심요소를 포함하고 있는지에 대한 정도		
		협의성	설계된 프로세스에 대한 이해관계자들 간의 협의와 조정 정도		
		목표성	프로세스 목표달성 기대치에 대한 명확화와 이해에 관한 정도		

독립 변수	하위 변수	측정 요소	설 문 내 용	문항 번호	비 고
계 획 (P)	추진 전담 조직 의 역할	전문성	대상 업무에 대한 충분한 경험과 지식의 보유 정도	Ⅰ.8-11 (4문항)	Hammer(90), Drew(94), Hart & Banbury(90), Davenport(93), 한국전산원(97), 박옥구(01), 김길생(96), 방한오(97)
		방법론	업무혁신(BPR) 추진방법과 절차에 관한 숙지여부에 관한 정도		
		일치성	업무혁신(BPR) 추진방향의 의견 일치 정도		
		종사도	프로젝트에 대한 사명감을 갖고, 열성적으로 참여하였는지에 관한 정도		
실 행 (D)	신 (新) 프로 세스 의 적용	제도화	새롭게 설계된 프로세스가 제도에 반영되었는지에 관한 정도	Ⅱ.1-3 (3문항)	Hammer(90), The Boston Consulting Group(94), Champy(02), 이순철(93), 김상국·양병무 (97), LG주간경 제(97)
		계획성	도입·정착을 위한 추진계획이 구체적으로 마련되었는지에 관한 정도		
		수행성	설계된 프로세스대로 업무를 수행하였는지에 관한 정도		
	조직 의 혁신	인원 배치	신프로세스 실행을 위한 인원 재배치가 잘 되었는지에 관한 정도	Ⅱ.4-6 (3문항)	Downs&Mohr (80), Hammer (90), West & Farr(90), Hall & Rosental & Wade(93), Davenport:(93), Drucker(95), LG주간경제(96)
		명확성	조직구성원의 권한과 책임이 명확하게 되었는지에 대한 정도		
		조직 분위기	정보중심조직으로의 변모와 조직구성원 간의 정보 공유화 정도		
	변화 관리 의 실시	교육 훈련	변화를 위한 체계적인 교육 및 훈련의 실시 정도	Ⅱ.7-9 (3문항)	Lewin(47), Colin Carnall(86), Kotter(95), 서창 갑(94), 이순철 (94), IBM(93), PWC(97), 현대 경제연구원(99)
		참여도	조직구성원들의 관심과 참여에 관한 정도		
		평가 보상	업무혁신(BPR) 실행에 관한 성과를 평가와 보상으로 반영하였는지에 관한 정도		

독립 변수	하위 변수	측정 요소	설 문 내 용	문항 번호	비 고
실 행 (D)	정보 기술 의 활용	전문가 활용	정보시스템 구축을 위한 전문가가 충분히 활용되었는지에 관한 정도	II.10-12 (3문항)	Venkatraman(91), Belmonte&Murry (93), Davenport (93), Peppard & Rowland(95), 성태경 / 한석철 (95), 서진완(98), 김성태(99)
		연계성	업무혁신(BPR) 기획내용을 정보시스템 설계에 잘 반영하였는지에 대한 정도		
		물리적 기반	신프로세스 운용에 필요한 정보시스템 기반이 잘 구축되었는지에 관한 정도		
평 가 (S)	서비 스 향상 (S)	민원 발생률	민원해결을 위한 시민들의 방문 횟수가 감소하였는지에 관한 정도	III. 1-3 (3문항)	Hammer(90), Drew(94), 이창근(96), 심인보(97), 김동만(99), 서문수(00)
		업무 대응력	상황변화에 대처할 수 있는 업무능력의 향상 정도		
		중복성	동일한 업무를 중복 작업하는 횟수가 감소하였는지에 관한 정도		
	업무 처리 속도 향상 (D)	단축성	부서 간·업무 간 불필요한 업무조정회의 가 감소하였는지에 관한 정도	III. 4-5 (2문항)	Hammer(90), Drew(94), 이창근(96), 심인보(97), 우종식(98)
		신속성	민원행정이 신속하게 처리되고 있는지에 관한 정도		
	비용 절감 (C)	정성적 비용	업무의사결정이 효율적으로 이루어지고 있는지에 관한 정도	III. 6-7 (2문항)	Hammer(90), Drew(94), Caron & Javenpaa(94), Goldratt(92), 이창근(96), 심인보(97)
		정량적 비용	예산절감 등 실제적인 비용이 절감되었는지에 관한 정도		
조 직 성 과 (P)	조직 몰입 도	애착심	현재 담당하는 업무에 대한 애착심이 향상되고 있는지에 관한 정도	IV. 1-3 (3문항)	Mowday & Steer(82), McGee & Ford(87), 이무신·김영배(93), 박창희(00)
		근무 의욕	이전보다 근무의욕이 증대되고 있는지에 관한 정도		
		가치 일치감	조직의 목표와 자신의 개인목표가 일치되고 있는지에 관한 정도		

종속 변수	하위 변수	측정 요소	설 문 내 용	문항 번호	비 고
조 직 성 과 (P)	직무 만족 도	능력 발휘	이전보다 능력발휘의 기회가 충분하 게 향상되고 있는지에 관한 정도	IV. 4-5 (2문항)	Curry et al. (86), 박창희(00), 박찬관(01)
		관리 능력	업무에 대한 관리능력이 이전보다 향상되고 있는지에 관한 정도		
	공공 요구 의 대응	시민 지향성	업무처리 시에 시민의 입장을 잘 반 영하고 있는지에 관한 정도	IV. 6-8 (3문항)	Swiss(92), Zeithaml et al. (92) 조영호· 박계홍(92), 김기식(99), 서문수(00), 김종집(01)
		친절성	시민에 대한 공공서비스를 친절하게 제공하고 있는지에 관한 정도		
		정보 제공	시민에 대한 정보제공노력이 이전보 다 향상되었는지에 관한 정도		
인 구 통 계 변 수	일반사항		● 기관명	V. 1-5 (7문항)	
	연구대상 특성		● 직군 ● 직급 ● 근무 연수 ● 연령층		
	업무혁신(BPR) 도입·적용에 관한 특성		● 업무혁신(BPR)의 문제점 ● 업무혁신(BPR)의 고려사항		

제4절 표본설계와 분석방법

1. 표본설계와 자료수집

본 연구는 업무혁신(BPR)을 실시한 공공부문을 대상으로 업무혁신(BPR)의 적용에 따른 조직구성원들이 느끼는 행태적 조직성과를 분석하기 위하여 설문지로 조사하였다. 설문의 모집단은 업무혁신(BPR)을 도입·적용한 공공부문 조직 모두가 해당되겠으나, 연구의 효율성을 높이기 위해 2003년 3월 6일 현재 공공부문에서 업무혁신(BPR)을 실시하였던 행정기관을 중심으로 선정하여 자료를 수집하였다.121) 나아가 주요 정보제공자로서 업무혁신(BPR) 프로젝트에 대하여 적극적으로 참여한 적이 있는 실무자와 업무혁신(BPR) TFT의 책임자를 주로 연구대상으로 하였다.122)

또한 본 연구에서 이용될 자료들의 신뢰성과 타당성을 높이기 위해 중앙부처인 행정자치부와 광역자치단체인 서울특별시의 업무혁신(BPR) 프로젝트에 참여했던 외부 전문가(예: 컨설턴트 등)들과의 면담을 통해 민간부문과 달리 공공부문에 있어서의 업무혁신(BPR) 특성과 추진과정, 업무혁신(BPR) 이후의 방향성, 그 적용성과 등에 대한 실무 경험과 자료들의 오차를 최대한 줄이고자 2003년 1월 예비조사(pilot test)를 실시하였다. 예비조사 실시 후 신뢰성을 저해할 가능성이 있는 설문 문항을 수정하였다. 수정된 설문지는 2003년 3월 6일부터 4월 30일까지 8개 기관의 공공부문 조직구성원을 대상으로 290부의 설문지를 배포하여 262부를 회수하였고, 이 중 무성의한 응답을

---

121) 2003년 3월 6일 현재 업무혁신(BPR)을 도입·적용한 것으로 파악된 공공기관은 중앙행정부처(행정자치부·정보통신부·기획예산처·관세청·국세청 등), 지방자치단체(서울특별시·밀양시·대전시 동구청·울산시 동구청·경남 거창군·경기도청·교육청·광주시 교육청 등), 기타(한국수자원공사·한국토지공사·대한주택공사·공무원연금관리공단 등) 등이 있으나, 이는 업무혁신(BPR)을 포함하여 행정정보화까지를 구축한 것으로 파악되며, 경제적·거리적 한계와 공공부문에 있어서의 업무혁신(BPR)은 어느 정도 규모가 있는 행정기관이 선행적으로 추진하고 있었기 때문에 본 연구의 연구대상을 8개 기관으로 한정하여 적용하였다.

122) 주요 정보제공자로서 만약 하나의 정보제공자가 사용된다면, 자료의 정확성을 강화하기 위하여 제시된 연구의 주제에 대해 가장 많이 알고 있는 사람이어야 한다고 밝혔다.(Huber & Power, 1985; 심인보, 1997: 48~49)

하였거나 분석대상에 포함할 수 없는 설문지는 제외하고 240부만을 분석에 활용하였다.[123] 설문서는 선정기관에 우편이나 인터넷, 택배 등으로 발송하였고, 소수의 응답자는 본 연구자와의 전화통화 방식으로 대화하면서 응답하였다. 또한 설문 응답은 우편, 인터넷, 수신자 부담용 택배를 통하여 본 연구자에게 회수되었고 일부 팩스로 응답된 설문서도 수집되었다.

설문 응답자의 기관별 구성을 보면 〈표 3-2〉와 같다.[124]

〈표 3-2〉 표본 구성

구분	대상기관	설문지 배포수	응답 설문지		구성 비율(%)		
			응답자	회수율 (%)	기관	지역	회수 구성
기관명	행정자치부	30	25	83	중앙부처	서울	10.0%
	정보통신부	38	34	89	중앙부처	서울	14.1%
	공정거래위원회	45	36	80	중앙부처	경기	15.0%
	관세청	33	29	88	중앙부처	서울	12.0%
	서울특별시	40	32	80	광역자치	서울	13.3%
	대전시청	27	23	85	광역자치	대전	9.5%
	광주시 교육청	45	35	77	교육자치	광주	14.5%
	한국토지공사	32	26	81	공사기관	경기	10.8%
	소 계	290	240	83%	8개 기관	4개 지역	100%

---

123) 유효 설문지 240부중에서 10개 설문조사서가 1문항을 응답하지 않아 중앙 집중화 경향이론(central tendency theory)에 의거 3점으로 통계 처리하였다.

124) 설문지 배부 및 회수는 연구자와 친분이 있는(학교 · 지역 · 업무 등) 의뢰인과 사전 교감을 통하여 응답 가능한 수량을 정하여 배부하였기 때문에 회수율이 약 83%로 높게 나타났다고 할 수 있다.

2. 분석방법

본 연구에서 수집된 설문 자료는 사회과학 통계 패키지(SPSS v11.0 for Windows)를 활용하여 처리하였다. 자료 분석은 수립된 통계 변수를 정리하고 기초 자료 분석을 위해 빈도분석(frequency analysis)을 실시하였고, 각 변수들의 신뢰도 검사를 위해 크롬바 알파계수(cronbach's alpha coefficient)를 이용한 신뢰성 검증(reliability test)을 하였다. 그리고 타당성을 확인하기 위하여 요인분석(factor analysis)을 실시하였다.

또한 본 연구의 주요 가설들을 검증하기 위하여 상관관계 분석, T분석(paired t-test),[125] 분산분석(ANOVA),[126] 다중회귀분석(multiple regression analysis) 등을 이용하였다. 특히 회귀분석을 이용한 가설 검증에서는 독립변수들 간의 상관관계가 높은 경우 발생하는 多衆共線性(multicollinearity)[127] 문제를 피하기 위하여 V.I.F(Variance Inflation

---

125) t-test는 독립된 두 개의 표본 집단 간 평균의 차이를 검증하는 분석 방법으로, 두 집단 간의 평균이 통계적으로 유의미한 차이를 보이고 있는지의 여부를 검증할 때 사용하는 방법이다. 또한 t-test는 동일한 표본에서 두 개변수의 평균값을 비교할 때도 사용할 수 있다.(최태성 · 김성호, 2002: 139~140; 오만석, 2003: 53 재인용)

126) 집단의 수가 3개 이상일 경우에는 t-test를 할 수 없기 때문에 분산분석(ANOVA: analysis of variance)을 이용하여야 한다. 여기서 독립변수를 분산분석의 용어로 요인(factor)이라고 하며, 구분된 집단을 요인수준(factor level)이라 한다. 요인의 수가 하나인 경우에는 일원배치분산(one-way ANOVA), 둘인 경우에는 이원배치분산(two-way ANOVA)이라고 한다.(최태성 · 김성호, 2002: 157)

127) 주어진 독립변수들 간에 일차적인 혹은 일차 종속에 가까운 관계가 있을 때 나타나며, 적어도 하나의 독립변수가 다른 독립변수들의 선형결합으로 표시된다는 의미이며, 이러한 경우는 회귀모형에서 필요 없는 변수가 된다.

Factor)[128] 값을 이용하여 다중공선성이 존재하는가를 분석하였다. 이 외에도 매개효과를 분석하기 위하여 계층적 회귀분석(hierarchical regression)을 실시하였다.

본 연구에서 사용한 유의성은 5% 이하에서 유의한 것으로 분석하였다.

---

128) 분산확대지수(V.I.F)는 어떤 변수가 다중공선성을 지니는가를 결정하는 데 유용하며, 공차에 역수를 계산해서 계산한다.

제4장 분석결과 및 해석

본 장은 설문을 배포하여 회수된 자료들을 분석·논의하는 장으로 기본적으로 제1절에서 표본의 특성으로 인구 통계적 특성을 살펴보았고, 제2절에서 이 연구의 측정 변수들에 대한 신뢰성·타당성·상관성 분석과 측정변인들의 기술통계를 분석하였다. 그리고 제3절은 본 연구에서 정립한 연구 가설들을 검증하고 논의하였다.

제1절 표본의 특성

본 연구의 실증분석에 응답한 조사 대상자의 인구 통계적 특성은 〈표 4-1〉과 같은 결과를 보였다.

근무기간 별로 보면 5년 미만 44명으로 8.4%, 5년 이상~10년 미만이 75명으로 31.2%, 10년 이상~15년 미만은 58명으로 24.2%, 20년 이상도 25명으로 10.4%를 차지하고 있다. 연령별로는 30대가 46.3%로 가장 많았으나 40대 이상도 49.6%를 차지하였고, 직군에서는 행정직이 46.3%, 전산직이 21.3%, 기술직이 14.6% 순으로 나타났다. 직급은 7급 이상~5급 미만이 전체의 77.1%인 185명이었으며, 5급 이상도 55명으로 22.9% 정도 본 설문에 응답해 주었다.

<표 4-1> 인구통계 분석 결과

내 용	빈 도		비율(%)
근무기간	5년 미만	44	18.4
	5년 이상~10년 미만	75	31.2
	10년 이상~15년 미만	58	24.2
	15년 이상~20년 미만	38	15.8
	20년 이상	25	10.4
연 령	20대	10	4.2
	30대	111	46.3
	40대	87	36.3
	50대 이상	32	13.3
직 군	행정	146	60.8
	전산	51	21.3
	기술	35	14.6
	기타	8	3.4
직 급	7급 미만	62	25.8
	7급 이상~5급 미만	123	51.3
	5급 이상~ 3급 미만	43	17.9
	3급 이상	12	5.0

제2절 기술통계 분석

1. 신뢰성 및 타당성 분석

1) 신뢰성 분석

신뢰성 측정방법에는 재검사법, 복수양식법, 반분법, 내적 일관성 검증법 등의 4가지 형태로 구분되며(채서일, 1995: 241~242), 본 연구의 설문지에 나타난 측정항목들에 대한 신뢰성 분석은 내적 일관성법(internal consistency)의 Cronbach's α값을 이용하였다.[129] 내적 일관성법은 동일개념의 측정을 위해 여러 개의 항목을 이용하는 경우 신뢰도를 저해하는 항목을 찾아내어 측정 도구에서 제외시켜 측정도구의 신뢰도를 높이는 방법으로 보통 Cronbach's Alpha 계수를 이용한 경우로 그 계수 값은 〈표 4-2〉와 같고,[130] 본 연구에서 측정했던 변수들은 신뢰성 계수가 모두 0.6 이상이 산출되어 차후의 분석에서 큰 무리가 없는 변수들임이 판명되었다. 이러한 내적 일관성법 이외에도 신뢰성은 측정된 변수들의 일관성, 정확성, 의존가능성, 안정성, 예측가능성과 관련된 개념을 의미하는 것으로 동일한 개념에 대해 측정을 반복했을 때 동일한 측정값을 얻을 가능성을 말한다. 가설검증을 위해서는 측정에 이용된 실질적인 척도가 이론적 개념을 대표하고 있는가를 파악해야만 한다. 실질적인 척도가 가져야 할 기본적 속성으로서 신뢰성과 타당성을 들 수 있다. 신뢰성이란 측정대상을 여러 번 측

---

129) 일반적으로 개인수준은 Cronbach's α값이 0.7 이상, 집단수준은 Cronbach's α값이 0.6 이상이면 비교적 신뢰성이 높다고 인정한다.

130) 신뢰성과 타당성에 대한 개념은 강병서·김계수(1997)의 저서를 참조함.

정하였을 경우에도 동일한 결과가 나오는가를 의미하며, 타당성은 측정하고자 하는 대상을 그대로 잘 측정하였는지를 나타낸 것이다.

<표 4-2> 신뢰성분석 결과

요인		초기 항목수	최종 항목수	Cronbach's Alpha
계획 (Plan)	관리자층의 지원	3개	3개	0.7118
	대상프로세스의 범위	4개	3개(4)	0.6203
	추진전담조직의 역할	4개	4개	0.6768
실행 (Do)	신(新)프로세스의 적용	3개	3개	0.8698
	조직의 혁신	3개	3개	0.8760
	변화관리의 실시	3개	3개	0.8826
	정보기술의 활용	3개	3개	0.8118
평가 (See)	품질 향상	3개	3개	0.6711
	업무처리속도 향상	3개	3개	0.6859
	비용 절감	2개	2개	0.7950
조직 성과	조직 몰입도	3개	3개	0.7627
	직무 만족도	2개	2개	0.7683
	공공요구의 대응	3개	3개	0.6902

주: ( )는 제외시킨 설문문항번호임

2) 타당성 분석

본 연구 결과의 실질적인 유효성을 높이고 설문항목의 타당성 평가를 위하여 요인분석을 실시하였다. 타당성은 개발된 측정도구가 측정하고자 하는 개념이나 특성을 정확히 측정하고 있는가를 분석하는 것이다. 예컨대, 측정 개념이나 속성을 알아보기 위해 개발된 측정도구가 해당 속성을 정확히 반영하고 있는가와 관련된 것을 말한다. 타당성에는 크게 내용 타당성(content validity), 예측 타당성(predictive validity), 개념 타당성(construct validity) 등의 세 가지가 있다.

첫 번째로 내용 타당성은 측정도구를 구성하고 있는 항목들이 측정하고자 하는 개념들을 얼마나 잘 대표하는가를 나타내는 것이다. 이는 전문가나 연구자의 주관적 판단에 의해 이루어진다. 두 번째의 예측 타당성은 한 속성이나 개념에 대한 측정값이나 다른 속성의 변화를 예측하는 정도에 의해 평가되는 타당성을 의미한다. 마지막으로 개념 타당성은 측정도구가 연구하고자 하는 개념, 즉 구성 개념을 제대로 측정하였는가를 검정하는 방법이다. 개념 타당성을 평가하는 방법에는 다속성 측정방법(multitrait-multimethod matrix)과 요인 분석(factor analysis)이 있다. 본 연구는 개념 타당성을 획득하기 위하여 요인분석을 실시하여 〈표 4-3〉과 같은 결과를 얻었다.

요인분석을 위해 선택한 기준들은 요인수의 결정방식에서 고유값(eigen value)을 기준으로 고유값이 1 이상인 요인들이 선정되도록 하였고, 요인 적재량(factor loading)은 ±0.4 이상이면 유의한 것으로 고려됨에 따라 이를 준용하였다. 각 변수와 요인 간의 상관관계를 나타내 주는 공통성(communality)은 사회과학 분야에서 ±0.5 이상이면 유의한 것으로 판단하므로 이 기준을 만족하는가를 살펴보았다.[131]

---

131) 공통성(communality)은 그 변수의 분산이 추출된 요인들에 의해 설명되는 정도를 나타내는 정도를 가리키며 0과 1 사이의 값을 갖는다.(이학식·김영, 2002: 289)

〈표 4-3〉 요인분석 결과

요 인	공통성	성 분												
		1	2	3	4	5	6	7	8	9	10	11	12	13
변화관리 실시1	0.833	.891												
변화관리 실시2	0.822	.884												
변화관리 실시3	0.810	.865												
조직혁신1	0.840		.875											
조직혁신2	0.830		.880											
조직혁신3	0.817		.850											
신프로세스 적용2	0.846			.885										
신프로세스 적용1	0.788			.852										
신프로세스 적용3	0.778			.822										
관리자층 지원1	0.712				.774									
관리자층 지원3	0.684				.748									
관리자층 지원2	0.649				.731									
대상프로세스 범위4	0.767					.847								
대상프로세스 범위3	0.647					.737								
대상프로세스 범위2	0.606					.553								
추진전담조직 역할1	0.632						.705							
추진전담조직 역할3	0.595						.682							
추진전담조직 역할2	0.531						.668							
추진전담조직 역할4	0.502						.598							
정보기술 활용1	0.709							.793						
정보기술 활용2	0.748							.821						
정보기술 활용3	0.726							.821						
서비스 향상3	0.714								.788					
서비스 향상2	0.658								.750					
서비스 향상1	0.612								.682					
업무처리속도 향상2	0.744									.802				
업무처리속도 향상1	0.731									.798				
비용절감2	0.826										.865			
비용절감1	0.773										.834			
조직몰입도2	0.706											.814		
조직몰입도1	0.711											.798		
조직몰입도3	0.645											.715		
직무만족도2	0.809												.838	
직무만족도1	0.765												.817	
공공요구의 대응1	0.716													.801
공공요구의 대응2	0.711													.801
공공요구의 대응3	0.632													.708
Eigen 값		6.23	2.74	2.51	2.18	1.95	1.80	1.59	1.48	1.46	1.30	1.21	1.14	1.03
설명분산(%)		6.69	6.64	6.61	6.24	5.71	5.44	5.23	5.15	5.06	4.93	4.88	4.81	4.57
누적분산(%)		6.69	13.33	19.94	26.18	31.89	37.33	42.56	47.71	52.77	57.70	62.58	67.39	71.96

주) 번호는 설문지의 항목번호들이며, 신뢰성분석에서 대상프로세스 범위1은 제거하였음.

또한 요인회전에서 직교회전의 방법들 중 이쿼맥스(equimax)를 선택하여 요인분석을 실시하였다.[132] 분석 결과 모든 성분들의 누적 분산이 71.96%로서 설명력이 높은 것으로 나타났다.

2. 상관관계 분석

상관관계 분석은 변수들 간의 상관분석을 통하여 특정 현상을 기술하거나 설명하는 기술연구의 한 유형이다. 그리고 상관분석은 단순히 두 변수 간의 상관분석을 통하여 사회과학 현상의 복합적인 상황을 보다 의미 있게 해석하고 궁극적으로는 상관분석을 통한 예측과 변수 간의 인과관계를 규명하는 것이다. 상관은 기능적 상관과 통계적 상관으로 구분되는데, 기능적 상관은 두 변수 간의 인과관계가 존재하는 경우이고, 통계적으로 상관은 단순한 통계적 관점에서 상관만이 존재하는 경우를 말한다.

본 연구의 개념적 모형을 검증하기 위해서는 다중회귀분석이 필요하나 분석에 앞서 각 변수 간에 통계적으로 유의한 상관관계가 있는지를 확인하였다. 본 연구에서 종속변수로 설정된 조직성과와 독립변수로 설정된 계획(Plan) · 실행(Do) · 평가(See)의 모든 변수가 통계적

132) 직각회전은 단순 구조를 산출하는 기준에 따라 세 가지 방법이 존재한다. 이는 베리맥스(varimax), 쿼타맥스(quartimax), 이쿼맥스(equimax) 등이다. 베리맥스는 단순화의 기준을 요인구조에서 측정변수(행)에 두는 것이 아니라 요인(열)에 두는 방식이며, 쿼타맥스는 요인 해석의 단순성이 아닌 변수 해석의 단순성을 강조하는 방법이다. 그리고 이쿼맥스는 베리맥스와 쿼타맥스 기준 모두를 고려한 방법으로 요인구조에서 모든 요인계수의 분산을 최대화하는 기준으로 회전시켜 일반요인이 산출될 가능성이 높은 방식을 의미한다.(이종구, 2000) 본 연구는 이쿼맥스를 선택하여 요인분석을 실시하였다.

으로 유의한 것으로 판명되었다.

〈표 4-4〉의 결과에 의하면, 업무혁신(BPR)의 계획·실행·평가와 조직성과 변수들 간의 상관관계는 통계적 유의도 95% 수준에서 상관관계계수(r)의 값을 비교할 때, 전체적으로 관련성이 있는 것으로 분석되었다. 그러나 변화관리[133]의 실시와 정보기술의 활용·조직혁신과 공공요구의 대응 간에는 음(-)의 상관관계(-.006)가 나타나고 있고, 통계적 유의성도 매우 낮은 것으로 분석되었다.

또한 공공요구의 대응은 대상프로세스의 범위와 서비스 향상에만 관련성을 나타내고 있다. 여기서 정보기술의 활용은 업무혁신(BPR)의 성공을 위해 대량의 정보를 신속, 정확하게 가공·보관·전달(information processor & provider)함으로써 업무 자체의 개편을 위한 물리적 도구나 수단으로써 의미가 강하다.(박옥구, 2001: 55)

따라서 업무혁신(BPR) 적용에서 변화관리가 잘 실시되고 난 후에 정보기술이 잘 활용될 수 있고, 실제 정보시스템을 구축하고 난 다음에 새로운 정보시스템을 잘 활용하기 위한 변화관리의 추진이 바람직하기 때문에 이들의 추진에는 시간적·단계적인 검토와 분석이 심층적으로 이루어져야 한다.

---

133) 변화관리(CM: change management)는 변화 노력을 이끄는 사람과 새로운 전략을 기대하며 변화에 참여하는 사람 간의 대화를 관리하고, 변화가 일어날 수 있는 조직 내 상황을 만들며, 전통적으로 조직에서 간과되어 왔으나 성공적인 변화에 핵심적인 역할을 하는 감정을 관리하는 것 등을 의미한다. 따라서 변화의 과제는 물리적인 작업을 반복하는 것이 아니라 정신적인 작업을 혁신하는 것이기 때문에 업무혁신(BPR)이라는 새로운 개혁 패러다임에 의하여 조직구성원의 신념과 감정을 관리하는 것이다.(현대경제연구원, 1999: 84~87)

〈표 4-4〉 상관관계 분석 결과

상 관 관 계	상관계수(Pearson Value)												
	관리자층 지원	대상프로세스범위	추진전담조직역할	신(新)프로세스적용	조직혁신	변화관리실시	정보기술활용	서비스향상	업무처리속도향상	비용절감	조직몰입도	직무만족도	공공요구의대응
관리자층 지원	1.000												
대상프로세스범위	.176(**)	1.000											
추진전담조직역할	.282(**)	.058	1.000										
신(新)프로세스적용	.213(**)	.055	.283(**)	1.000									
조직혁신	.277(**)	.036	.250(**)	.147(**)	1.000								
변화관리실시	.176(**)	.141(*)	.240(**)	.103	.192(**)	1.000							
정보기술활용	.212(**)	.058	.304(**)	.138(*)	.138(*)	-.006	1.000						
서비스향상	.148(*)	.251(**)	.124	.051	.134(*)	.016	.249(**)	1.000					
업무처리속도향상	.288(**)	.109	.395(**)	.214(**)	.291(**)	.210(**)	.172(**)	.146(*)	1.000				
비용절감	.216(**)	.153(*)	.141(*)	.267(**)	.186(**)	.152(*)	.155(*)	.076	.221(**)	1.000			
조직몰입도	.178(**)	.186(*)	.284(**)	.160(*)	.181(**)	.179(*)	.145(*)	.213(**)	.245(**)	.287(**)	1.000		
직무만족도	.220(**)	.112	.347(**)	.182(**)	.220(**)	.074	.342(**)	.165(*)	.284(**)	.213(**)	.302(**)	1.000	
공공요구의대응	.081	.252(**)	.038	.063	-.006	.021	.071	.250(**)	.112	.075	.073	.078	1.000

* $p < 0.05$, ** $p < 0.01$

3. 평균과 표준편차 분석

각 문항별, 요인별 평균과 표준편차를 통하여 자료의 분포 정도를 확인하고, 본 연구에서 자료의 특성을 파악하기 위하여 업무혁신(BPR)의 계획(Plan)·실행(Do)·평가(See)·조직성과의 각 문항에 대해 〈표 4-5〉와 같이 평균·표준편차를 분석하였다.

먼저 Likert의 5점 척도로 측정된 산술 평균한 결과, 업무혁신(BPR)의 계획(Plan)·실행(Do)에서는 관리자층의 지원이 산술 평균 4.10으로 가장 높았으며, 반면에 조직의 혁신은 3.40으로 가장 낮았다. 그중 조직혁신의 하위변인 중에서 '인원이 적절하게 재배치되고 있는가' 항목의 평균이 2.95로 가장 낮았으며, 표준편차도 평균 0.96으로 다른 변인에 비하여 상대적으로 넓게 분포되어 있음을 알 수 있다. 이는 공공부문의 특수성(예: 법·제도 등)으로 인하여, 계획(Plan)된 업무혁신(BPR)이 공공부문에 실행(Do)하는 경우에는 어느 정도 제약요인이 되고 있음을 알 수 있다.

〈표 4-5〉 평균과 표준편차 분석 결과

구분	하위 측정 변인		평균	표준편차	변인	
		변인명			평균	표준편차
계획(P)	관리자층의 지원	• 업무혁신(BPR) 본질에 대한 이해 정도	4.11	0.69	4.10	0.74
		• 지속적으로 관심을 갖고, 참여하는 정도	4.11	0.69		
		• 필요한 예산이나 인원 등 조직적 지원 정도	4.07	0.82		
	대상프로세스범위	• 선정기준의 합리적 정도	3.91	0.66	3.80	0.74
		• 조직목표달성에 핵심요소 포함성 여부	3.97	0.66		
		• 이해관계자들 간의 협의와 조정 정도	3.76	0.74		
		• 기대치에 대한 명확화와 이해에 관한 정도	3.55	0.90		

구분	하위 측정 변인		평균	표준편차	변인	
	변 인 명				평균	표준편차
계획 (P)	추진 전담 조직 역할	• 충분한 경험과 지식의 보유 정도	4.08	0.90	4.02	0.79
		• 방법과 절차에 관한 숙지 여부	3.87	0.82		
		• 추진방향에 대한 의견의 일치 정도	3.89	0.72		
		• 사명감을 갖고, 열성적으로 참여한 정도	4.29	0.72		
실행 (D)	신(新) 프로 세스 적용	• 신(新)프로세스가 제도에 반영되었는지 정도	3.88	0.92	3.66	0.95
		• 추진계획이 구체적으로 마련되었는지 정도	3.77	0.96		
		• 프로세스대로 업무를 수행하는지 정도	3.34	0.96		
	조직 혁신	• 인원 재배치가 잘 되었는지 정도	2.95	0.84	3.40	0.96
		• 성원의 권한과 책임이 명확한 지의 정도	3.57	1.01		
		• 정보중심조직과 정보 공유화 정도	3.68	1.01		
	변화 관리 실시	• 체계적인 교육 및 훈련의 실시 정도	3.76	0.94	3.49	0.99
		• 조직구성원들의 관심과 참여에 관한 정도	3.53	1.10		
		• 성과에 대한 평가와 보상체계의 정도	3.19	1.01		
	정보 기술 활용	• 정보시스템 전문가의 활용 정도	3.95	0.64	3.95	0.63
		• 기획내용을 잘 반영하였는지에 대한 정도	3.90	0.62		
		• 정보시스템 기반의 구축 정도	3.99	0.62		
평가 (S)	서비스 향상	• 민원해결을 위한 시민들의 방문 횟수 감소 정도	4.13	0.62	4.12	0.63
		• 상황변화에 대처 가능한 업무능력의 향상 정도	4.21	0.63		
		• 동일업무를 중복 작업하는 횟수의 감소 정도	4.15	0.63		
	업무 처리 속도 향상	• 불필요한 업무조정회의의 감소 정도	4.08	0.80	4.12	0.79
		• 민원행정이 신속하게 처리되는지의 정도	4.16	0.77		
	비용 절감	• 업무의사결정이 효율적인지에 관한 정도	3.99	0.77	3.92	0.86
		• 실제적인 비용이 절감되었는지에 관한 정도	3.85	0.96		
조직 성과 (P)	조직 몰입도	• 업무에 대한 애착심이 향상되고 있는지의 정도	3.91	0.75	3.98	0.77
		• 근무의욕이 증대되고 있는지에 관한 정도	4.04	0.75		
		• 조직목표와 개인목표가 일치되고 있는지의 정도	4.00	0.81		
	직무 만족도	• 능력발휘의 기회가 향상되고 있는지의 정도	4.13	0.79	4.19	0.79
		• 업무관리능력이 향상되고 있는지에 관한 정도	4.26	0.79		
	공공 요구 대응	• 시민의 입장을 잘 반영하고 있는지에 관한 정도	4.23	0.72	4.22	0.65
		• 공공서비스를 친절하게 제공하고 있는지의 정도	4.33	0.61		
		• 정보제공노력이 향상되었는지에 관한 정도	4.11	0.61		

둘째, 계획(Plan)된 업무혁신(BPR)의 결과에 의거 업무혁신(BPR)의 실행(Do) 이후에 나타나는 평가(See) · 조직성과의 산술 평균을 분석해 보면, 공공요구의 대응(4.22) · 직무만족도(4.19) · 서비스의 향상(4.12) · 업무처리속도의 향상(4.12) 순으로 나타났으며, 상대적으로 비용절감(3.92) · 조직몰입도(3.98) 등이 낮게 분석되었다. 이 중에서도 비용절감의 하위변수인 "업무혁신(BPR)의 계획(Plan) · 실행(Do)에 따른 결과, 예산절감 등과 같은 실제적인 비용이 감소했는가?"에 대해서는 3.85로 최저치를 보여주고 있는데, 이는 업무혁신(BPR)을 도입 · 적용하였음에도 불구하고 업무운영에 따른 실제비용은 쉽게 줄어들지 않고 있음을 알 수 있다.

그 이외에도 업무혁신(BPR) 추진과정에서 발생한 가장 큰 문제점으로는 업무량 증가(30.4%), 조직 내 스트레스 또는 긴장감 증가(29.6%), 인원부족(15.4%), 조직 내의 인간관계 악화(14.2%), 신분보장에 대한 침해(7.1%), 예산 감축(3.3%) 순으로 나타났다.

한편, 업무혁신(BPR)을 향후 추진 시에 고려하여 할 사항으로는 구성원들의 자발적 참여와 협조(45.0%), 상관(상사)의 이해와 지원(17.5%), 교육훈련 · 평가 · 보상제도(15.8%), 법 · 제도의 개정 및 보완(10.5%), 예산 확보(8.3%), 정보시스템의 도입(2.9%) 순으로 나타났다.

제3절 연구가설의 검증

본 절에서는 제3장에서 설계한 가설에 대하여 실증 자료를 근거로 분석하였는데, 그 가설은 크게 6개로 구분되어 있다.

첫째, 업무혁신(BPR)의 추진결과는 계획(Plan)의 특성들이 실행(Do)에 미치는 영향력을 분석하였다. 둘째, 업무혁신(BPR) 실행(Do)의 특성들이 평가(See)에 미치는 영향력을 분석하였다. 셋째, 업무혁신(BPR) 계획(Plan)·실행(Do)의 특성들이 평가(See)에 미치는 영향력을 분석하였다. 넷째, 업무혁신(BPR) 평가(See)가 조직성과(Performance)에 미치는 영향력을 분석하였다. 다섯째, 업무혁신(BPR) 계획(Plan)·실행(Do)의 특성들이 업무혁신(BPR)의 조직성과(Performance)에 영향력을 미치고 있음을 검증하였다. 여섯째, 공공기관의 인구통계특성에 따라 업무혁신(BPR)의 PDS 모형과 조직성과 간에 유의한 차이가 있음을 분석하였다. 이를 위해 다중회귀분석을 통해 각 주요 변수들과 선행요인들 간의 관련성을 살펴보았다.

본 연구의 가설검증에 직접적으로 사용되는 통계적 추정치로서 회귀계수의 표준화된 베타(β) 값은 독립변수의 상대적 크기를 설명할 때 이용되며, 유의수준을 판별하는 t값, 회귀식의 적합도를 나타내는 F검증과 회귀식에서 독립변수들의 설명력을 나타내는 결정계수(R^2) 값을 주로 이용한다.

또한 독립변수들 간의 다중공선성 문제를 검증하기 위해 분산확대지수(VIF: Variance Inflation Factor)와 허용도(Tolerance)를 살펴보았다. 즉 VIF가 10 이하이거나 Tolerance 값이 0.1 이상이면 변수들 간의 다중공선성은 없는 것으로 판명되는데(김충련, 1997), 이 연구에서 다룬 유용성의 선행요인들에서 다중공선성은 이 기준들을 만족하여 공선성 문제는 없는 것으로 나타났다.[134]

---

134) 모든 가설검증 부분에서 다중공선성을 검증하였는데, 이후의 분석에서도 공선성 문제는 없는 것으로 파악되었다. 회귀분석에서 다중공선성이 있는가를 알아보는 방법으로는 분산확대지수 10 이상, 허용도 0.1 이하, 고유값(eigen value) 0.01 이하와 조건지표(condition number)가 100 이하

1. 계획(Plan)과 실행(Do) 간의 가설검증

독립변수인 계획(Plan)의 3개 하위변수(관리자층의 지원·대상프로세스의 범위·추진전담조직의 역할)와 인구 통계적 특성의 하위변수(공공기관·근무기간·연령·직군·직급) 등이 종속변수인 실행(Do)단계에 미치는 변동량을 검증하기 위하여 가설검증을 실시하였고, 본 연구에서는 독립변수들의 투입에서 단계적 선택(stepwise) 방식[135]을 사용하여 선행요인들과 실행(Do)단계 간의 관련성을 검증하였고, 〈표 4-6〉과 같은 결과를 획득하였다.

본 연구에서 업무혁신(BPR) 실행(Do)단계에 영향을 줄 것으로 기대한 독립변수들은 관리자층의 지원·대상프로세스의 범위·추진전담조직의 역할 등이었지만, 분석 결과 종속변수에 주요하게 영향을 준 선행요인들은 추진전담조직의 역할·관리자층의 지원이었다. 결과에 의하면, 업무혁신(BPR) 계획(Plan)변수는 실행(Do)단계에 유의미한 영향을 미칠 것이라는 가설 H1을 기각할 만한 통계적 근거는 없는 것으로 분석되었다.

로 나타나면 다중공선성을 의심해 보아야 한다. 즉 이러한 조건들 중 하나라도 상기의 조건들의 범위에 속하면 다른 조건들도 검토해야 하며 다중공선성이 존재한다고 판단할 수 있다. 본 연구의 모든 가설들의 분석에서 분산확대지수(10 이하)와 허용도(0.1 이상)를 살펴보았는데, 종속변수에 대한 독립변수들 간의 다중공선성은 없는 것으로 나타났다.

135) 독립변수들의 순서는 stepwise regression의 결과를 보인 것으로 종속변수에 가장 유의한 독립변수를 나타냈으며, 유의성 검증에서 제거된 변수들은 표에 함께 나타내었다. 이는 다른 연구가설 검증 부분에서도 동일하게 실행하였다.

〈표 4-6〉 계획(Plan)과 실행(Do) 간의 회귀분석 결과[136]

독립변수	다중회귀분석결과(종속변수: 업무혁신(BPR)의 실행단계)							
독립변수	R^2	조정된 R^2	F값	표준화 Beta값	t값	p값	다중공선성 검증	
							Tolerance	VIF
추진전담조직의 역할	0.220	0.214	33.483**	0.355	5.946**	0.000	0.921	1.086
관리자층의 지원				0.222	3.719**	0.000	0.921	1.086
대상프로세스의 범위				0.070	1.202	0.115	0.969	1.032
직급				−0.048	−0.832	0.203	0.991	1.009
직군				−0.061	−1.046	0.148	0.980	1.021
연령				0.073	1.263	0.104	0.993	1.007
공공기관				−0.053	−0.911	0.181	0.979	1.032
근무기간				0.073	0.538	0.245	0.998	1.002

* p<0.05, ** p<0.01

이러한 검증결과를 통해 유추해 볼 때, 업무혁신(BPR) 실행(Do)단계가 잘 추진되기 위해서는 계획(Plan)(컨설팅을 포함)에서 추진전담조직의 구성원들이 업무혁신(BPR)의 대상이 되는 업무에 대하여 설

136) 계획(Plan)의 변수가 신(新)프로세스의 적용에 미치는 영향 정도를 파악하기 위하여 다중회귀분석을 실시한 결과, 유의도 95% 수준에서 통계적으로 유의한 영향을 미치는 추진전담조직의 역할의 표준화된 베타값은 .355, 관리자층의 지원은 .222로, 실행(Do)단계에 정(+)의 영향을 미치는 것으로 나타났다. 이것은 다른 독립변수들이 일정하다고 가정하고, 계획(Plan)의 추진전담조직의 역할·관리자층의 지원을 1단위 증가시킬 때 실행(Do)단계는 .355 · .222만큼 증대될 수 있다는 것을 의미한다. 또한 독립변수가 실행(Do)단계의 변동량에 미치는 설명력은 22.0%로 그 의미가 있음을 알 수 있다. 추정된 회귀모형의 적합도를 검증하기 위한 검증 통계량인 F값은 33.483으로 회귀식이 적합함을 알 수 있고, F값에 대한 유의확률(p) 값이 .000으로서 95% 유의수준에서 의미가 있는 것으로 나타났다.

계 내용과 추진 방법을 명확히 분석하여 정의하여야 한다.[137] 또한 업무혁신(BPR)의 추진 방향과 설계 내용에 대하여 관리자층의 승인 과 적극적인 실행 의지 그리고 실제로 강력한 추진이 무엇보다도 중 요함을 알 수 있다.

한편, 대상프로세스의 범위는 업무혁신(BPR) 대상이 되는 프로세 스를 이상적(理想的)으로 설계하고, 업무혁신(BPR) 프로젝트 기간 내에 실행될 수 있는가에 대한 범위의 측면이 강한 반면, 신프로세스 가 적용되기 위해서는 '설계된 내용과 같이 실제 업무처리를 하지 않 으면 안 된다.'는 조직방침과 업무체계 그리고 추진전담조직의 적극적 인 노력 등과 같은 규제적 · 실천적 · 당위적 조직의 환경조성이 더 중 요하기 때문에 '대상프로세스의 범위'는 통계적으로 유의미한 영향을 미치지 않는다.

2. 실행(Do)과 평가(See) 간의 가설검증

본 연구에서 업무혁신(BPR) 평가(See)단계에 영향을 줄 것으로 기대한 독립변수들은 신(新)프로세스의 적용 · 조직의 혁신 · 변화관리 의 실시 · 정보기술의 활용이었지만, 〈표 4-7〉의 분석결과에 의하면, 평가(See)에 주요하게 영향을 준 선행요인들은 정보기술의 활용 · 신 프로세스의 적용 · 조직의 혁신 등이었다. 따라서 업무혁신(BPR) 실 행(Do)은 평가(See)단계에 유의한 정(+)의 영향을 미친다는 가설 H2를 기각할 만한 통계적 근거는 없는 것으로 분석되었다.

---

137) 즉 대상 업무프로세스의 범위 · 투입(input)과 산출물(output) 분석 · 무 엇을 어떻게 하여야 하는가에 대한 실행방안 · 결과측정과 재발방지를 위한 조치사항 등이다.

〈표 4-7〉 실행(Do)과 평가(See) 간의 회귀분석 결과[138]

독립변수	R^2	조정된 R^2	F값	표준화 Beta값	t값	p값	다중공선성 검증	
							Tolerance	VIF
정보기술의 활용				0.205	3.305**	0.000	0.967	1.034
신프로세스의 적용				0.165	2.669**	0.004	0.964	1.037
조직의 혁신				0.165	2.653**	0.004	0.964	1.037
변화관리의 실시	0.123	0.112	11.051**	0.031	0.490	0.314	0.956	1.046
공공기관				−0.008	−0.132	0.447	0.996	1.004
근무기간				−0.030	−0.479	0.316	0.980	1.020
연령				−0.012	−0.194	0.423	0.986	1.014
직군				−0.019	−0.318	0.375	0.993	1.007
직급				−0.038	−0.610	0.271	0.981	1.019

다중회귀분석결과(종속변수: 업무혁신(BPR)의 평가단계)

* $p<0.05$, ** $p<0.01$

즉 업무혁신(BPR) 평가(See)단계는 시민지향적 행정을 통하여 시민만족(감동)을 추구하는 관리지표로서, 시민이 원하는 정책 및 행정의 실질적인 내용을 제공하려는 측면과 행정서비스의 전달체계에 기인하는 시민의 시간적·경제적·정신적 폐해와 손실을 최소화하려는 측면으로 인식하고(김기식, 1999: 53~54), 정보기술의 활용과 신프로

138) 정보기술의 활용(Beta=.205, t=3.305)과 신프로세스의 적용(Beta=.165, t=2.669) 그리고 조직의 혁신(Beta=.165, t=2.653)은 평가(See)단계에 통계적으로 유의한 정(+)의 영향을 미치는 것으로 나타났다. 추정된 회귀모형의 적합도를 검증하기 위한 검정 통계량인 F값은 11.051이고, F값에 대한 유의확률은 0.004이므로 95% 유의수준에서 통계적으로 의미가 있고, 평가(See)단계의 변동량을 실행(Do)의 특성변수가 설명하고 있는 정도는 12.3%로 어느 정도 설명력이 있는 것으로 나타났다.

세스의 적용 그리고 조직의 혁신을 지속적·체계적으로 이루어 가야
한다. 또한 과거 업무혁신(BPR)을 통한 업무프로세스 목표의 달성도
는 업무처리를 위한 비용절감에 있다는 연구들과 부합된다고 할 수
있다.(Hammer, 1990; Keidel, 1994; Dixon et al., 1994; Caron and
Javenpaa, 1994; Drew, 1994; Goldratt, 1992)

그러나 이러한 비용절감의 정도에 대한 측정은 똑같은 양과 수준의
서비스를 제공하는 데 있어서 비용이 어느 정도 절약되었는지를 파악
하는 방식의 대리지표(surrogate or proxy indicator)를 통하여 해당
기관의 관리자 내지 실무 담당자의 주관적 평가에 의존하여 측정할
수밖에 없는 한계를 갖고 있다.

한편, '변화관리의 실시'는 공공부문이 시민들에게 제공하는 서비스
결과 이전의 조직 내부적인 프로세스 관리의 특성요인으로서 서비스
를 받는 시민과 서비스를 제공하는 공공부문 조직구성원들은 이를 당
연한 것으로 인식할 수 있고, 이들이 느끼는 주관적 인식 측면에서 볼
때, '정보기술의 활용'이나 '조직의 혁신' 그리고 '신프로세스의 적용'이
업무혁신(BPR) 평가(See)단계를 향상시킨다고 할 수 있다. 이러한
맥락에서 '변화관리의 실시'는 평가(See)단계에 통계적으로 유의미한
영향을 미치지 않는다고 할 수 있다.

3. 평가(See)와 조직성과(Performance) 간의 가설검증

〈표 4-8〉의 분석 결과, 종속변수인 조직성과에 주요하게 영향을
준 선행요인들은 독립변수로 투입된 평가(See)단계의 서비스의 향상·
업무처리속도의 향상이 영향력을 미치는 것으로 분석되었다.[139] 따라

서 가설 H3의 평가(See)변수가 조직성과에 유의미한 정(+)의 영향을 미친다는 가설을 기각할 만한 증거는 나타나지 않았다.

〈표 4-8〉 평가(See)와 조직성과 간의 회귀분석 결과

독립변수	R^2	조정된 R^2	F값	표준화 Beta값	t값	p값	다중공선성 검증	
							Tolerance	VIF
서비스의 향상				0.220	3.505**	0.000	0.969	1.012
업무처리속도의 향상				0.168	2.673**	0.003	0.979	1.022
비용절감				0.165	2.650**	0.004	0.979	1.022
공공기관	0.187	0.180	11.329**	0.084	1.338	0.091	0.985	1.015
근무기간				−0.101	−1.624	0.053	0.982	1.018
연령				−0.036	−0.558	0.289	0.932	1.073
직군				0.094	1.512	0.066	0.987	1.013
직급				−0.009	−0145	0.442	0.985	1.016

* p<0.05, ** p<0.01

다중회귀분석결과(종속변수: 업무혁신(BPR)의 조직성과)

이러한 분석결과에 따르면, 업무혁신(BPR)의 도입·적용은 조직의 구성요소, 즉 사람(people)·업무(task)·기술(technology)·문화(culture)에 영향을 미치게 되고, 업무혁신(BPR)을 통해 비약적인 업무성과 즉 서비스의 향상·업무처리속도의 향상 등과 같은 정성적(定性的) 효과가 업무에 대한 애착심을 향상시키거나 업무수행에 있어서 최선

---

139) 즉 유의도 5% 수준에서 서비스 향상의 표준화된 베타 값이 .220, 업무처리속도의 향상이 .168, 비용절감이 .165차원으로 조직성과에 통계적으로 유의미가 있는 정(+)의 영향을 미치는 것으로 나타났다. 또한 추정된 회귀모형의 적합도를 검증하기 위한 검정 통계량인 F값이 11.329로서 회귀식이 적합함을 알 수 있고, 조직성과의 변동량을 평가(See)변수가 설명하고 있는 정도는 18.7%로 통계적인 설명력이 있다.

을 다하려고 함으로써 조직구성원이 느끼는 행태적 조직성과를 향상시킬 수 있을 것이다.

또한 업무혁신(BPR)은 연관된 조직적 변화(업무·조직·사람)를 수반하고, 이러한 조직변화는 구성원들로 하여금 새로운 행동방식을 수용할 것을 요구한다. 나아가 이러한 새로운 행동은 업무의 성격과 업무에 관련된 조직적 범주의 성격을 변화시키며, 새로운 조직행위를 추진하기 위해 현재의 자원을 재할당하거나 새로운 자원과 조화를 요구하게 된다. 결국 업무혁신(BPR)을 통한 업무프로세스의 혁신은 조직의 생산성 향상과 함께 능동적 업무 수행과 책임·권한의 부여를 통한 직무만족의 극대화를 가져오고자 하는 시도라고 볼 수 있다.

4. 계획(Plan)·실행(Do)과 평가(See) 간의 가설검증

〈표 4-9〉의 분석 결과, 종속변수인 평가(See)에 유의미한 영향을 미치는 변수는 관리자층의 지원·추진전담조직의 역할·대상프로세스의 범위·정보기술의 활용·신프로세스의 범위 등으로 분석되었다.[140]

---

140) 즉 유의도 5% 수준에서 표준화된 베타 값을 보면, 관리자층의 지원이 .180, 추진전담조직의 역할이 .170, 대상프로세스의 범위가 .145, 정보기술의 활용은 .138, 신프로세스의 적용은 .015, 계획(Plan) × 실행(Do)은 .405차원으로 평가(See)단계에 유의미한 정(+)의 영향을 미치는 것으로 나타났지만, 변화관리의 실시는 -.0.029로 부(-)의 영향을 미치는 것으로 분석되었다. 추정된 회귀모형의 적합도를 검증하기 위한 검정통계량인 F값이 11.135로 회귀식이 적합함을 알 수 있고, 평가(See)의 변동량을 독립변수가 설명하고 있는 정도가 19.2%로 설명력이 있기 때문에 가설 H4의 독립변수가 평가(See)단계에 유의한 정(+)의 영향을 미친다는 가설을 기각할 만한 증거는 나타나지 않았다.

〈표 4-9〉 계획 · 실행과 평가 간의 회귀분석 결과

다중회귀분석결과(종속변수: 업무혁신(BPR)의 평가단계)							
독립변수	R^2	조정된 R^2	F값	표준화 Beta값	t값	p값	다중공선성 검증	
							Tolerance	VIF
관리자층의 지원				0.180	2.840**	0.002	0.864	1.158
추진전담 조직의 역할				0.170	2.620**	0.004	0.816	1.226
대상프로세스의 범위				0.145	2.426**	0.008	0.968	1.033
정보기술의 활용				0.138	2.209*	0.014	0.889	1.125
신프로세스의 적용	0.192	0.175	11.135**	0.015	1.688*	0.041	0.899	1.112
Plan × Do				0.405	6.882**	0.000	0.918	1.090
조직의 혁신				0.096	1.547	0.061	0.888	1.127
변화관리의 실시				−0.029	−0.469	0.320	0.907	1.103
공공기관				−0.017	−0.286	0.387	0.972	1.028
근무기간				−0.023	−0.381	0.351	0.982	1.018
연령				−0.014	−0.228	0.410	0.982	1.018
직군				−0.035	−0.582	0.285	0.970	1.031
직급				−0.034	−0.568	0.286	0.976	1.024

* p<0.05, ** p<0.01

또한 업무혁신(BPR) 계획(Plan)과 평가(See) 간의 관계에서 실행 (Do)의 조절효과(moderating effect)를 포함하고 있는 가설 H3은 업무혁신(BPR)의 실행(Do)이 계획(Plan)과 평가(See) 간의 관련성을 더 강화시키고 있는가를 검증하기 위한 것이었다. 조절효과에 대한 분석방법은 이유재(1994)의 구간척도를 이용한 다중회귀분석에서 변수들의 주 효과(main effect)와 상호작용 효과(interaction effect)를 검

증하는 분석방법을 이용하였다. 이유재(1994)는 구간척도를 이용하여 측정된 변수들의 상호작용 효과는 척도 종속성과 다중공선성의 문제가 발생할 수 있음을 지적하고 이를 해결하기 위해 각 변수들의 평균값과의 차이 값을 이용한 평균 변환모델을 이용하여 주 효과와 상호작용 효과를 검증할 것을 제안하고 있다.[141]

본 연구에서는 이러한 방법을 채택하여 분석한 결과 〈표 4-9〉와 같은 결과를 얻어 다중공선성 문제는 없는 것으로 확인하였다. 나아가 업무혁신(BPR)의 계획(Plan)과 실행(Do)의 상호작용 효과로 조절효과가 있는 것으로 나타났으며, 업무혁신(BPR)의 평가(See)단계에 통계적으로 유의미한 정(+)의 영향을 미치고 있음을 알 수 있다.

5. 계획·실행과 조직성과 간의 가설검증

〈표 4-10〉의 분석 결과, 조직성과에 주요하게 영향을 준 선행요인들은 독립변수로 투입된 변수 중에서 대상프로세스의 범위·관리자층의 지원·정보기술의 활용·계획(Plan) × 실행(Do) 등이 영향력을 미치는 것으로 분석되었다.[142] 따라서 분석결과에 가설 H5의 독립변수

---

141) 평균 변환은 주 효과와 상호작용 효과($x_1 x_2$)를 고려한 회귀식 $Y = a + b_1 x_1 + b_2 x_2 + b_3 x_1 x_2 + e$에서 주 효과 변수들인 x_1과 x_2는 각 변수들의 평균값과의 차이 값으로 변환되었고, 이 변수들은 특정 상수(평균값)로 동일하게 빼주고 있어 본질적으로 변수들의 속성과 성격은 변하지 않는 특징을 갖는다.(Yi Youjae, 1989: 133~138: 이유재, 1994: 183~210) 결국, 본 연구에서 업무혁신(BPR) 계획(Plan), 실행(Do)의 변수들이 이 방법에 따라 평균 변환되었고, 이러한 평균 변환된 조절효과 변수들을 포함하여 종속변수(평가, See)에 영향을 줄 것으로 기대한 모든 독립변수들이 함께 고려되어 회귀분석을 실시하였다.

142) 즉 유의도 5% 수준에서 대상프로세스 범위의 표준화된 베타 값이 .257,

가 조직성과에 유의한 정(+)의 영향을 미친다는 가설을 기각할 만한 증거는 나타나지 않았다.

〈표 4-10〉 계획·실행과 조직성과 간의 회귀분석 결과

독립변수	R^2	조정된 R^2	F값	표준화 Beta값	t값	p값	다중공선성 검증	
다중회귀분석결과(종속변수: 업무혁신(BPR)의 조직성과)							Tolerance	VIF
대상프로세스의 범위				0.257	4.252**	0.000	0.963	1.039
공공기관				0.142	2.380**	0.009	0.988	1.012
근무기간				-0.115	-1.964*	0.026	0.999	1.002
관리자층의 지원				0.135	1.964*	0.025	0.741	1.349
정보기술의 활용				0.112	1.819*	0.035	0.917	1.090
Plan × Do				0.278	4.012**	0.000	0.730	1.369
추진전담 조직의 역할	0.184	0.163	8.742**	0.045	0.618	0.278	0.672	1.488
신프로세스의 적용				0.063	1.000	0.259	0.880	1.136
조직의 혁신				0.046	0.724	0.235	0.881	1.135
변화관리의 실시				0.065	1.059	0.145	0.942	1.062
연령				0.045	0.618	0.268	0.672	1.488
직군				0.081	1.338	0.091	0.954	1.048
직급				0.037	0.590	0.278	0.891	1.122

* $p<0.05$, ** $p<0.01$

관리자층의 지원이 .135, 정보기술의 활용이 .112, 계획(Plan) × 실행(Do)이 .278차원으로 조직성과에 통계적으로 의미가 있는 정(+)의 영향을 미치는 것으로 나타났다. 또한 추정된 회귀모형의 적합도를 검증하기 위한 검정 통계량인 F값이 8.742로 회귀식이 적합함을 알 수 있고, 조직성과의 변동량을 독립변수가 설명하고 있는 정도가 18.4%로 설명력이 있다고 할 수 있다.

이러한 결과로부터 이해할 수 있는 부분은 업무혁신(BPR) 계획 (Plan)·실행(Do)·평가(See)의 성공적인 도입·적용은 조직의 적응 과 수용, 적절한 조직변화(organization transformation), 구성원들의 참 여와 업무의 재설계 그리고 이를 지원할 수 있는 정보기술의 지원 없 이는 불가능한 것이라고 할 수 있다.(Kwon, T. H., and Zmud, R. W, 1987: 227~228)

또한 본 연구의 모형에 나타냈듯이 업무혁신(BPR) 평가(See)단계의 변수들이 실행(Do)과 조직성과 간에 매개적 역할을 하는 것으로 표현 되어 있다.[143] 즉 〈표 4-4〉을 살펴보면, 업무혁신(BPR) 실행(Do)·평 가(See)변수와 조직성과변수 간에는 상관관계가 존재하고, 〈표 4-8〉 에서 업무혁신(BPR) 평가(See)변수 모두가 유의함에 따라 업무혁신 (BPR) 실행(Do)으로부터 평가(See)를 통한 조직성과에 매개효과가 있을 것으로 기대됨에 따라 이를 검증하기 위해 〈표 4-11〉과 같이 계층적 회귀분석(hierarchical regression)을 실시하였다.

매개효과(moderation effect)에 대한 검증은 Baron and Kenny(1986) 가 추천한 방법에 따르면, 세 가지 요건을 만족하여야만 변수의 매개 효과가 있음이 주장되고 있다. 세 가지 조건들은 다음과 같다.

첫째, 독립변수와 매개변수는 각각 종속변수와 유의한 상관관계가 있어야 한다.

둘째, 독립변수와 매개변수 간의 상관관계가 유의하여야 한다.

---

143) 본 연구의 모형에서 매개적 역할을 할 것으로 기대된 요인들은 업무혁 신(BPR)의 평가(See), 즉 비용절감·업무처리속도의 향상·서비스의 향상 변수들이다. 이러한 매개변수, 독립변수, 종속변수들 간의 관련성 에 관한 검증 결과를 살펴보았을 때 이러한 변수들이 모두 매개효과가 있는 것으로 나타났다.

셋째, 독립변수와 매개변수가 동시에 회귀식에 투입되었을 때 매개
변수가 종속변수에 유의하여야 하고, 독립변수는 종속변수 간의 관련
성에서 매개변수가 투입되지 않았을 경우보다 약화되어 매개변수의
영향력보다 덜 하거나 유의하지 않아야 한다는 것이다. 이들 조건들이
만족되는가를 검증한 결과 업무혁신(BPR) 실행(Do)과 조직성과 간
의 평가(See)변수는 결과적으로 매개효과가 있는 것으로 드러났다.

〈표 4-11〉 실행과 조직성과 간 평가 변수의 매개효과 검증

독립변수		종속 변수	R^2	조정된 R^2	F값	표준화 Beta값	t값	p값	Tolerance	VIF
회귀분석결과										
모 형 1	실행 (Do)	비용	0.062	0.058	18.831**	0.250	3.979**	0.000		
		속도	0.105	0.101	29.966**	0.324	5.288**	0.000		
		서비스	0.017	0.013	4.176**	0.131	2.044*	0.021		
		조직 성과	0.037	0.033	9.247**	0.193	3.041**	0.002		
모 형 2	비용	조직 성과	0.101	0.089	8.831**	0.209	3.340**	0.000	0.971	1.030
	속도					0.129	1.965*	0.025	0.884	1.131
	서비스					0.126	1.958*	0.027	0.915	1.093
	실행 (Do)					0.124	1.894*	0.029	0.888	1.127

* p<0.05, ** p<0.01

이를 구체적으로 살펴보면 세 가지 조건들 중 첫 번째인 업무혁신
(BPR) 실행(Do)과 평가(See)변수들은 〈표 4-4〉의 상관관계 분석에
서 종속변수인 조직성과와 각각 유의한 관련성을 갖는 것으로 나타나
만족되는 것으로 드러났고, 두 번째 조건도 〈표 4-4〉에서 업무혁신
(BPR) 실행(Do)과 평가(See) 간의 상관관계가 유의한 것으로 나타났

다. 마지막 조건들 중 첫 번째 요건도 충족되어 〈표 4-11〉의 모형2에서 업무혁신(BPR) 실행(Do)·비용·업무처리속도·서비스 변수들이 함께 투입되어 조직성과에 유의하였다. 또한 모형2에서 독립변수인 업무혁신(BPR) 실행(Do)변수가 조직성과에 미치는 영향력은 모형1의 영향력보다 약화되고 있음이 발견되고 있다($\Delta\beta = -069$). 그리고 평가(See)단계의 비용·업무처리속도·서비스 변수들이 업무혁신(BPR) 실행(Do)보다 조직성과에 미치는 영향력이 더 큰 것으로 나타나고 있어 결국 업무혁신(BPR) 실행(Do)을 통한 평가(See)의 세부 변수들인 비용·업무처리속도·서비스는 조직성과에 매개적 역할을 하고 있는 것으로 이해할 수 있다.

이러한 결과로부터 이해할 수 있는 부분은 조직성과에 유의하게 영향을 주는 업무혁신(BPR) 실행(Do)과 평가(See)변수들에 대해 업무혁신(BPR)을 도입·적용한 조직구성원들은 업무혁신(BPR) 실행(Do)요인보다 평가(See)요인에 의해 업무혁신(BPR) 조직성과에서 더 영향을 받는다고 할 수 있다. 즉 업무혁신(BPR)을 도입·적용한 조직구성원들은 단지 업무혁신(BPR)을 실행한 것보다는 초기 의도한 대로 업무혁신(BPR)의 결과로서 달성되는 업무프로세스의 목표달성도(예, 서비스의 향상·업무처리속도의 향상·비용절감)가 얼마만큼 달성되고 있느냐에 따라 조직성과가 좌우되며, 이에 따라 조직구성원이 느끼는 행태적 조직성과(직무몰입도·직무만족도·공공요구의 대응)가 높거나 낮은 상태가 될 수 있다는 것이다. 따라서 업무혁신(BPR)은 업무프로세스의 목표달성도를 증가시키기 위해 초기부터 평가지표를 명확히 설정하고 필요한 모든 수단과 방안들을 모색해 나가야 할 것이다.

6. 공공기관의 특성과 PDS 모형 간의 관계

공공기관별로 업무혁신(BPR) 계획(Plan)·실행(Do)의 특성요인과 평가(See)·조직성과(Performance) 간의 차이를 분석하기 위하여 〈표 4-12〉와 같이 T검증(Paired T-Test)을 실시하였다(가설H6).

분석결과에 의하면, 계획(Plan)단계에서는 '추진전담조직의 역할'에서 차이가 나고 있으며, 평가(See)에서는 '업무처리속도의 향상', 조직성과에서는 '직무만족도'에서 차이가 나타나는 것으로 분석되었다. 그 이유는 업무혁신(BPR)의 계획(Plan)단계에서는 업무혁신(BPR)의 목적·시기·형태·업무범위·조직적 규모·평가지표 등을 정하고, 외부 전문가의 자문(혹은 컨설팅) 등을 위주로 계획서(성과물)를 만드는 단계이기 때문에 업무혁신(BPR)을 추진하는 기관의 업무특성과 조직환경 그리고 최고 정책결정권자의 의지에 따라 다르게 나타난다. 또한 평가(See)단계에서의 '업무처리속도의 향상'에 차이가 발생하는 것은 새로운 정보시스템의 구축과 밀접하게 관련되어 있으며, 이는 해당기관의 예산확보 또는 법·제도의 개선이 동반된 조직의 혁신으로 결재단계 등의 축소가 이루어졌고, 이러한 결과는 조직성과로서 구성원의 '직무만족도'와 밀접하게 관련되어 있기 때문이다.

〈표 4-12〉 공공기관별 업무혁신(BPR) 차이분석(paired T-Test)

구 분			공공기관	N	평균	표준편차	t
결정요인	계획(P)	관리자층의 지원	중앙부처	124	4.08	.496	-.334
			지자체 외	116	4.11	.691	
		대상프로세스의 범위	중앙부처	124	3.79	.591	-.909
			지자체 외	116	3.72	.630	
		추진전담조직의 역할	중앙부처	124	3.96	.554	-2.257*
			지자체 외	116	4.10	.455	
	실행(D)	신(新)프로세스의 적용	중앙부처	124	3.67	.763	.081
			지자체 외	116	3.66	.884	
		조직의 혁신	중앙부처	124	3.35	.802	-.848
			지자체 외	116	3.45	.954	
		변화관리의 실시	중앙부처	124	3.50	.849	-.583
			지자체 외	116	3.53	.954	
		정보기술의 활용	중앙부처	124	3.93	.559	-.629
			지자체 외	116	3.97	.587	
결과	평가(C)	서비스의 향상	중앙부처	124	4.14	.492	-.755
			지자체 외	116	4.19	.470	
		업무처리속도의 향상	중앙부처	124	4.04	.700	-1.945*
			지자체 외	116	4.20	.662	
		비용절감	중앙부처	124	3.96	.793	.704
			지자체 외	116	3.88	.886	
	조직성과(P)	조직몰입도	중앙부처	124	3.95	.793	-.826
			지자체 외	116	3.87	.886	
		직무만족도	중앙부처	124	4.13	.704	-1.939*
			지자체 외	116	4.28	.567	
		공공요구의 대응	중앙부처	124	4.18	.566	-1.264
			지자체 외	116	4.26	.464	

* p<0.05, ** p<0.01

한편, 이를 제외한 나머지 항목에서는 크게 차이를 보이지 않고 있기 때문에 중앙부처와 비중앙부처(예: 지방자치단체 및 일부 공사기관) 사이에는 업무혁신(BPR) 사이클과 조직성과 간에 차이가 있을 것이라는 가설H6은 부분적으로 채택될 수밖에 없다.

이상에서 고찰한 분석결과 및 해석을 근거로 가설에 대한 검증결과를 종합하면 〈표 4-13〉과 같다.

〈표 4-13〉 가설검증 결과의 요약

번호	가설 내용	채택 여부
H1	• 업무혁신(BPR) 계획(Plan)의 특성요인은 업무혁신(BPR) 실행(Do)단계에 유의미한 영향을 미칠 것이다.	채택
H2	• 업무혁신(BPR) 실행(Do)의 특성요인은 업무혁신(BPR) 평가(See)단계에 유의미한 영향을 미칠 것이다.	채택
H3	• 업무혁신(BPR) 평가(See)의 특성요인은 조직성과(Performance)에 유의미한 영향을 미칠 것이다.	채택
H4	• 업무혁신(BPR) 계획(Plan)·실행(Do)의 특성요인은 업무혁신(BPR) 평가(See)단계에 유의미한 영향을 미칠 것이다.	채택
H5	• 업무혁신(BPR) 계획(Plan)·실행(Do) 특성요인은 조직성과(Performance)에 유의미한 영향을 미칠 것이다. • 업무혁신(BPR) 실행(Do)단계와 조직성과(Performance) 간에 평가(See)변수가 매개효과(moderation effect)를 미칠 것이다.	채택
H6	• 공공기관별 특성과 업무혁신(BPR)의 PDS 모형 간에는 유의한 차이가 있을 것이다.	부분 채택

제5장 결 론

제1절 연구결과의 요약 및 시사점

1. 요 약

본 연구는 공공부문의 업무 효율성 향상과 시민지향적 공공서비스의 원활한 제공을 위하여 민간부문의 경영기법인 '업무혁신(BPR)(BPR)'을 공공부문에서도 도입·적용할 수 있고, 나아가 현재까지 공공부문에서 추진되었던 업무혁신(BPR)의 결과가 공공부문의 조직성과에 어떠한 영향을 미쳤는가를 실증적으로 분석하는 것이다. 이를 위하여 업무혁신(BPR)에 관한 선행연구 및 적용사례를 검토하여 업무혁신(BPR)의 특성요인을 'Plan~Do~See'라는 PDS 모형에 의거 단계적으로 정리하고, 이를 실증적으로 검증하기 위하여 중앙행정부처·지방자치단체(광역·기초)·기타 공공기관을 대상으로 설문조사를 실시하였다. 나아가 업무혁신(BPR) PDS 모형의 특성요인들과 공공부문의 구성원들이 주관적으로 느끼는 행태적 조직성과 간에 어떠한 연관성이 있는가에 대하여 가설검증을 통해 분석하였다.

연구결과를 요약하면, 우선 공공부문에서의 업무혁신(BPR) PDS 모형과 조직성과의 특성요인으로 도출한 13개 하위변수 간의 통계적 상관관계는 높은 것으로 나타났지만, '공공요구의 대응'의 변수와 다른 하위변수들 간의 통계적 상관관계는 낮은 것으로 나타났다.

다음으로 업무혁신(BPR)의 PDS 모형과 조직성과 간의 통계적 유의미성을 살펴보면, 먼저 업무혁신(BPR) 실행(Do)에 영향을 미치는 계획(Plan)변수는 '추진전담조직의 역할·관리자층의 지원'이고, 업무혁신(BPR) 평가(See)에 영향을 미치는 실행(Do)변수는 '정보기술의 활용·신프로세스의 적용·조직의 혁신'이며, 업무혁신(BPR) 평가(See)에 영향을 미치는 계획(Plan)·실행(Do)변수는 '관리자층의 지원·추진전담조직의 범위·정보기술의 활용·신프로세스의 적용'으로 분석되었다. 그리고 업무혁신(BPR) 조직성과(Performance)에 영향을 미치는 평가(See)변수는 '서비스의 향상·업무처리속도의 향상·비용절감'이었고, 업무혁신(BPR)의 도입·적용 이후, 공공부문의 조직성과에 통계적으로 유의미한 영향을 미치는 계획(Plan)·실행(Do)변수는 '대상프로세스의 범위·관리자층의 지원·정보기술의 활용'으로 나타났다. 또한 업무혁신(BPR) 실행(Do)과 조직성과(Performance) 간에 평가(See)변수가 매개효과를 나타내고 있는 것으로 분석되었다. 공공기관의 유형별(중앙행정부처·지방자치단체 외)로 업무혁신(BPR)의 PDS 모형과 조직성과 간에는 '추진전담조직의 역할·업무처리속도의 향상·직무만족도'를 제외한 다른 변수들은 유의미한 통계적 차이가 없는 것으로 나타났다.

이러한 결과들을 업무혁신(BPR) PDS 모형의 특성요인들에 대한 관리노력 관점에서 살펴보면, 정(+)의 영향관계를 보인 변수들은 조직구성원들이 업무혁신(BPR) 도입·적용과정상에서 중요하다고 인식한 만큼 관리노력을 기울여 주요 요인의 관리에 성공했기 때문이며, 부(-)의 영향관계를 보인 주요 요인들은 중요하다고는 인식했지만, 그만큼 확보하기 힘들었고 관리에 실패했기 때문이라고 인식할 수 있다.

따라서 본 연구의 결과는 공공부문에서 업무혁신(BPR)을 도입·적용할 때 PDS 모형의 주요 특성요인들에 대한 보다 심도 있는 인식과 관리가 필요하다는 것을 시사해 주고 있다.

결론적으로 민간부분에서 개발·도입·적용되기 시작하였던 '업무혁신(BPR)(BPR)'을 공공부문만이 갖고 있는 그 이념과 특성을 반영하여 추진한다면, 민간부문에서처럼 업무혁신을 통한 조직성과를 도모할 수 있고, 최근에는 이러한 목적으로 업무혁신(BPR)을 도입·적용하고 있는 사례가 많이 나타나고 있다. 그러나 업무혁신(BPR)으로 발생할 수 있는 문제점으로 업무량의 증가, 조직 내 스트레스 또는 긴장감 증가, 신분보장에 대한 침해 등이 나타났고, 향후 추진 시에는 구성원(공무원)들의 참여와 협조, 상관의 이해와 지원, 법·제도의 개정 및 보완 등이 고려사항으로 제시되었기 때문에 공공부문 업무에 특화된 업무혁신(BPR) 방법론을 계속적으로 정립해야 한다.

2. 시사점

업무혁신(BPR)의 궁극적인 목적은 공공부문이 '시민을 위한 가치'를 어떻게 창조할 것인가에 대한 새로운 비전을 창출하는 데에 있다고 할 수 있기 때문에 업무혁신(BPR)에 대한 관심의 집중은 이제 개념의 정교화보다는 업무혁신(BPR)의 실행·관리에 대한 성공요인과 적용방법, 성과측정의 문제들로 옮겨 가고 있다.(Champy, 1995) 이러한 관점에서 본 연구의 의의를 크게 세 가지 관점으로 정리할 수 있다.

첫째, 본 연구의 업무혁신(BPR) 추진모형이 업무혁신(BPR)의 도입·적용을 검토하고 있는 공공부문에 대하여 업무혁신(BPR)의 추진절차와 그로 인한 조직성과를 이해시키고 업무중심의 혁신활동이 되도록 구체적·실무적 측면의 도움을 제공하였다고 판단된다.

둘째, 공공부문에 대한 업무혁신(BPR)의 국내·외 적용사례를 비교·분석하여 실제 업무혁신(BPR)의 적용결과로부터 필요한 변수들을 추출하였다. 따라서 이러한 변수들은 실제 업무혁신(BPR) 프로젝트를 도입·적용하는 실천적인 업무혁신(BPR) 적용방법론과 연계하여 PDS 모형의 성공요인들로서 기능하며 중시될 변수로서 관리될 수 있다.

셋째, 학술적인 부문에서 현재까지 업무혁신(BPR)의 성공요인과 적용성과에 관한 많은 연구들이 진행되어 오늘에 이르고 있으나, 주로 문헌 연구나 민간부문을 대상으로 한 실증분석에 치우쳤다. 이러한 업무혁신(BPR)을 공공부문에 적용하였을 때에도 조직성과를 낼 수 있다는 측면과 공공부문의 혁신과 개혁을 위해서는 업무프로세스를 업무혁신(BPR)하는 것이 가장 기본적인 요소라는 측면에서 기존 연구의 미진한 부분을 확대 적용하였고, 실증적으로 분석하여 보완하였다.

또한 이상의 연구결과를 바탕으로 본 연구에서는 공공부문에서의 업무혁신(BPR)을 성공적으로 도입·적용함으로써 조직성과를 향상시키기 위한 정책적 시사점을 정리하면 다음과 같다.

첫째, 업무혁신(BPR)을 촉발하고 유지하기 위한 조직적·정치적 환경을 조성하여야 한다. 즉 '정말 변하여야 할 이유가 있는지'를 철저히 검토하는 일이다. 그 이유는 공공부문에서 업무혁신(BPR)은 변화를 요구하는 행정명령, 심한 예산삭감, 시민들의 강한 불만, 벤치마킹의 결과, 전반적인 변화의 형성 등 다양한 이슈에 의해 추진될 수 있기 때문이다. 만약 변하여야 한다면 과연 조직이 '얼마나' 혁신적 변화를 이룰 의지가 있는지를 파악하여야 하고, 개선노력을 위하여 '어떻게' 정치적 지지를 동원하고 유지할 수 있는가를 고려하여야 한다.

둘째, 업무혁신(BPR)에서의 신(新)프로세스의 적용은 대체로 조직 및 제도의 변화를 수반하게 되기 때문에 공공부문에서의 가장 큰 어려움은 법적인 제약과 인원에 대한 재배치 문제이다. 대부분의 업무내용과 책임부서 등이 법률적으로 정의되어 있는 공공부문의 경우는 새로운 프로세스에서 요구하는 조직 및 제도의 변화사항에 대한 의사결정이 길어지기 쉽다. 따라서 업무혁신(BPR) 도입·적용과정에서 법률전문가를 같이 참여시켜 적절한 조언을 받는 것이 필요하고, 업무혁신(BPR)을 도입·적용하는 공공기관별로 자율권을 확대하여야 할 것이다. 또한 인원재배치에 있어서는 업무혁신(BPR)의 원래 목적이 인원감축이 아니라는 것을 조직구성원들에게 인식시키는 것이 중요하고, 실질적으로 감축된 인원의 타 업무 배치전환 혹은 감축인력을 활용할 수 있는 새로운 공공서비스의 개발 등이 이루어져야 한다.

셋째, 공공부문에서의 행정개혁기법이나 업무혁신(BPR) 등이 실패하는 가장 큰 이유는 객관적인 평가지표를 설정하기가 어렵고, 보상체계가 부족하기도 할 뿐만 아니라 실제 이러한 것들을 명확하게 하지 않았다는 것이다. 공공부문의 경우에는 공적인 법적 안정성, 보수·승진의 정형화로 인하여 새로운 제도나 업무혁신기법의 효과를 기대하기에는 너무 폐쇄적인 행정환경이 조성되어 있기 때문에 업무혁신

(BPR) 업무혁신과정에서 창의적인 아이디어 도출이나 실천을 강한 의욕 등이 나타나지 않는 경우가 많다. 이러한 현상은 민간부문의 업무혁신(BPR)에서도 비슷하게 나타났으나, 민간부분의 경우에는 업무혁신(BPR)의 성공은 기업가치 창출을 위한 적극적 참여자 혹은 우수인력에 대한 현실적인 보상이 업무혁신(BPR)을 통한 조직성과 향상에 직결된다는 인식에서 출발하여 평가와 보상체계의 정비를 꾸준히 개선해 오고 있는 실정이다. 따라서 민간부분에서 도입·적용되고 있는 평가와 보상체계를 과감히 활용하고, 각 공공부문의 기관별로 고유 업무특성을 반영한 합리적이고 객관적인 평가와 현실적인 보상체계를 마련하는 것이 필요하다.

넷째, 공공부문의 조직이 경쟁력을 보유하기 위해서는 공무원들의 남다른 의식구조, 즉 전략적 사고의식을 가져야 하는데 이러한 사고는 조직 문화가 생존전략의 주체로서 중요하게 인식되어야 한다. 따라서 업무혁신(BPR)의 성패를 좌우하는 것은 최고 정책결정권자 혹은 관리자층이 업무혁신(BPR)에 대한 방침과 비전을 설정하는 것부터 시작하여, 조직구성원들에게 그 중요성과 필요성을 이해시켜 의식과 마음(감정)의 변혁을 일으키는 변화관리 과정에 달려 있다.

다섯째, 관료제의 비능률이 극에 달하고 있는 현재의 공공조직과 업무구조가 부(-)의 엔트로피(Entropy)를 더 이상 지탱할 수 없다는 한계상황에 이르렀다면, 우선적으로 공공조직을 치유하고 창조적으로 살리기 위한 혁신적 방안으로 모든 공공기관에서 업무혁신(BPR) 업무재설계 기법을 광범위하고도 시급히 도입할 것을 제안한다.

제2절 연구의 한계와 향후과제

본 연구가 주는 시사점 이외에도 이 연구는 여러 가지 측면에서 미비점과 한계를 가지고 있다. 이러한 미비점과 한계를 보완하여 향후 연구로 확장될 수 있도록 향후의 과제를 다음과 같은 관점에서 논의하고자 한다.

첫째, 많은 공공기관들이 현재 업무혁신(BPR)을 진행하고 있거나, 프로젝트를 완성한 시점이 얼마 되지 않았기 때문에 업무혁신(BPR)의 도입·적용 성과를 측정하는 데에 어려움이 많았다. 이는 공공부문에서 업무혁신(BPR) 적용 기관이 늘어나고, 도입 성과가 구체화되는 시점에서 유사한 연구가 진행된다면, 좀 더 의미 있는 결과를 도출할 수 있다.

둘째, 대다수의 공공기관에서 업무혁신(BPR) 프로젝트의 성과를 파악할 수 있는 실제의 자료를 보유하고 있지 않았기 때문에 문헌 연구를 통한 사례분석이나 설문지 방법을 이용하여 성과 수준의 주관적인 향상 정도만을 가지고 업무혁신(BPR)의 성과를 측정하였다. 공공기관들이 업무혁신(BPR) 프로젝트의 성과를 객관적으로 보유한다면, 업무혁신(BPR) 이전과 이후의 자료 비교를 통해 성과 달성 정도를 정확히 분석할 수 있을 것이다.

또한 동일한 시점에, 동일한 연구방법과 절차를 가지고 민간과 공공부문을 대상으로 업무혁신(BPR)의 적용 성과를 분석한다면 양 부문 간의 특성과 차이점 그리고 시사점을 명확하게 분석할 수 있을 것이다.

셋째, 본 연구에서는 업무혁신(BPR)의 도입·적용 시 제기될 수 있는 주요 성공요인을 '업무혁신(BPR)의 계획(Plan)~실행(Do)~평가(See)~조직성과'라는 일련의 획일적 · 절차적 과정 내에서 측정했지만, 이러한 요인들은 실제 프로젝트를 진행하는 과정에서 복합적으로 작용하기 때문에 각 기관별로 업무 경험의 수준과 조직 문화 차원에서 다르게 적용될 수 있다. 향후 유사한 연구가 이루어진다면 해당 기관이 인지하고 있는 중요도와 이러한 성공요인들에 대한 조직들의 실제 관리 노력을 비교하여 적용 성과와의 관계를 파악한다면, 보다 개선된 연구 결과를 얻을 수 있으리라 생각한다.

넷째, 실증 연구를 위한 조사 방법에 있어서 사용된 질문지법과 리커트 척도(likert scale)가 일반적으로 많이 사용되기는 하지만 그 자체가 가지는 근본적인 한계점을 극복하지 못했다는 점과 시간적 · 경제적 제약으로 인하여 횡단적 조사에 의존하였으므로 시계열 분석을 하지 못하였다. 업무혁신(BPR)의 공공부문 적용성과를 분석하는 것은 매우 중요한 사항이므로 언젠가는 전문 연구기관이 종단적 혹은 일정 기간별로 시기를 설정하여 주기적인 비교 연구를 진행할 필요가 있다.

다섯째, 실증 분석을 위해 선정된 표본으로부터의 수집된 자료가 대표성이 있으려면 확률 표본 추출법에 의한 무작위 추출이 타당하지만, 본 연구에서는 업무혁신(BPR)을 도입 · 적용하였던 공공부문 중에서 중앙 행정부처와 지방자치단체(광역 · 기초) 그리고 일부 교육자치단체 및 공사 기관을 선정하였는데 이로써 전체 공공부문을 대표한다고 하기에는 한계가 있다. 향후 연구에서는 전수조사를 목표로 한 실증분석과 공공부문을 대표할 수 있는 표본을 다양하게 선정하는 방법을 모색하여야 한다.

마지막으로 업무혁신(BPR)의 도입 · 적용에 따르는 조직성과를 측정하는 방법에는 재무적 지표와 주관적 지표를 사용할 수 있으나, 본 연구에서는 조직구성원들이 인식하는 주관적 느낌을 설문지로 측정하였다. 이는 주관적 지표로서 객관적 타당성이 결여되어 있다고 볼 수 있기 때문에 향후에는 업무혁신(BPR)의 적용 성과를 측정할 수 있는 평가지표를 개발하는 것이 시급한 과제라고 할 수 있다.

그러나 이러한 한계점에도 불구하고 본 연구는 업무혁신(BPR)을 공공부문에 적용하기 위한 논리적 타당성을 정립하고, 공공부문의 독특한 상황에 적합한 업무혁신(BPR) 추진모형을 제시함으로써 업무혁신(BPR)을 도입·적용하고자 하는 기관이 의도하는 업무혁신 목표를 달성함과 동시에 급변하는 조직의 내·외적 환경에 능동적으로 대처할 수 있을 것이다.

또한 본 연구가 공공부문에 있어서의 업무혁신(BPR) 도입·적용에 대한 관심과 연구를 촉진시키고, 나아가 업무혁신과 조직성과를 목적으로 공공부문 개혁을 준비하고 있는 해당 공공기관에서 업무혁신(BPR)을 적극적으로 도입·적용할 수 있는 계기가 되었으면 한다.

참고문헌

1. 국내문헌

1) 단행본

강병성 · 김계수. (1997). 「통계분석을 위한 SPSSWIN Easy」. 서울: 법문사.
_____, (1998. 8). 경희대학교 사회과학연구원. 「알기 쉬운 조사
   방법론」. 서울: 한언.
고건. (2002). 「행정도 예술이다」. 서울: 매일경제신문사.
권재진 · 이병희 옮김. (2002). 「기업회생의 비밀 6시그마」. 서울: 새로운
   사람들.
김상국 · 양병무. (1997). 「경영혁신의 이론과 실제」. 서울: 한국경영자총
   협회.
김석준 외. (2000). 「뉴거버넌스 연구」. 서울: 대영문화사.
김성태. (1999). 「정보정책론과 전자정부론」. 서울: 법문사.
김충련. (1997). 「SAS라는 통계상자」. 서울: 데이터플러스.
김효석 · 김경한. (1993). 「비즈니스 프로세스 업무혁신(BPR): 성공전략
   과 구체적 추진 방법론」. 한국능률협회.
더글러스 홈스 지음 · 갈렙엔컴퍼니 옮김. (2002). 「@.gov: 전자정부를 위
   한 e - 비즈니스전략」. 서울: 물푸레.

데이빗오스본 외 · 최창현 옮김. (1999). 「정부개혁의 5가지 전략」. 삼성경제연구소.

류지성. (1999). 「사회과학방법론」. 서울: 금왕출판사.

류한주. (1994). 「TQM에 의한 경영혁신」. 한국생산성본부.

멜 실버맨 엮음 · IBS 컨설팅그룹 옮김. (2002). 「성공하는 컨설턴트를 위한 Tool Kit」. 서울: 새로운 제안.

박내회. (1990). 「현대 리더십」. 서울: 법문사.

박광량 외. (1997). 「학습조직의 이론과 실제」. 삼성경제연구소.

박옥구. (2001). 「업무혁신(BPR) 가이드북」. 서울: SBC전략기업컨설팅.

박철희. (2000). 「지식제안 이렇게 실천하라」. 서울: 새로운 제안.

보스턴컨설팅그룹. (1994). 「BCG의 W업무혁신(BPR)」. 서울: 김영사.

사쿠라 종합연구소. (1996). 「비즈니스 프로세스는 이렇게 혁신한다」. 서울: 세경자료사.

서순복. (2002). 「지식정보사회와 전자행정」. 서울: 대왕사.

설증웅 · 조민호. (2002). 「컨설팅 프랙티스」. 서울: 새로운 제안.

박우순. (2000). 「현대 조직론」. 서울: 법문사.

유기현. (2003). 「조직행동론」. 서울: 무역경영사.

유민봉. (1999). 「인사행정론」. 서울: 문영사.

유영옥. (1996). 「행정학신론」. 서울: 학문사.

유홍림 외 공저. (2003). 「조직형태의 이해」. 서울: 대영문화사.

윤성식. (2003). 「정부개혁의 비전과 전략」. 서울: 열린책들.

이순철. (1993). 「비즈니스 업무혁신(BPR)」. 서울: 명진출판.

_____, (1998). 「정보화 시대의 정부개혁 10가지 성공비결」. 삼성경제연구소.

이정규 · 서성한 · 유기현 공저. (1989). 「경영학 원론」. 서울: 무역경영사.

이재규. (1994). 「업무혁신(BPR)과 카이젠」. 서울: 21세기 북스.

이종구. (2000). 「SAS와 통계자료 분석」. 서울: 학지사.

이학식 · 김영. (2002). 「한글 SPSS 10.0 가이드」. 서울: 법문사.

일경(日經)BP. (1996). 「정보혁명시대의 이노베이션기법50」. 서울: 21세기 북스.

임덕순·장승권. (1997). 「업무혁신(BPR) 그 이후」. 서울: 경향신문사.

제리 W. 퀼러 & 죠셉 M. 판코우스키 저·남기범 외 공역. (2001). 「조직혁신의 전략」. 서울: 너와나 미디어.

제임스 챔피·이동현 옮김. (2002). 「X-엔지니어링 기업혁명」. 서울: 21세기 북스.

전인수 옮김. (2000). 「서비스 마케팅」. 서울: 석정.

조남재·노규성. (1999). 「경영정보시스템: 전략적 비전실현을 위한 접근법」. 서울: 세영사.

조동성·신철호. (1996). 「14가지 경영혁신기법의 통합모델」. 서울: 아이비 에스 컨설팅그룹.

조셉 S. 나이 외 편저·박준원 옮김. (2001). 「국민은 왜 정부를 믿어주지 않는가」. 서울: 굿인포메이션.

조용길·홍현기·김낙상. (1998). 「기업경영과 정보시스템」. 서울: 동성출판사.

채서일. (1995). 「사회과학조사방법론」. 서울: 학현사.

최태성·김성호. (2001). 「사회과학 자료분석」. 서울: 다산출판사.

_____, (1999). 현대경제연구원. 「존코터의 변화관리」. 서울: 21세기 북스.

홍석보·송병선·김창원·이내풍. (1999). 「전략적 경영혁신기법」. 서울: 학문사.

히라시마 야스히사. (1994). 「60분에 돌파하는 업무혁신(BPR)」. 서울: 고려원.

토마스 데이븐포트 지음·송경근 옮김. (1994). 「프로세스 이노베이션」. 서울: 21세기 북스.

2) 논 문

강필수. (1997). 업무혁신(BPR)의 군사적 적용에 관한 연구: 군 급여관리 시스템 중심으로. 단국대학교 석사학위논문.

강형기. (1994). 자치행정의 품질관리제도: 일본 자치제의 품질관리제도를 중심으로. 「한국행정학보」 제28권 제3호.

김기석. (1997). BPR 적용대상 선정을 위한 AHP 적용. 「경영·경제 연구」 제16권 제1호. 「부산대학교 경영·경제연구소」.

김기식. (1999). 행정조직의 품질행정(TQM) 도입효과와 적용수준의 영향요인. 부산대학교 박사학위논문.

김길생. (1996). 업무혁신(BPR)이 조직성과에 미치는 영향에 관한 실증적 연구. 단국대학교 박사학위논문.

김동만. (1999). 지방정부공공서비스 성과측정에 관한 연구. 중앙대학교 박사학위 논문.

김득갑. (2000). 영국의 국가정보화 및 전자상거래육성 정책내용과 시사점. 「삼성경제연구소」.

김번웅. (1999). 21세기를 대비한 행정서비스의 과제와 전망. 「한국행정연구원」 제8권 제2호.

김영달. (1995). 경영혁신의 성공을 위한 정보기술 담당임원의 역할. 「한국정보처리학회 정보처리」 제2권 제3호.

김영기. (1990). 지방공공서비스의 성과측정에 관한 이론적 고찰. 「지방자치연구」 제2권 제1호.

김태겸. (1998). 기업식 정부의 구축방안. 「한국행정연구」 제7권 제2호.

김태룡. (2000). 행정학의 신패러다임으로서 신공공관리모형의 적실성에 관한 연구. 「한국행정학보」 제34권 제1호.

김현곤. (1998). 호주 빅토리아주의 통합행정서비스와 대국민서비스 혁신전략. 「한국전산원 정보화 동향분석」 제5권 7호.

김효석·김창수. (1996). 비즈니스 업무혁신(BPR)의 핵심도구로서 그룹웨어에 관한 연구. 「경영과학」 제13권 제2호.

기영석·권선필. (1999). 공공행정에 있어서 BPR 적용에 관한 연구. 「목원대학교 논문집」 제36집.

라휘문·한표환. (1999). 지방자치단체의 성과평가를 위한 지표개발. 「한국행정학보」 제8권 제3호.

목진휴 외. (1998). 정보기술이 정책과정에 미치는 영향: 주요 광역자치
　　　단체를 중심으로.「한국행정학보」제6권 제1호.

문신용. (1997). 전자정부구현을 위한 행정정보서비스.「한국행정연구원」.

문신용. (2000). 행정정보화와 조직혁신: ERP접근법을 중심으로.「한국행
　　　정연구원」.

박우순. (1994). 고객서비스론 서설.「동아대학교 대학원 논문집」제29집.

박중훈. (1999). 결과중심의 성과측정 및 성과관리체계에 관한 연구.「한
　　　국행정연구원」.

박찬관. (2001). 조직문화와 리더십 간의 적합성이 조직유효성에 미치는
　　　영향에 관한 연구. 창원대학교 박사학위논문.

박창희. (2000). 팀조직에서의 리더 역할과 조직문화가 조직성과에 미치
　　　는 영향에 관한 연구. 창원대학교 박사학위논문.

박천오. (1997). 고객지향적행정: 실천상의 의문점과 한국관료의 시각에
　　　대한 탐색적 연구.「한국행정학보」제31권 제2호.

방한오. (1997). 조직환경에 따른 업무혁신(BPR)의 적용과 성과에 관한
　　　연구. 원광대학교 박사학위논문.

서문수. (2000). 행정업무재설계에 따른 행정성과에 관한 연구: 서울시
　　　민원처리 업무를 중심으로. 서울시립대학교 석사학위논문.

서영길. (2000). BPR의 군부대적용: 해군함정 업무개선 Pilot Study를 중
　　　심으로.「정책분석평가학회보」제11권 제1호.

서진완. (1998). 정보기술을 활용한 행정업무과정의 혁신지침.「한국행정
　　　연구원」.

송민선. (2000). 아시아 국가들의 정보화 정책과 시사점.「LG경제연구원」.

송희준. (1995). 교육행정의 업무혁신(BPR)을 위한 실증연구: 업무과정의
　　　개선과 정보기술 활용을 중심으로.「한국행정학보」제31권 제2호.

신형식 외. (1998). 호주 통합복지행정서비스 동향 및 국내 보건복지정보
　　　화 개선 방안.「한국전산원 정보화 동향분석」제5권 제4호.

심인보. (1997). 비즈니스 프로세스 업무혁신(BPR)(BPR) 실행에서의 성
　　　공요인에 관한 연구. 한국외국어대학교 석사학위논문.

안희정. (2002). 조직성과에 영향을 미치는 결정요인에 관한 연구: 조직 유형별 차이를 중심으로. 강원대학교 박사학위논문.

양순덕. (1999). 지방정부의 행정품질관리제도의 성과에 관한 연구: 제주 도 적용사례를 중심으로. 경희대학교 박사학위논문.

오광석·박원재. (1997). 공공행정의 업무혁신(BPR)과 그 추진방향. 「한 국 전산원 논단」 제4권 제17호.

오만석. (2003). 구성원이 소유한 형식지와 암묵지의 조직소유 인식에 관 한 탐색적 연구. 성균관대학교 석사학위논문.

윤순봉. (1999). 지식기반 경제에서의 정부의 역할. 「삼성경제연구소」.

윤종수·한경수·한재민. (1997). 조직성숙수준에 따른 BPR의 주요 성공 요인과 성과 간의 관련성 연구. 「경영정보학연구」 제7권 제2호.

유홍림. (1999). 행정개혁을 위한 정보기술의 성공적인 도입전략. 「한국행 정연구원」.

이병기. (2003). 전자정부구현을 위한 지식관리(KM) 활성화 방안에 관한 연구. 단국대학교 박사학위논문.

이유재. (1994). 상호작용효과를 포함한 다중회귀분석에서의 주 효과의 검증에 대한 연구. 「경영학연구」 제23권 제4호.

이정섭. (2002). 지식경영관리시스템의 사용자 수용과 선행요인에 관한 연구: 기술 수용모델의 확장. 성균관대학교 박사학위논문.

이순철. (1995). 바이탈 사인: 측정지표를 이용한 업무혁신(BPR)의 구현. 「정보처리」 제2권 제3호.

장시영. (2000). 전자상거래와 전통적 상거래에서 고객이 지각한 가치비 교. 「경영정보학연구」 제10권 제3호.

정인억 외. (1997). 세계 주요국의 정보화 정책 비교분석. 「정보통신정책 연구원」.

전성현·정승렬·배준범. (2001). 업무혁신(BPR) 성공요인의 이원론적 분석. 「경영정보학연구」 제11권 제2호.

정철현. (1997). 복지행정조직의 관리형태와 조직몰입도에 관한 연구. 「한 국정책학회보」 제6권 제1호.

정충식. (1999). 전자정부구현의 주요 성공요인에 관한 연구. 성균관대학
교박사학위논문.

조경호. (1998). Hunter의 메타방법론을 적용한 조직몰입과 직무만족 간
의 상관관계분석. 「한국행정학보」 제32권 2호.

조남재. (1995). 정보기술과 행정 업무혁신(BPR). 「한국전산원 연구논문」
제2권 제4호.

조영호·박계홍. (1992). 종업원의 기업가치관 수용태도에 관한 연구. 「인
사관리연구」 제16집.

최승욱. (1996). 조직혁신의 실행전략연구. 「경남전문대학 논문집」 제24집.

최준호. (1998). 고객지향적정부를 위한 행정대응성 연구. 지방자치연구소.

한국전산원. (1997). 공공기관의 정보화 추진전략과 방안.

_____, (1999). 21세기 전자정부비전과 실천전략에 관한 연구. NCA
Ⅲ-PER-99019.

_____, (2001) 공공부문 정보화 사업 평가를 위한 BSC모형. NCAⅠ
-RER-01067.

홍준현·조진래. (1997). 주요 제국의 행정제도 동향조사: 미국의 연방정
부조직. 「한국행정연구원」.

3) 기 타

김종인. (2003. 01. 25). 정부개혁 왜 머뭇거리나. 중앙일보.

김승일. (1993. 11. 03). 신경영기법 업무혁신(BPR). 매일경제신문.

공병호·김은자. (1994). 한국기업에 맞는 리스트럭처링 「한국경제연구원」.

박영택. (1993). 품질경영의 기본사상. 「품질경영연구」 1권 1호.

사또 마사하루(佐藤正春). (1999). 비즈니스 업무혁신(BPR)의 컨설팅방
법론연구. 「일본후지쯔총합연구소(FRI)」.

서울경제신문. (2000. 03. 23). 행정 업무재설계 관련기사.

성기현 역. (1993). 업무재설계: 자동화가 아니라 처음부터 다시. 「한국통
신 경영과 기술」.

성태경 · 한석철. (1995) 비즈니스 업무혁신(BPR) 성공요인에 관한 연구. 「'95 한국경영정보학회」 추계학술대회.

송구선. (1995). 정보기술의 전략적 활용과 비즈니스 업무혁신(BPR). 「정보시스템 연구」 제4권. 「영남경영정보학회」.

유홍림. (1996). 고객지향적 정부 어떻게 구축할 것인가? 「고객 지향적 정부구축을 위한 민관합동대토론회」.

윤구현. (1998). 기업 업무혁신(BPR) 제고 필요. 「경영계」 6월호.

윤기중. (1997). 동양생명 업무혁신사례. 「'97 한국경영정보학회」 춘계학술대회.

이욱재. (1999). 정보화를 위한 BPR의 실태와 문제점 및 개선방안. 서울대학교 행정대학원 정보통신정책과정. 제8기.

이천표. (1997). 21세기 정보화 사회의 준비. 「정보통신정책연구원」.

정재문. (1995). BPR에 있어서의 정보기술의 역할. 「정보처리」 제2권 제3호.

주간매일경제. (1998. 08. 12). 국내 100대 기업 경영혁신기법도입 실증분석.

최현아. (1996). 업무혁신(BPR)에서 실패하는 법. 「POSRI 경영」.

한재영. (1996). BPR 초기 실행 단계의 장애물. 「POSRI 경영」.

추경균. (2000). 특집: 전자정부의 구현. 「행정자치부」.

하상묵. (1995). 공공부문에의 경쟁체제 도입방안 연구. 「한국전산원」.

한국전산원. (1995). IT를 활용한 업무혁신(BPR). 「미국 국가행정평가위원회」.

_____, (1996). 고객우선주의: 정부정보화의 과제(원제: Clients First - The Challenge for Government Information Technology, March 1995).

_____, (1997). 호주의 국가전략자원으로서의 정부정보관리(원제: Management of Government Information as a National Strategic Resource, Oct. 1996).

행정자치부. (1998). 업무설계의 지침. 「행정능률과」.

_____, (2001). 전자정부법의 이해와 해설.

_____, (2002). 업무프로세스 혁신지침.

LG경제연구원. (1996. 12). 다시 보는 비즈니스 업무혁신(BPR).

_____, (1997. 11). 프로세스 개선과 정보시스템 혁신.

_____, (1997. 11). 경영의 기본 사이클에 충실하라.

_____, (1999. 12). 비즈니스 프로세스관리.

2. 외국문헌

1) Book

Beatty, R. W., and Schnier, C. R. (1981). *Personnel Administration: An Experiential Skill Building Approach*, Massachusetts: Addison Wesley.

Bozeman, B. & Straussman, J. D. (1991). *Managing Information Strategically, Public Management Strategies: Guidelines for Managerial Effectiveness*, San Francisco: Jossey–Bass.

Cook, J. D., Hepworth, S. J., Wall, T. D. & Warr, P. B. (1993). *The Experience of Work: A Compendium and Review of 249 Measure and Their Use*, San Diego: Academic Press.

David Chapman and Theo Cowdell. (1998). *New Public Sector Marketing*, Financial Times and Pitman Publishing.

Donald F. Kettle. (1994). *Reinventing Government?: Appraising the National Performance Review*, Washington DC: The Brookings Institution.

Downs Jr., G. W. & Mohr, L. B. (1980). *Toward a Theory of Innovation*, in Z. A. Agnew(ed.), Innovation Research and Public Policy, Ann Arbor, MI: UMF.

208

Drucker, P. F. (1985). *Innovation and Entrepreneurship: Practice and Principles*, Lodon: Heineman.

Farnham, David & Sylvia Horton. (1993). *Public Service Managerialism: A Review and Evaluation*, in Farnham David & Horton Sylvia(ed.), Managing the New Public Services, London: Macmillan.

Fujitsu Research Institute. (1999). *BPR Methodology*.

Goldratt, E. M. (1992). *The Goal*, 2nd ed., North River, New York: Croton-on-Hudson.

Hammer, M. & Champy, J. (1993). *Reengineering the Corporation: A Manifesto for Business Revolution*, New York: HarperCollins Publishers.

_____ & J. Stanton. (1995). The Reengineering Revolution, New York: HarperCollins Publishers.

Huge, Owen E. (1994). *Public Management and Administration: A Introduction*, New York: St. Martin's Press.

Kotler, P. & Andreasen, R. (1998). *Strategic Marketing for Nonfrofit Organizations*, 5th ed., (Upper Saddle), Prentice-Hall.

Kotter, John P. (1995). *Government by Proxy: (Mis?)*, Managing Federal Prog D. C.: Congressional Quarterly Press.

Kwon, T. H., and Zmud, R. W. (1987). *Unifying the Fragment Models of Information Systems Implementation in R. J. Boland Jr., and R. A. Hirschheim(eds), Critical Issues in Information System Research*. New York: John Wisley.

Lionel Titman. (1995). *Marketing in the New Public Sector*, Pitman Publishing.

Lock, E. A. (1976). *The Nature and Causes of Job Satisfaction in M. D. Dunnette(ed)*, Handbook of Industrial and Organizational Psychology, Chicago: Rand McNally.

Lockamy, III, A. and Coz, III, J. (1994). *Reengineering Performance*

Mearsurement, Chicago: Irwin.

Marqurardart, M. & Reynolds, A. (1994). *The Global Learning Organization*, Chicago: Irwin.

McComick, E. J. & Tiffin, J. (1979). *Industrial Psychology*, 6th ed, London: George Allend Unwin.

Miles, I., Rush, H., Turner, K. & Bessant, J. (1998). *Information Horizons; The Long Term Social Implication of New Information Technologies*, England: Elga.

Osborne, David & Gaebler, T. (1992). *Reinventing Government: How the Entrepreneurial Spirit is Transforming the Public Sector*, Massachusetts: Addison-Wesley.

_____ & Plastrik. P. (1997). *Banishing Bureaucracy: The Five Strategies for Reinventing Government*, Massachusetts: Addison-Wesley.

Ostrome, E. (1975). *The Design of Institutional Arrangements and The Responsiveness of The Police, in L. Rieselbach(ed.) People vs. Government. Bloomington*, Indiana: University Press.

Organ, D. W., and Hammer, W. C. (1982). *Organizational Behavior An Applied Psychological Approach, 2nd ed., Plano*, Texas: Business Publications.

Paul Arveson. (1999). Translating Performance Metrics from the Private to the Public Sector.

Peppard, J. and Rowland, P. (1975). *The Essence of Business Process Reengineering*, New York: Prentice Hall.

Pitikin, H. (1967). *The Concept of Representation*, Berkely: University of California Press.

Politt, Christopher. (1990). *Managerialism and the Public Service: An Anglo-American Experience*, Oxford: Basil Blackwell.

Porter, L. W. & Lawler III, E. E. (1986). *Managerial Attitudes and*

Performance, Chicago: Irwin.

Rummler, G. A., and Brache, A. P. (1990) *Improving Performance: How to Manage the White Space on The Organization Chart*, San Francisco: Jossey－Bass.

Russel M. Linden. (1994). *Seamless Government: A Practical Guide to Re－Engineering in The Public Sector*, San Francisco: Jossey－Bass.

Turban, E. & King, D. (2003). *Introduction to E－Commerce*, upper Saddle River, New Jersey: Prentice Hall.

Verba, S. & Nie, N. (1972). *Participation in America: Political Democracy and Social Equality*, New York: Harper & Row.

West, M. A. & Farr, J. L. (1990), *Innovation at Work: in M. A. West & J. L. Farr(eds.), Innovation and Creative at Work: Psychological and Organizational Strategies*, New York: John Willey & Sons.

Zeigler, L. Harmon & Harvey, J. Tucker. (1980). *The Quest for Responsiveness Government: an Introduction to State and Local Politics*. Massachusetts: Duxbury Press.

Zeithaml · Parasuraman · Berry. (1992). *Delivery Quality Service: Balancing Customer Perceptions and Expectations*, New York: The Free Press.

2) Article

Al Gore. (1993). "From Red Tape to Results: Creating a Government That Works Better & Costs Less", *A Report of the National Performance Review*, 21(3).

Allen, N. J. & Meyer, J. P. (1990). "The Measurement and Antecedents of Affective, Continuance and Normative Commitment", *Journal of Occupational Psychology*, 63.

Baker, RJ. S. (1969). "Organization Theory and The Public Sector", *The Journal of Management Studies*, 19(4).

Baron, R. M. & Kenny, D. A. (1986). "The Moderator－Mediator Variable Distinction in Social Psychological Research: Conceptual, Strategic and Statistical Considerations", *Journal of Personality and Social Psychology*, 51(6).

Beer, M., Einsenstat, R. A. & Spector, B. (1990). "Why Change Program don't Produce Change", *Harvard Business Review*, 90(2).

Brancheau, J. C., Janz, B. D. & Wetherbe, J. C. (1996). "Key Issues in Information Systems Management: 1994~1995 SIM Delphi Results", *MIS Quarterly*, 20(2).

Broadbent, Jane and James Guthrie. (1992). "Changes in the Public Sector: A Review of Recent 'Alternative' Accounting Research, *Accounting Auditing & Accountability Journal*, 5(2).

Broadbent, M. & Weill, P. (1999). "The Implication of Information Technology Infrastructure for Business Process Redesign", *MIS Quarterly*, 23(2).

Brooke, P. P. Jr., Russel, D. W. & Price, J. L. (1998). "Discriminant Validation of Measures of Job Satisfaction, Job Involvement, and Organizational Commitment", *Journal of Applied Psychology*, 73.

Buchman, B. (1974). "Building Organizational Commitment: The Socialization of Managers in Work Organizations", *Administrative Science Quarterly*, 19.

Buller, P. F. & McEvoy, G. M. (1989). "Determinants of the Institutionalization of Planned Organizational Change", *Group & Organization Studies*, 14(1).

Caron, J. R., Jarvenpaa, S. L., and stodard, D. B. (1994). "Business Process Reengineering at CIGNA Corporation: Expiernces and Lessons Learned from the First Five Years", *MIS Quarterly*, 23(4).

Damanpour, F. (1991). "Organizational Innovation: A Meta-Analysis of Effects of Determinants and Moderators", *Academy of Management Journal*, 34(3).

Davenport, T. A. & Short, J. E. (1990). "The New Industrial Engineering: Information Technology and Business Process Redesign", *Sloan Management Review*, 31(4).

_____, (1993). "Process Innovation: Reengineering Work Through Information Technology", *Harvard Business School*, 93(2).

_____, (1995). "Will Participative Makeovers of Business Processes Succeed Where Reengineering Failed?", *Planning Review*, 23(4).

_____, (1994). Department of Denpense, "Planning for Business Process Reengineering"
http://www.dtic.mic/c3i/bprcd/7224c1.htm.

Dixon, J. R., Arnold, P., Heineke, J. (1994). Maulligan, "Business Process Reengineering: Improving in New Strategic Directions", *California Management Review*, 94(8).

Drew, S. (1999). "BPR in Financial Service: Factors for Success", *Long Range Planning*, 27(5).

Garvin, D. (1993). "Building a Learning Organization", *Harvard Business Review*, 93(5).

General Accounting Office. (1994). Reengineering Organizations: *Result of a GAO Symposium*, 94(34).

Getter R. W., and Schumaker, P. (1978). "Contextualn Bases of Responsiveness to Citizen Preferences and Group Demands", *Policy and Politics*, 6(2).

Ginzberg, M. J. (1992). "Information Technology and the Restructuring of Work: The Potential for it in the 1990's and Beyond",

Processing of the 1992 KMIS International Conference on Infor-mation Technology, Driven Organization in Year 2000.

Griffen, R.W. (1991). "Effects of Work Redesign on Employee Perce-prtions, Attitudes, and Behaviors: A Long-term Investigation", *Academy of Management Journal*, 34(2).

Grover, V., Teng, J. T. C. & Feidler, K. D. (1993). "Information Technology Enabled Business Process Redesign: An Integrated Planning Framework", *OMEGA International Journal of Mana-gement Science*, 21(4).

Gulledge, Thomas, David H. Hill and Edgar H. Sibley. (1993). "Functional Process Improvement Implementation: Public Sector Reengineering" http://www.dtic.mil/c3i/bprcd/0136. htm.

Hall, G., Rosenthal, J., and Wade, J. (1993). "How to Make Reengi-neering Really Work", *Harvard Business Review*, 93(11).

Hammer, M. (1990). "Reengineering Work: Don't Automate, Obliterate", *Harvard Business Review*, 90(4).

Hermen, L. weiss. (1974). "DayLightWhy Business and Government Exchange Executives", *Harvard Business Review*, 74(3).

Howell, L. P. & Dorfman, P. W. (1981). "DayLightSubstitutes for Lead-ership: Test of a Construct", *Academy of Management Review*, 24.

Kamensky, J. (1997). "The U.S. Reform Experience", *The National Per-formance Review*, 39.

Karing, Albert K. (1975). "DayLightPrivate Regarding Policy, Civil Rights Groups, and The Mediating Impact of Municipal Reforms", *Ame-rican Journal of Political Science*, 19.

Kiedel, R. W. (1994). "DayLightRethinking Organizational Design", *Aca-demy of Management Executive*, 8(4).

Lock, E. A. (1973). "Satisfaction and Dissatisfaction Among White Collar and Blue Collar Employees." *Journal of Applied Psychology*, 11(3).

Mceven, N., Carmichael, C., Short, D. & Steel, A. (1988). "Managing Organizational Change: A Strategic Approach", *Long Range Planning*, 21(6).

Morrow, P. C. (1998). "Concept Redundancy in Organizational Research: The Case of Work Commitment", *Academy of Management Review*, 8.

Mowday, R., Steers, R. & Porter, L. (1979). "The Measurement of Organizational Commitment", *Journal of Vocational Behavior*, 14.

Pennock, J. R. (1952). "Responsiveness, Responsibility and Majority Rule", *American Political Science Review*, 66.

Porter, L. W., Crampon, W. J. & Simith, F. J. (1976). "Organizational Commitment and Managerial Turnover: A Longitudinal Study", *O.B.H.P.*, 15.

_____, and Steers, R. M. (1973). "Organizational, Work and Personal Factors in Employee Turnover and Absenteeism", *Psychological Bulletin*, 7(2).

Price, M. J., and E. E. Cohen. (1993). "Total Quality Management in a Small, High Technology Company", *California Management Review*, 35(3).

Robert T. Golembiewske. (1969). "Organization in Public Agencies: Perspective on Theory and Practice", PAR, 29(4).

Reichers, A. (1985). "A Review and Reconceptualization of Organizational Commitment", *Journal of Organizational Behavior*, 11.

Reimer, D. J. General. (1995). "Reengineering Forces Command for 21st Century", *Army*, 3.

Stewart, T. A. (1993). "Reengineering the Hot New Managing Tod", *Fortun*, 15(4).

Swiss, James E. (1992). "Adapting Total Quality Management(TQM) to Government", *Public Administration Review*, 52(6).

Terry, Larry D. (1999). "From Greek Mythology to the Real World of The New Public Management and Democratic Governance", *Public Administration Review*, 59(3).

Venkatraman, N. (1993). "Continuous Strategic Alignment: Exploiting Information Technology Capabilities for Competitive Sucess", *European Management Journal*, 11(2).

_____, (1994). "IT-Induced Business Reconfiguration", "From Automation to Business Scope Redefinition", *Sloan Management Review*, 35(2).

Yi Yujae. (1989), "on The Evaluation of Main Effect in Multiplicate Regression Models", *Journal of Marketing Research Society*, 31(1).

3) Web Site

http://business.chungbuk.ac.kr/pds/data/jit%B1%B3%C0%E72.hwp

http://dongmyong-gii.cschool.net/lesson/%C0%FC%B9%CC%BE%D6/
management/management2.htm.

http://factory119.com.ne.kr/book21/2.htm

http://kangnung.ac.kr/~myway/han.files/org/14.hwp

http://lead2000.sicc.co.kr/contents/inform/inform9708.htm

http://members.tripod.lycos.kr/yj6sigma/define2.htm.

http://reform.go.kr/html/hb.html

http://www.clearlake.ibm.com/Alliance/clusters/it/ITOverv.htm#Trends

http://www.itpolicy.gsa.gov/mkm/bpr/gbpr/gbprb.htm

http://www.npr.gov/library/nprrpt/annrpt/vp~rpt96/appendix/sum.html

http://www.npr.gov/library/papers/bkrd/kamenskt.html.

http://www.krconsulting.co.kr/term/data/illu/%BC%FD%C0%/TQC.htm.

부 록

〈부록1〉 설문지

안녕하십니까?

업무혁신(BPR)은 민간 기업에서 개발·적용하고 있는 경영혁신 기법이지만, 최근에는 시민 지향적·과정 지향적·결과 중심적·성과주의적 공공이념의 대두와 함께 공공부문에서도 활발히 도입·적용되고 있습니다. 이러한 상황에서 업무혁신(BPR)의 다양한 기대효과가 공공부문에서도 민간기업에서와 마찬가지로 나타나고 있는지를 평가할 학문적·실제적 필요성은 매우 절실하다 하겠습니다. 따라서 귀하의 설문 응답은 **"공공부문 업무혁신(BPR)(BPR)의 조직성과에 관한 실증연구(PDS 모형을 중심으로)"**에 매우 귀중한 자료로 활용될 것입니다. 아울러 귀하의 응답 내용은 연구목적 이외의 다른 목적으로는 일절 사용하지 않을 것이며, 응답자의 비밀은 철저히 보장될 것임을 알려드립니다.

귀중한 시간을 내어 주셔서 고맙습니다.

(※) 응답요령: 다음 설문항목 중 귀하의 견해에 가장 가까운 항목 하나에만 'O' 또는 'V'로 표시하시면 됩니다.

I. 업무혁신(BPR)의 계획(Plan) 단계: 도입 프로젝트를 발족하여(추진전담 조직 중심) 새로운 프로세스를 설계하고, 실행을 위한 성과물(문서화) 을 만드는 단계(주로 컨설팅 단계를 포함)

설 문 내 용	그렇지 않다···보통···그렇다				
	1	2	3	4	5
1. 관리자층이 업무혁신(BPR) 전반에 대해 충분한 이해를 하고 있었다.					
2. 관리자층이 업무혁신(BPR) 프로젝트에 많은 관심을 갖고 참여하였다.					
3. 관리자층은 업무혁신(BPR) 추진에 필요한 예산이나 인원을 적극 지원해 주었다.					
4. 업무혁신(BPR) 대상 업무가 합리적으로 선정되었다.					
5. 업무혁신(BPR) 대상으로 선정된 업무에는 조직의 목표달성에 있어서 핵심적 요소가 포함되었다.					
6. 새로 설계된 프로세스는 현업 담당자와 충분한 협의·조정을 거쳤다.					
7. 프로세스의 성과(목표)달성 기대치가 명백히 제시되어 쉽게 이해되었다.					
8. 업무혁신(BPR) 전담팀원(TFT)은 선정된 대상 업무에 대해 충분한 경험과 지식을 가지고 있었다.					
9. 전담팀원은 업무혁신(BPR)의 방법과 절차를 숙지하고 있었다.					
10. 전담팀 상호 간에 의사소통이 원활하여 업무혁신(BPR) 추진방향 등에 대해 일치된 의견을 보이고 있었다.					
11. 전담팀원은 업무혁신(BPR) 프로젝트에 사명감을 갖고 열성적으로 참여하였다.					

II. 업무혁신(BPR)의 실행(Do) 단계: 계획(Plan) 단계의 성과물을 실현하기 위하여 새로운 프로세스의 제도화, 조직의 변경, 변화관리의 실시, 정보시스템을 재구축하는 단계

설 문 내 용	그렇지 않다…보통…그렇다				
	1	2	3	4	5
1. 새로 설계된 프로세스는 정확히 제도에 반영되었다.					
2. 신(新)프로세스 도입·정착을 추진하기 위해 담당자 선정을 포함한 추진계획이 구체적으로 마련되었다.					
3. 신프로세스대로 현업 담당자는 업무를 수행하였다.					
4. 신프로세스의 성공적 실행을 위해 구성원들이 효율적으로 재배치되었다.					
5. 신프로세스가 제대로 운용되도록 구성원의 권한과 책임이 보다 명확해졌다.					
6. 신프로세스가 제대로 운용되도록 정보공유가 활발해지고, 정보중심의 조직으로 변화되었다.					
7. 신프로세스의 성공적 실행을 위해 체계적 교육훈련이 실시되었다.					
8. 대부분의 구성원들이 신프로세스의 실행에 대해 많은 관심을 가지고 적극 참여하였다.					
9. 신프로세스의 실행에 대한 관심과 참여 정도가 업적 평가와 보상에 반영되었다.					
10. 정보시스템(IT) 전문가가 비교적 충분히 활용되었다.(아웃소싱, 외부위탁의 경우도 포함됨)					
11. 업무혁신(BPR) 기획내용이 충분히 반영되어 정보시스템(각종 소프트웨어)이 개발되었다.					
12. 신프로세스의 효과적 운영에 필요한 정보시스템의 기반(하드웨어, 네트워크 등) 구축이 견실해졌다.					

III. 업무혁신(BPR)의 평가(See) 단계: 업무혁신(BPR)의 목표 수준이 초기에 의도한 바와 같이 달성되고 있는지를 평가하는 단계(서비스의 향상, 처리속도의 향상, 비용절감)

설 문 내 용	그렇지 않다…보통…그렇다				
	1	2	3	4	5
1. 민원해결을 위한 시민들의 방문 횟수가 감소하였다.					
2. 상황변화에 대처할 수 있는 업무능력이 향상되었다.					
3. 동일 업무의 반복 처리 등이 감소되었다.					
4. 부서간·업무간 조정회의가 이전보다 줄어들었다.					
5. 민원행정처리가 이전보다 더 빨라졌다.					
6. 각종 의사결정(예, 새로운 서비스의 시행)이 보다 효율적으로 이루어지고 있다.					
7. 이전보다 예산절감이 이루어졌다.					

Ⅳ. 업무혁신(BPR) 이후의 조직성과: 조직구성원들이 느끼는 행태적 조직
　　성과(조직몰입도, 직무만족도, 공공요구의 대응)가 나타나는 단계

설 문 내 용	그렇지 않다…보통…그렇다				
	1	2	3	4	5
1. 업무에 대한 애착심(몰입도)이 이전보다 향상되었다.					
2. 이전보다 근무의욕이 증대되었다.					
3. 이전보다 조직의 목표와 자신의 개인적 목표 간의 　일치 정도가 높아졌다.					
4. 이전보다 능력발휘의 기회가 많아졌다.					
5. 이전보다 업무에 대한 관리능력 등이 전반적으로 　향상되었다.					
6. 업무처리 시 시민의 입장이 보다 잘 반영되고 있다.					
7. 이전보다 시민에 대한 서비스가 친절해졌다.					
8. 이전보다 시민에 대한 정보제공 노력이 향상되었다.					

Ⅴ. 업무혁신(BPR)에 관한 종합적인 사항

설 문 내 용	그렇지 않다…보통…그렇다				
	1	2	3	4	5
1. 업무혁신(BPR)의 계획(Plan)은 잘 수립되었다.					
2. 업무혁신(BPR)의 실행(Do)은 원활하게 추진되었다.					
3. 업무혁신(BPR)의 도입·적용을 평가(See)한 결과 　성공적이었다.					
4. 업무혁신(BPR) 이후 조직구성원들의 행태적 조직 　성과가 나타나고 있다.					

Ⅵ. 일반 사항

1. 현재의 기관에 근무한 기간은?　　　＿＿＿＿년 ＿＿＿개월

2. 귀하의 연령층은? (　　　)
　① 20대　　　② 30대　　　③ 40대　　　④ 50대 이상

3. 귀하의 소속 직군(예: 행정직, 기술직 등)과 직급은?
　　　　　　　　　　　＿＿＿＿＿＿직 ＿＿＿＿급

4. 업무혁신(BPR) 추진 및 시행으로 발생된 가장 큰 문제점은?(　)
　① 정신적 스트레스 또는 긴장감 증가 ② 업무량 증가
　③ 인원 부족　　　　　　　　④ 조직 내의 인간관계 약화
　⑤ 예산 감축　　　　　　　　⑥ 신분보장에 대한 침해

5. 경험에 의거할 때, 업무혁신(BPR) 추진 시 가장 고려해야 할 사
　항은?　　　　　　　　　　　　　　　　　(　　　)
　① 상관(상사)의 이해 및 지원　② 구성원들의 참여 및 협조
　③ 예산 확보　　　　　　　　④ 정보시스템의 도입
　⑤ 법·제도의 개정 및 보완　　⑥ 교육훈련·평가·보상제도

〈부록2〉 업무혁신(BPR)의 PDS 모형 간 회귀분석(상세)

1. 계획(Plan)과 실행(Do) 간의 가설검증

1) 신(新)프로세스 적용에 유의미한 계획(Plan)의 검증

계획(Plan)변수가 신(新)프로세스의 적용에 미치는 영향 정도를 파악하기 위하여 다중회귀분석을 실시한 결과, 유의도 5% 수준에서 통계적으로 유의한 영향을 미치는 추진전담조직의 역할 변수의 표준화된 베타 값은 .252, 관리자층의 지원은 .133, 신(新)프로세스의 적용에 정(+)의 영향을 미치는 것으로 나타났다.[1]

이러한 검증결과를 통해 유추해 볼 때, 업무혁신(BPR) 실행(Do)에서 신(新)업무프로세스가 잘 적용되기 위해서는 계획(Plan)(컨설팅을 포함)에서 추진전담조직의 구성원들이 업무혁신(BPR)의 대상이 되는 업무에 대하여 설계 내용과 추진 방법을 명확히 분석하여 정의하여야 한다.[2] 또한 신(新)업무프로세스가 잘 적용되기 위해서는 추진 방향과 설계 내용에 대하여 관리자층의 승인과 적극적인 실행 의지 그리

---

1) 이것은 다른 독립변수들이 일정하다고 가정하고, 계획(Plan)의 추진전담 조직의 역할·관리자층의 지원을 1단위 증가시킬 때 신(新)프로세스의 적용은 .252·.144·.133만큼 증대될 수 있다는 것을 의미하고, 독립변수가 신(新)프로세스 적용의 변동량에 미치는 설명력은 12.4%로 그 의미가 있음을 알 수 있다. 추정된 회귀모형의 적합도를 검증하기 위한 검증 통계량인 F값은 8.340으로 회귀식이 적합함을 알 수 있고, F값에 대한 유의확률(p) 값이 .040으로서 5% 유의수준에서 의미 있는 것으로 나타났다.

2) 즉 대상 업무프로세스의 범위·투입(input)과 산출물(output) 분석, 무엇을 어떻게 하여야 하는가에 대한 실행방안·결과측정과 재발방지를 위한 조치사항 등이다.

고 실제로 강력한 추진이 무엇보다도 중요함을 알 수 있다.

독립변수	R^2	조정된 R^2	F값	표준화 Beta값	t값	p값	다중공선성 검증	
다중회귀분석결과(종속변수: 신프로세스의 적용)							Tolerance	VIF
추진전담 조직의 역할				0.252	3.950**	0.000	0.998	1.021
근무기간				0.143	2.270*	0.012	0.937	1.067
관리자층의 지원				0.133	2.074*	0.018	0.911	1.097
직급	0.124	0.109	8.340**	−0.111	−1.758*	0.040	0.930	1.075
직군				−0.061	−0.977	0.165	0.951	1.052
연령				0.033	0.444	0.329	0.671	1.490
공공기관				−0..27	−0.426	0.335	0.898	1.059
대상프로세스의 범위				0.012	0.194	0.423	0.963	1.039

* $p < 0.05$, ** $p < 0.01$

한편, 대상프로세스의 범위는 업무혁신(BPR) 대상이 되는 프로세스를 이상적(理想的)으로 설계하고, 업무혁신(BPR) 프로젝트 기간 내에 실행될 수 있는가에 대한 범위의 측면이 강한 반면, 신프로세스가 적용되기 위해서는 '설계된 내용과 같이 실제 업무처리를 하지 않으면 안 된다.'는 조직방침과 업무체계 그리고 추진전담조직의 적극적인 노력 등과 같은 규제적·실천적·당위적 조직의 환경조성이 더 중요하기 때문에 '대상프로세스의 범위'는 '신(新)프로세스의 적용'에 통계적으로 유의미한 영향을 미치는 않는다고 할 수 있다.

2) 조직혁신에 유의미한 계획(Plan)의 검증

분석 결과, 조직의 혁신에 주요하게 영향을 준 선행요인들은 관리자층의 지원·추진전담조직의 역할이고, 관리자층의 지원·추진전담조직의 역할이 종속변수인 조직의 혁신에 통계적으로 유의미한 영향을 미치고 있다. 이러한 맥락에서 살펴보면, 업무혁신(BPR)의 계획(Plan)에서 설계된 프로세스에 의해 새로운 조직이 형성되고, 새롭게 설계된 프로세스가 잘 실행되기 위해서는 기존조직의 변경, 인원의 재배치, 신규조직의 신설 등이 수반돼야 한다. 그 이외에도 조직의 혁신에 따른 법과 제도의 정비가 필수적으로 수반돼야 한다. 이는 신(新)프로세스가 요구되는 대로 잘 진행되기 위해서는 누구의 지시를 받아야 하는가에 대한 조직적인 정의와 권한·책임이 재설계되어야 하는 것이 매우 중요하다는 것을 의미한다.(김효석·김경한, 1993: 300~302)

한편, 대상프로세스의 범위가 크면 클수록 업무담당자의 이해관계는 더욱 복잡하게 얽혀지기 때문에 조직구성원의 갈등과 저항은 상대적으로 거셀 것이며, 신(新)프로세스를 적용하기 위한 조직혁신은 더욱 어려운 문제에 봉착하게 될 것이다. 이러한 이유로 인하여 '대상프로세스의 범위'는 '조직의 혁신'에 통계적으로 유의미한 영향을 미치지 않으면서도 부(-)의 영향을 나타낸다고 할 수 있다.

다중회귀분석결과(종속변수: 조직의 혁신)							
독립변수	R^2	조정된 R^2	F값	표준화 Beta값	t값	p값	다중공선성 검증	
							Tolerance	VIF
관리자층의 지원				0.224	3.512**	0.000	0.921	1.086
추진전담조직의 역할				0.186	2.916*	0.002	0.921	1.086
직급				−0.089	−1.449	0.074	0.991	1.009
근무기간	0.109	0.101	14.455**	−0.065	−1.058	0.145	0.998	1.002
직군				0.057	0.913	0.181	0.980	1.021
공공기관				0.024	0.380	0.352	0.979	1.022
연령				0.020	0.330	0.371	0.993	1.007
대상프로세스의 범위				−0.15	−0.236	0.407	0.895	1.032

* p<0.05, ** p<0.01

3) 변화관리 실시에 유의미한 계획(Plan)의 검증

분석 결과, 변화관리의 실시에 주요하게 영향을 준 선행요인들은 추진전담조직의 역할·대상프로세스의 범위·관리자층의 지원이었다. 따라서 업무혁신(BPR) 실행(Do)에서는 조직구성원의 저항을 극복해 나가면서도 현장 담당자들 간의 업무공유와 자발적 참여를 유도하기 위해 추진전담조직의 구성원들이 개혁의 주체로서 역할을 수행하여야 하고, 대상프로세스의 범위 또한 명확히 설정됨과 동시에 성과달성에 대한 평가기준도 사전에 제시되고 공유돼야 한다. 이러한 관점에서 업무혁신(BPR) 프로젝트에서는 대부분 외부의 전문가(컨설턴트)를 자문형식으로 활용하고 있다.

독립변수	R^2	조정된 R^2	F값	표준화 Beta값	t값	p값	Tolerance	VIF
추진전담 조직의 역할				0.233	3.713**	0.000	0.997	1.003
대상프로세스의 범위				0.128	2.037*	0.021	0.997	1.003
관리자층의 지원	0.074	0.066	9.439**	0.100	1.604*	0.049	0.975	1.026
직군				−0.078	−1.242	0.157	0.982	1.018
연령				0.055	0.883	0.189	0.999	1.001
근무기간				0.051	0.821	0.206	0.997	1.003
직급				0.037	0.593	0.276	0.991	1.009
공공기관				0.012	0.188	0.425	0.975	1.026

다중회귀분석결과(종속변수: 변화관리의 실시) / 다중공선성 검증

* p<0.05, ** p<0.01

4) 정보기술 활용에 유의미한 계획(Plan)의 검증

분석 결과, 정보기술의 활용에 주요하게 영향을 준 선행요인들은 추진전담조직의 역할·관리자층의 지원이었다. 업무혁신(BPR)은 의식개혁을 통한 업무프로세스의 혁신과 더불어 새로운 정보시스템의 재설계가 수반될 때 비로소 그 결실을 볼 수 있다. 이는 정보기술이 프로세스 혁신의 주요 촉진도구가 되기 때문에 반드시 정보시스템의 활용이 따르게 되며, 특히 새로운 프로세스 중심으로 업무관리가 바뀌게 되면 이를 지원하는 정보시스템의 개발이 필요하게 된다. 구체적으로 이와 같은 정보기술의 활용 내용을 살펴보면 다음과 같다.

첫째, 기존의 데이터베이스를 통합해서 공유 데이터베이스를 구축

한다.

둘째, 기존의 네트워크를 활용하여 정보를 교환하기 위하여 정보시스템을 신규로 개발하여야 한다.

셋째, 조직·부문 간의 정보시스템을 연계하기 위하여 기존의 정보시스템을 전면적으로 재구축 하는 것 등이다.

다중회귀분석결과(종속변수: 정보기술의 활용)								
독립변수	R^2	조정된 R^2	F값	표준화 Beta값	t값	p값	다중공선성 검증	
							Tolerance	VIF
추진전담 조직의 역할	0.110	0.102	14.631**	0.266	4.160**	0.000	0.921	1.086
관리자층 의 지원				0.137	2.145*	0.014	0.921	1.086
연령				0.069	1.128	0.130	0.980	1.007
직급				−0.046	−0.741	0.229	0.991	1.009
직군				−0.044	−0.718	0.237	0.980	1.021
대상프로세스의 범위				0.019	0.303	0.381	0.895	1.032
근무기간				−0.006	−0.090	0.464	0.998	1.002
공공기관				−0.001	−0.011	0.495	0.979	1.022

* $p < 0.05$, ** $p < 0.01$

따라서 정보시스템의 활용을 위해서는 많은 예산과 투입 인력이 소요되고, 구축기간 또한 많이 소요되기 때문에 실무적으로는 추진전담조직의 철저한 검토·분석·평가와 함께, 의사결정측면에서는 관리자층의 지원이 절대적으로 필요하다.

한편, 정보기술의 활용을 위해서는 막대한 예산이 소요될 뿐만 아니라 새로운 정보시스템 구축과정에서 조직 내의 많은 인원이 투입되어야 하기 때문에 조직 내에서도 최고 정책결정권자 또는 관리자층의 의사결정을 수반하게 된다. 이러한 과정에서 업무혁신(BPR)에서 새롭게 설계된 업무프로세스에 적합한 정보기술의 활용은 미시적·업무적·실무적인 측면보다는 거시적·정치적·정책적인 측면에서 결정되게 되며, 결정된 정보기술에 대한 조작이나 기능습득을 위한 교육중심으로만 치우치게 되는 경우가 많다. 이러한 맥락에서 '대상프로세스의 범위'는 '정보기술의 활용'에 유의미한 영향을 미치지 않는다고 할 수 있다.

2. 실행(Do)과 평가(See) 간의 가설검증

1) 서비스 향상에 유의미한 실행(Do)의 검증

분석 결과 서비스의 향상에 주요하게 영향을 준 선행요인들은 정보기술의 활용·조직의 혁신이었다.

따라서 업무혁신(BPR) 평가(See)에서의 서비스 향상 과제는 시민지향적 행정을 통하여 시민만족(감동)을 추구하는 관리철학으로서, 시민이 원하는 정책 및 행정의 실질적인 내용을 제공하려는 측면과 행정서비스의 전달체계에 기인하는 시민의 시간적·경제적·정신적 폐해와 손실을 최소화하려는 측면으로 인식하고(김기식, 1999: 53~54), 정보기술의 활용과 조직의 혁신을 지속적·체계적으로 이루어 가야 한다.

한편, '신프로세스의 적용'과 '변화관리의 실시'는 공공부문이 시민들에게 제공하는 서비스 결과 이전의 조직 내부적인 프로세스 관리의 특성요인으로서 서비스를 받는 시민과 서비스를 제공하는 공공부문 조직구성원들은 이를 당연한 것으로 인식할 수 있고, 이들이 느끼는 주관적 인식측면에서 볼 때, '정보기술의 활용'이나 '조직의 혁신'이 공공부문의 서비스를 향상시킨다고 할 수 있다. 이러한 맥락에서 '신프로세스의 적용'과 '변화관리의 실시'는 '서비스의 향상'에 유의미한 영향을 미치지 않는다고 할 수 있다.

다중회귀분석결과(종속변수: 서비스의 향상)							
독립변수	R^2	조정된 R^2	F값	표준화 Beta값	t값	p값	다중공선성 검증
							Tolerance / VIF
정보기술의 활용	0.102	0.091	8.943**	0.265	4.285**	0.000	0.992 / 1.008
연령				−0.167	−2.691**	0.004	0.992 / 1.008
직군				0.110	1.785*	0.038	0.990 / 1.000
조직의 혁신				0.100	1.603*	0.049	0.975 / 1.026
신프로세스의 적용				0.034	0.538	0.296	0.974 / 1.027
변화관리의 실시				0.032	0.522	0.301	0.994 / 1.006
공공기관				0.031	0.490	0.314	0.968 / 1.033
근무기간				−0.027	−0.364	0.358	0.682 / 1.466
직급				−0.011	−0.175	0.431	0.905 / 1.105

* $p < 0.05$, ** $p < 0.01$

2) 업무처리속도 향상에 유의미한 실행(Do)의 검증

분석 결과, 종속변수인 업무처리속도의 향상에 주요하게 영향을 준 선행요인들은 독립변수로 투입된 3개의 변수(조직의 혁신·변화관리의 실시·신프로세스의 적용·정보기술의 활용)가 영향력을 미치는 것으로 분석되었다.

다중회귀분석결과(종속변수: 업무처리속도의 향상)								
독립변수	R^2	조정된 R^2	F값	표준화 Beta값	t값	p값	다중공선성 검증	
							Tolerance	VIF
조직의 혁신				0.221	3.596**	0.000	0.932	1.073
연령				0.153	2.548**	0.005	0.983	1.017
변화관리의 실시				0.144	2.367**	0.009	0.953	1.049
신(新)프 로세스의 적용	0.173	0.156	9.766**	0.137	2.256*	0.012	0.953	1.049
정보기술의 활용				0.111	1.822*	0.035	0.960	1.042
공공기관				0.089	1.494	0.068	0.992	1.008
직급				0.086	1.380	0.084	0.906	1.104
근무기간				−0.096	−1.328	0.092	0.679	1.473
직군				0.052	0.876	0.191	0.990	1.104

* $p < 0.05$, ** $p < 0.01$

3) 비용절감에 유의미한 실행(Do)의 검증

분석 결과, 종속변수인 비용의 절감에 주요하게 영향을 준 선행요인들은 독립변수로 투입된 4개의 변수(신프로세스의 적용·조직의 혁신·정보기술의 활용·변화관리의 실시)가 영향력을 미치는 것으로 분석되었다.

이러한 관점에서 볼 때, 과거 업무혁신(BPR) 검토측정 연구와 적용사례들에서와 같이 업무혁신(BPR)을 통한 업무프로세스 목표의 달성도는 업무처리를 위한 비용절감에 있다는 연구들과 부합된다고 할 수 있다.(Hammer, 1990; Keidel, 1994; Dixon et al., 1994; Caron and Javenpaa, 1994; Drew, 1994; Goldratt, 1992) 그러나 이러한 비

용절감의 정도에 대한 측정은 똑같은 양과 수준의 서비스를 제공하는
데 있어서 비용이 어느 정도 절약되었는지를 파악하는 방식의 소위
대리지표(surrogate or proxy indicator)를 통하여 해당 기관의 관리자
내지 실무 담당자의 주관적 평가에 의존하여 측정할 수밖에 없는 한
계를 갖고 있다고 할 수 있다

독립변수	R^2	조정된 R^2	F값	표준화 Beta값	t값	p값	다중공선성 검증	
다중회귀분석결과(종속변수: 비용절감)							Tolerance	VIF
신(新)프로세스의 적용				0.223	3.558**	0.000	0.958	1.044
조직의 혁신				0.118	1.861*	0.032	0.932	1.073
정보기술의 활용				0.109	1.741*	0.041	0.965	1.036
변화관리의 실시	0.115	0.100	7.609**	0.107	1.702*	0.045	0.956	1.046
공공기관				−0.060	−0.970	0.167	0.995	1.005
직군				−0.056	−0.904	0.183	0.990	1.010
근무기간				0.053	0.855	0.197	0.979	1.022
연령				0.051	0.822	0.206	0.983	1.017
직급				0.023	0.369	0.356	0.978	1.022

* $p < 0.05$, ** $p < 0.01$

3. 계획(Plan)·실행(Do)과 평가(See) 간의 가설검증

1) 서비스 향상과 업무처리속도에 관한 검증

서비스 향상에는 대상프로세스의 범위·정보기술의 활용·조직의
혁신이며, 업무처리속도에는 추진전담조직의 역할·조직의 혁신·관리

자층의 지원이었다.

다중회귀분석결과(종속변수: 서비스의 향상)								
독립변수	R^2	조정된 R^2	F값	표준화 Beta값	t값	p값	다중공선성 검증	
							Tolerance	VIF
대상프로세스의 범위				0.235	3.914**	0.000	0.997	1.003
정보기술의 활용				0.237	3.892**	0.000	0.997	1.003
연령				−0.171	−2.841**	0.002	0.991	1.009
조직의 혁신				0.101	1.664*	0.048	0.979	1.021
직군				0.090	1.498	0.068	0.991	1.009
관리자층의 지원	0.156	0.142	10.883**	0.049	0.761	0.224	0.865	1.156
변화관리의 실시				−0.026	−0.4251	0.336	0.941	1.063
추진전담조직의 역할				0.020	0.304	0.380	0.862	1.160
신(新)프로세스의 적용				0.006	0.102	0.450	0.957	1.045
공공기관				0.058	0.965	0.168	0.989	1.011
근무기간				−0.020	−0.269	0.394	0.684	1.463
직급				0.007	0.106	0.459	0.907	1.102

다중회귀분석결과(종속변수: 업무처리속도의 향상)								
독립변수	R^2	조정된 R^2	F값	표준화 Beta값	t값	p값	다중공선성 검증	
							Tolerance	VIF
추진전담조직의 역할				0.309	5.134**	0.000	0.889	1.125
조직의 혁신				0.168	2.789**	0.003	0.891	1.122
연령				0.167	2.926**	0.002	0.993	1.007
관리자층의 지원				0.141	2.322*	0.011	0.870	1.149
대상프로세스의 범위				0.061	1.058	0.145	0.969	1.032
신프로세스의 적용	0.244	0.231	18.928**	0.063	1.057	0.146	0.893	1.120
변화관리의실시				0.075	1.258	0.105	0.915	1.093
직급				0.075	1.256	0.105	0.911	1.098
정보기술의 활용				0.012	0.206	0.428	0.884	1.131
직군				0.011	0.191	0.424	0.976	1.024
근무기간				−0.064	−0.936	0.175	0.686	1.458
공공기관				0.053	0.925	0.178	0.975	1.026

* p<0.05, ** p<0.01

2) 비용절감에 유의미한 계획(Plan)·실행(Do)의 검증

비용절감에 유의미한 영향을 미치는 변수는 신(新)프로세스의 적용·관리자층의 지원·대상프로세스의 범위·조직의 혁신으로 분석되었다.

다중회귀분석결과(종속변수: 비용절감)								
독립변수	R^2	조정된 R^2	F값	표준화 Beta값	t값	p값	다중공선성 검증	
							Tolerance	VIF
신(新)프로세스의 적용				0.218	3.472**	0.000	0.946	1.05
관리자층의 지원				0.116	1.772*	0.039	0.868	1.152
대상프로세스의 범위				0.117	1.881*	0.031	0.969	1.032
조직의 혁신				0.118	1.849*	0.033	0.915	1.093
추진전담 조직의 역할				0.012	0.187	0.426	0.843	1.186
공공기관	0.123	0.108	8.249*	−0.047	−0.764	0.223	0.993	1.007
근무기간				0.060	0.979	0.165	0.980	1.021
연령				0.057	0.927	0.178	0.987	1.013
직군				−0.065	−1.058	0.145	0.987	1.014
직급				0.041	0.660	0.255	0.973	1.028
변화관리의 실시				0.075	1.187	0.128	0.931	1.074
정보기술의 활용				0.082	1.311	0.095	0.940	1.064

* $p < 0.05$, ** $p < 0.01$

4. 평가(Check)·조직성과 간의 가설검증

1) 조직몰입도에 유의미한 평가(See)의 검증

분석결과로부터 이해할 수 있는 부분은 업무혁신(BPR) 계획(Plan)·실행(Do)·평가(See)의 성공적인 도입·적용은 조직의 적응과 수용, 적절한 조직변화(organization transformation), 구성원들의 참여와 업

무의 재설계 그리고 이를 지원할 수 있는 정보기술의 지원 없이는 불
가능한 것이라고 할 수 있다.(Kwon, T. H., and Zmud, R. W, 1987:
227~228)

결국 업무혁신(BPR)의 도입·적용은 조직의 구성요소, 즉 사람
(people)·업무(task)·기술(technology)·문화(culture)에 영향을 미
치게 되고, 업무혁신(BPR)을 통해 비약적인 업무성과를 도모함으로
써 업무에 대한 애착심이 향상되거나 업무수행에 있어서 최선을 다하
려고 노력하는 조직몰입도가 향상될 수 있을 것이다.

다중회귀분석결과(종속변수: 조직몰입도)								
독립변수	R^2	조정된 R^2	F값	표준화 Beta값	t값	p값	다중공선성 검증	
							Tolerance	VIF
비용 절감				0.237	3.834**	0.000	0.949	1.053
서비스 향상				0.170	2.799**	0.003	0.977	1.024
업무처리속도의 향상				0.168	2.700**	0.004	0.934	1.070
공공기관	0.145	0.135	13.386**	0.037	0.604	0.273	0.979	1.021
근무기간				−0.062	−1.017	0.185	0.977	1.023
연령				−0.039	−0.622	0.267	0.929	1.077
직군				0.033	0.545	0.298	0.981	1.020
직급				−0.002	−0.036	0.486	0.984	1.017

* $p < 0.05$, ** $p < 0.01$

2) 직무만족도에 유의미한 평가(See)의 검증

업무혁신(BPR)은 연관된 조직적 변화(업무·조직·사람)를 수반하
고, 이러한 조직적 변화는 개개인들에게 새로운 행동방식을 수용할 것
을 요구한다. 더 나아가 이러한 새로운 행동은 업무의 성격과 업무에

관련된 조직적 범주의 성격을 변화시키며, 새로운 조직행위를 추진하기 위해 현재의 자원을 재할당하거나 새로운 자원과 조화를 요구하게 된다. 결국 업무혁신(BPR)을 통한 업무프로세스의 혁신은 조직의 생산성 향상과 함께 능동적 업무 수행과 책임·권한의 부여를 통한 직무만족의 극대화를 가져오고자 하는 시도라고 볼 수 있다.

다중회귀분석결과(종속변수: 직무만족도)								
독립변수	R^2	조정된 R^2	F값	표준화 Beta값	t값	p값	다중공선성 검증	
							Tolerance	VIF
업무처리 속도의 향상	0.131	0.116	8.832**	0.259	4.062**	0.000	0.907	1.102
비용 절감				0.173	2.761**	0.003	0.949	1.060
연령				−0.132	−2.118*	0.017	0.977	1.043
공공기관				0.103	1.678*	0.047	0.979	1.021
근무기간				−0.023	−0.308	0.379	0.688	1.453
직군				0.025	0.398	0.346	0.968	1.033
직급				−0.079	−1.238	0.108	0.904	1.106
서비스의 향상				0.095	1.528	0.064	0.943	1.061

3) 공공요구의 대응에 유의미한 평가(See)의 검증

공공요구의 대응은 시민들이 원하는 공공서비스를 보다 친절하고, 시기적절하게 제공하려는 노력이 증가하는 시민지향적 업무자세를 의미하는 것으로 공공업무수행에 있어서 품질향상측면이 강한 반면, '업무처리속도의 향상'과 '비용절감'은 공공조직내부의 업무효율성 향상과 조직성과 달성을 위한 특성이 강하기 때문에 '업무처리속도의 향상'과 '비용절감'의 변수가 '공공요구의 대응'에 유의미한 영향을 미치지 않는다고 할 수 있다.

다중회귀분석결과(종속변수: 공공요구의 대응)								
독립변수	R^2	조정된 R^2	F값	표준화 Beta값	t값	p값	다중공선성 검증	
							Tolerance	VIF
서비스 향상				0.250	3.981**	0.000	1.000	1.000
업무처리속도의 향상				0.077	1.215	0.113	0.979	1.022
비용 절감				0.056	0.892	0.187	0.994	1.006
공공기관	0.062	0.059	15.852**	0.069	1.100	0.136	0.998	1.002
근무기간				−0.056	−0.879	0.185	0.984	1.016
연령				0.021	0.337	0.369	0.979	1.021
직군				0.038	0.598	0.225	0.988	1.012
직급				0.090	1.426	0.078	0.993	1.007

* $p<0.05$, ** $p<0.01$

5. 계획(Plan)·실행(Do)과 조직성과 간의 가설검증

1) 조직몰입도에 유의미한 계획·실행의 검증

다중회귀분석결과(종속변수: 조직몰입도)								
독립변수	R^2	조정된 R^2	F값	표준화 Beta값	t값	p값	다중공선성 검증	
							Tolerance	VIF
추진전담조직의 역할				0.245	3.890**	0.000	0.935	1.069
대상프로세스의 범위				0.168	2.750*	0.003	0.996	1.004
조직의 혁신				0.114	1.804*	0.036	0.937	1.067
변화관리의 실시				0.083	1.292	0.099	0.899	1.101
신프로세스의 적용	0.122	0.110	10.882**	0.070	1.099	0.137	0.874	1.096
관리자층의 지원				0.057	0.857	0.197	0.851	1.175
정보기술의 활용				0.050	0.771	0.220	0.862	1.109
공공기관				0.022	0.358	0.360	0.974	1.027
근무기간				−0.038	−0.616	0.269	0.993	1.007
연령				−0.019	−0.307	0.379	0.988	1.002
직군				−0.002	−0.302	0.487	0.981	1.020
직급				0.023	0.377	0.353	0.979	1.022

* $p<0.05$, ** $p<0.01$

2) 직무만족도에 유의미한 계획·실행의 검증

'대상프로세스의 범위', 업무혁신(BPR)의 실행(Do)은 '정보기술의 활용'과 '조직의 혁신'이 종속변수인 '직무만족도'에 통계적으로 유의미한 영형을 미치고 있음을 알 수 있다.

다중회귀분석결과(종속변수: 직무만족도)								
독립변수	R^2	조정된 R^2	F값	표준화 Beta값	t값	p값	다중공선성 검증	
							Tolerance	VIF
대상프로세스의 범위	0.197	0.186	19.259**	0.239	3.798**	0.000	0.863	1.158
정보기술의 활용				0.252	4.111**	0.000	0.903	1.107
조직 혁신				0.126	2.080*	0.019	0.933	1.071
추진전담조직의 역할				0.079	1.361	0.087	0.994	1.006
관리자층의 지원				0.074	1.185	0.118	0.861	1.161
신프로세스의 적용				0.068	1.107	0.134	0.911	1.097
변화관리의 실시				−0.007	−0.108	0.457	0.916	1.092
공공기관				0.068	1.155	0.124	0.979	1.022
근무기간				−0.045	−0.776	0.229	0.994	1.006
연령				−0.094	−1.606	0.055	0.991	1.009
직군				0.012	0.199	0.421	0.980	1.021
직급				−0.039	−0.664	0.253	0.984	1.016

3) 공공요구의 대응에 유의미한 계획·실행의 검증

'대상프로세스의 범위'만이 영향력을 미치는 것으로 분석되었다.

독립변수	R^2	조정된 R^2	F값	표준화 Beta값	t값	p값	다중공선성 검증	
							Tolerance	VIF
대상프로세스의 범위				0.252	4.022*	0.000	1.000	1.000
정보기술의 활용				0.056	0.894	0.186	0.997	1.003
신프로세스의 적용				0.049	0.783	0.217	0.997	1.003
관리자층의 지원				0.038	0.596	0.276	0.969	1.032
추진전담조직의 역할	0.064	0.060	16.174*	0.023	0.367	0.357	0.997	1.003
변화관리의 실시				−0.015	−0.237	0.406	0.980	1.020
조직의 혁신				−0.015	−0.233	0.408	0.999	1.001
공공기관				0.096	1.537	0.063	0.997	1.003
근무기간				−0.078	−1.248	0.106	0.999	1.001
연령				−0.017	−0.265	0.396	1.000	1.000
직군				0.050	0.797	0.213	0.997	1.003
직급				0.092	1.471	0.071	0.991	1.009

다중회귀분석결과(종속변수: 공공요구의 대응)

* p<0.05, ** p<0.01

〈부록3〉 업무혁신(BPR)의 주요 작업내용(예)[3]

1. 업무혁신(BPR)의 필요성 평가

1) 조직의 사업 · 기능분석[4]

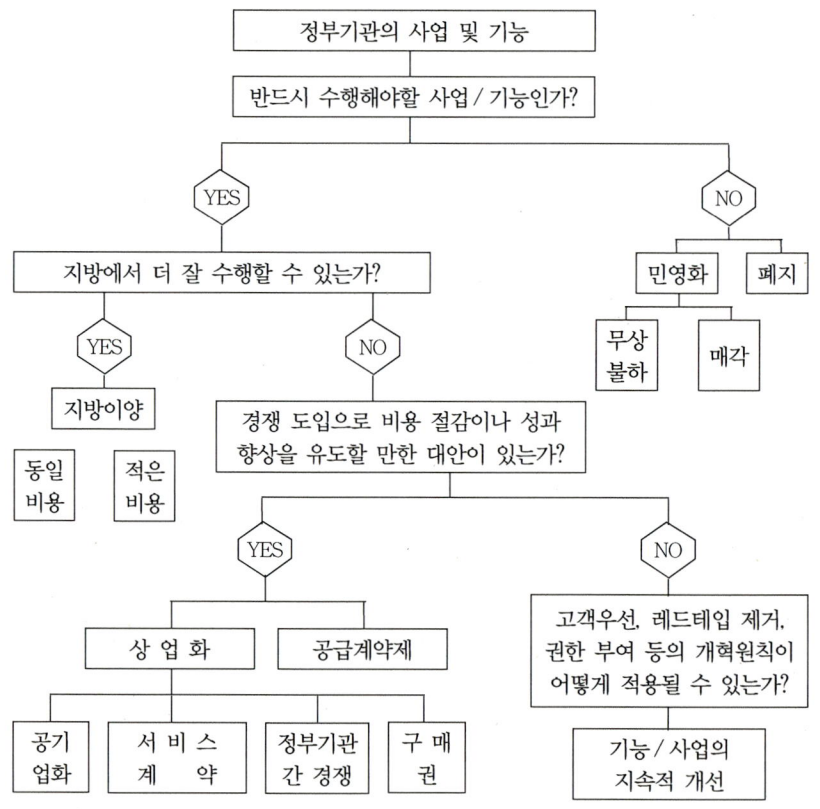

---

3) 한국전산원 「21세기 전자정부 비전과 실천전략에 관한 연구」, NCAⅢ-
   PER-99019, 1999년 2월, pp.300~316에서 인용 · 재구성하였다.
4) 총무처 직무분석기획단, 1997, p.76.

2) 조직의 목표와 내용[5]

(1) 임무와 목표

- 구성원들이 시민의 요구를 이해하는가?
- 구성원들이 명확한 직무 목표를 가지고 있는가?
- 구성원들이 조직 임무 완수를 위한 자신의 역할을 이해하고 있는가?

(2) 조직구조

- 관리계층의 수는 어느 정도이며 얼마나 많은 관리계층이 필요한가?
- 조직구조가 시민과의 긴밀한 관계 형성을 촉진시키는가?
- 각각의 직무는 분명한 시작과 끝이 있는가?

(3) 품질·서비스와 생산성

- 시민의 기대를 파악할 수 있는 체제가 갖추어져 있는가?
- 시민의 기대가 충족되고 있는가?
- 시민의 수요를 효율적으로 충족시킬 수 있는 능력이 있는가?

(4) 조직 기술

- 자동화가 필요한 기능(functions)은 무엇인가?
- 구성원들이 필요한 기술을 가지고 있는가?
- 자신이 사용하는 기술로 인해 권한위임이 이루어지는가?

---

5) Janson et al., 1995, p.69.

(5) 조직문화

- 팀워크를 다져온 경험이 있는가?
- 관리자들이 적극적으로 참여하는가?
- 조직의 문화가 혁신을 촉진시키는가?

(6) 유인체계

- 보상체계(compensation systems)가 조직 목표달성을 촉진시키는가?
- 인정 - 보상(recognition - reward)체계가 긍정적 행태를 촉진시키는가?
- 측정체계가 필요한 정보를 제공하고 있는가?

(7) 강점과 약점

- 시급한 개선이 필요한 약점은 무엇인가?
- 강점을 잘 활용하고 있는가?

2. 업무프로세스 분석

1) 핵심단계와 중요단계의 파악6)

(1) 핵심단계의 파악

업무혁신(BPR)을 위해서는 프로세스에서 핵심적인 단계가 무엇인가를 파악해야 한다. 왜냐하면 업무 목적에 비추어 볼 때, 프로세스

---

6) 핵심단계는 업무프로세스에서 제거할 수 없는 단계로 고객 만족이나 업무의 목적에 비추어 볼 때 반드시 필요한 단계이고 중요단계는 제거할 수 없는 핵심단계는 아니지만 업무프로세스의 진행 과정에서 업무 처리가 지연되면 전체 프로세스의 지연을 초래할 수 있는 단계를 의미한다.

상에서 반드시 필요하지 않은 업무 단계가 있을 수 있다. 이런 단계들의 경우, 업무혁신(BPR) 적용 시 가치평가를 통해 불필요하다고 판단되면 제거가 가능하다. 그러나 업무의 목적 달성이나 시민의 가치 실현이라는 관점에서 생략할 수 없는 단계도 있다. 업무프로세스상에서 생략할 수 없는 핵심단계의 경우에도 단계 자체를 제거할 수는 없지만 레드테입·중복의 제거·단순화나 정보기술의 활용 등을 통해 전체 처리 속도의 향상이 가능하다.

(2) 중요단계의 파악

핵심단계를 파악하고 나면 한 단계의 지연이 전체 프로세스의 지연을 초래할 수 있는 중요단계를 확인하여야 한다. 직선적이고 순차적인 업무 흐름의 경우 한 단계에서의 지연은 전체 프로세스의 지연을 초래할 수 있으므로 모두 중요한 단계라고 할 수 있다. 물론 새로운 가치를 만들어 내지 못하는 단계라면 새로운 프로세스의 설계 시 이 단계를 제거함으로써 전체 속도를 향상시킬 수 있다.[7]

2) 업무혁신(BPR)의 목표 설정

업무혁신(BPR) 통한 프로세스 혁신을 위해서는 구체적인 목표를 설

---

7) 공공부문 업무혁신(BPR)의 중요한 목적이 성과 지향적, 고객지향적 업무 프로세스의 구축이므로 중요한 프로세스를 분석하는 경우 업무프로세스의 시작단계에서 시작하는 것이 아니라 마지막 단계인 업무프로세스의 최종 산출 단계에서부터 시작하여 처음 단계로 역방향으로 분석(backward analysis)해 나가는 방법이 필요하다. 특히 고객 지향적인 업무프로세스를 설계하기 위해서는 고객의 입장에서 어떻게 하면 가장 바람직한 업무프로세스를 설계할 것인가를 생각해 보는 것이 필요하며, 이는 다른 사람의 입장에서 생각해 보는 것이 그 사람의 생각을 가장 잘 이해할 수 있는 방법인 것과 마찬가지의 원리이기 때문이다.

정하여야 한다. 예를 들면, 업무 처리에 소요시간의 30% 단축과 같이 구체적이고 세부적인 목표를 세워야 한다. 왜냐하면 목표를 구체적으로 정해 놓지 않으면 업무혁신(BPR)을 통해 무엇을 어떻게 달성해야 할 것인가에 대한 행위 계획을 세우기 곤란해져 업무혁신(BPR)에 대한 노력에 비해 미미한 결과만을 얻을 수도 있기 때문이다.

이러한 혁신목표와 관련된 구체적 지표들로는 업무당 소요 시간(cycle time)으로 측정되는 속도, 비용과 산출의 비로 측정되는 비용, 얼마나 실패가 자주 발생하는가 하는 실패율로 측정될 수 있는 품질 등을 들 수 있다.

- 비용: 비용과 산출(output)의 비율
- 속도: 업무당 소요시간
- 품질: 실패율(yields defect rates), 불만제기율

3. 신(新)프로세스 설계의 원칙

1) 단기적 개선가능 업무의 파악

단기적 개선시의 효과는 장기간에 걸쳐서 변화에 대한 지속적 관심의 유지 및 미래의 개선에 대한 지속적 태도와 열정 유지 그리고 업무혁신(BPR)에 필요한 노력, 투자의 지속을 가능하게 해 준다. 이처럼 단기적 개선 가능 분야는 단기적이고 작은 정도의 개선으로 큰 효과를 얻을 수 있는 분야는 크게 여섯 가지 정도로 생각할 수 있다.

- 고객 불만이 특히 높은 분야
- 재배치나 훈련이 불필요한 분야
- 실무자·관리자가 변화를 바라는 분야

- 즉각 개선이 필요한 분야
- 현재 기술과 정보시스템으로 개선이 가능한 분야
- 감시·승인을 목적으로 하는 중복적 행위나 단계

2) 프로세스 개선방법

프로세스를 개선한다는 의미는 간결화(streamlining)에서부터 오류의 방지(prevention), 오류의 교정(correcting)을 거쳐 최선의 상태(excelling)로 변화시키는 단계적 변화를 의미한다.[8]

따라서 다음의 프로세스 개선방법을 활용하여 보다 혁신적인 최상의 업무프로세스를 만들기 위해 노력해야 한다.

- 레드테입의 제거: 업무 수행의 관점에서 불필요한 작업, 승인이나 서류작업 제거
- 중복의 제거: 업무프로세스가 진행되는 과정 중에서 서로 다른 부분에서 수행되는 동일한 활동의 제거
- 저가치 행위의 제거: 업무프로세스와 관련된 모든 활동을 평가하여 고객의 요구 충족과 업무 성과향상에 대한 기여를 평가하고

---

8) 즉 간결화는 기본적인 개선 수단들을 적용함으로써 프로세스를 보다 간결하게 변화시킴으로써 시간과 비용의 절감이 가능해진다. 오류 방지는 업무프로세스를 변화시킴으로써 고객의 불만이나 이의 제기가 발생하지 않도록 하는 것을 말한다. 오류 교정은 만약 오류의 방지가 제대로 되지 않으면 업무프로세스에서 무엇이 잘못 되었는가를 파악하고 이것을 고쳐야 한다. 그러나 오류의 교정에 드는 비용이 오류의 방지에 드는 비용보다 더 크기 때문에 오류의 방지를 통해 잘못이 발생하지 않도록 하는 것이 더 바람직하다. 최선의 상태 추구는 교정의 단계가 끝나고 나면 해당 업무프로세스는 만족할 만한 상태로 변화하게 된다. 그러나 보다 완벽한 업무프로세스를 유지함으로써 최상의 성과를 달성하고 고객으로부터 인정받고 싶다면 만족하는 선에서 끝나서는 안 된다.

기여도가 낮은 활동들을 제거

- 단순화: 프로세스의 복잡성을 완화하여 단순화시킴
- 프로세스 처리시간의 단축: 고객의 기대를 충족시키고 불필요한 대기 시간과 비용을 최소화하기 위해 처리시간 단축
- 오류 방지: 잘못된 행위가 나타나지 않도록 방지
- 업그레이딩: 장비의 효과적인 활용과 업무 환경의 개선
- 어휘의 단순화: 서류의 작성 방식이나 용어들을 사용하는 방식을 단순화시켜 서류의 내용을 누구나 쉽게 이해할 수 있도록 함
- 표준화: 행위 방식을 단일화하고 모든 행위자들이 항상 동일한 방식으로 이루어질 수 있도록 함
- 공급자와의 협력 강화: 업무프로세스의 산출물의 질은 프로세스의 투입의 질에 의해 결정되므로 투입의 질적 향상을 위해 앞 단계의 공급자와의 협력을 강화
- 거시적 관점의 개선: 위의 방법들에 의한 개선의 효과가 작은 경우 프로세스를 근본적으로 변화
- 자동화와 기계화: 구성원들을 기계적으로 되풀이되는 일상 업무로부터 해방시켜 보다 창조적인 활동을 할 수 있도록 새로운 기술, 기법이나 정보기술을 도입

4. 실행 및 평가

1) 실험적 운영

일단 프로세스를 업무혁신(BPR)하게 되면 소규모의 실험적 운영이 필요하다. 실험적 운영을 통해 신(新)프로세스의 실행이 가능하다고 판단하게 되면 업무혁신(BPR)팀은 프로세스의 개선 안을 조정위원회

에 제출하여 최종적으로 승인을 받게 된다. 이때 업무혁신(BPR)팀은 개선 안을 제출하면서 기존의 프로세스와 개선된 프로세스 간에 명확한 차이를 보여주기 위해 단순한 형태의 표를 만들어서 개선 사항과 효과에 대해 쉽게 이해할 수 있도록 해야 한다. 이때 비교표에 포함되는 내용들은 어떤 부분을 개선했는가에 따라 달라진다.

분 야	기존 프로세스	재설계 프로세스	개선 정도
소 요 시 간			
불 만 율			
서비스의 질			
신 뢰 성			
결 함 율			
운 영 비 용			
훈련필요성			

2) 신(新)프로세스의 실행

실행과정에서는 재설계된 업무프로세스의 내부 고객과 외부 고객과의 지속적인 접촉을 통해 새로운 프로세스에 실행상의 문제점은 무엇인가에 대해 파악해야 한다.

또한 새로운 업무프로세스로 인해 변화된 직무 내용에 대한 반응을 지속적으로 관찰하여 그 과정에서 제기될 수 있는 불만과 저항에 적극적으로 대처하여야 한다.9)

---

9) 조직성과의 향상을 위한 조직 변화가 별다른 성과를 거두지 못하게 되는 이유 중의 하나는 구성원으로부터 호의적 태도를 이끌어 내지 못한다는 데 있다. 조직구성원의 변화에 대한 태도는 수용, 무관심, 수동적 저항, 적극적 저항 등의 다양한 형태로 나타날 수 있고, 수용의 경우 아무런 문제가 되지 않지만 무관심, 수동적 저항, 적극적 저항의 경우 이들의 태도를

3) 측정수단과 지표 선택

업무혁신(BPR)의 효과를 파악하기 위해 사용될 수 있는 측정지표들을 살펴보면 다음과 같이 투입지표, 산출 지표, 효과성 지표 등으로 설명할 수 있다.

- 투입지표: 투입은 특정 프로그램의 수행에 사용된 자원으로 서비스 제공에 필요한 비용의 합계 혹은 총 투입 인력을 말한다.
- 산출지표: 생산물 혹은 서비스 사용자에게 제공된 서비스 단위량을 말한다. 생산물 혹은 서비스의 제공에 사용된 노력의 양을 반영한 '하중(workload)'도 포함된다. 산출지표의 예로는 하루에 가르친 학생의 수, 진학 / 졸업한 학생의 수, 고속도로 포장에 사용된 아스팔트의 양과 채워진 구멍의 수 등을 들 수 있다. 또 하나의 산출지표는 프로그램 혹은 서비스의 질적 측면과 관련된 것으로 시민들의 도로 훼손에 따른 불만 제기에 대한 평균 대응 시간(response time) 등을 들 수 있다.
- 효과성과 비용효과성의 지표: 산출 혹은 결과 단위당 비용을 측정한다. 예를 들면 진학 / 졸업 학생당 비용, 도로 1km 재포장에 소요된 일인당 평균 시간 등이다.

어떻게 변화시킬 것인가는 업무혁신(BPR) 결과에 중대한 영향을 미친다. 또한 무관심의 경우, 구성원들의 태도는 단순히 시키는 것만 하거나 변화에 대해 아무런 관심을 가지지 않는 경우이다. 이 경우에는 이들의 관심을 끌 만한 유인이 필요하나, 적극적으로 저항하는 경우에는 구성원으로 하여금 변화에 동참하도록 유도하는 것은 매우 힘들기 때문에 처벌과 같은 강압적 방법을 사용할 수도 있다.

• 저자 •

김행기
(金幸基)

•약 력•

성균관대학교 행정학과(행정학 학사)
성균관대학교 행정대학원 감사행정학과(행정학 석사: 컴퓨터 감사)
단국대학교 대학원 행정학과(행정학 박사: 정책학 및 행정정보)
전) 용인송담대학, 강남대학교, 단국대학교 강사 역임
전) 안양과학대학 겸임교수 역임
현) 한국후지쯔㈜ 솔루션컨설팅사업부 대표 컨설턴트
현) 성균관대학교 경영전문대학원 겸임교수
현) 한국물류협회, 한국SCM학회, 한국전자거래진흥원, 한국생산성본부 등 전문
위원

•주요 컨설팅 프로젝트 수행 경력•

1) 주요 영역: 경영 / 사업전략수립, 업무혁신(BPR / PI), 정보전략(ISP), 공급
망관리(SCM)와 물류(Logistics)
2) 고객사: 책임테크툴, 금융감독원, CJ 푸드빌, 롯데면세점, 한진, 대한상공회
의소, 서울도시가스, 오뚜기, SK글로벌, 대한유화, 보령제약, 한국타이어, 농
심 등 다수

•주요논저•

「B2B 전략과 사업모델」
「인터넷 비즈니스 모델과 전략」
「인터넷 마케팅 전략」
「공공BPR의 추진전략과 실행방안에 관한 연구」
「BPR의 공공부문 조직성과에 미치는 영향에 관한 실증연구」
「정보시스템 이전 관리 치침에 관한 연구」
「국가산업발전을 위한 U 비즈니스 활성화 방안연구」
「행정정보시스템 구축이 조직성과의 영향요인에 관한 연구」
「유비쿼터스 구현을 위한 비즈니스 모델 연구」
「RFID를 통한 위험물수송안전관리에 관한 연구」
「물류시스템 활용이 업무성과에 미치는 영향 연구」
「연수원 시설 인프라 규모의 타당성 분석」
외 다수

공공조직의 성과 및 업무가치 극대화를 위한

업무혁신(BPR)과
변화의 적용 방법론

• 초판 인쇄	2008년 5월 30일
• 초판 발행	2008년 5월 30일
• 지 은 이	김행기
• 펴 낸 이	채종준
• 펴 낸 곳	한국학술정보㈜
	경기도 파주시 교하읍 문발리 513-5
	파주출판문화정보산업단지
	전화 031) 908-3181(대표) · 팩스 031) 908-3189
	홈페이지 http://www.kstudy.com
	e-mail(출판사업부) publish@kstudy.com
• 등 록	제일산-115호(2000. 6. 19)
• 가 격	26,000원

ISBN   978-89-534-9286-1 93350 (Paper Book)
           978-89-534-9286-8 98350 (e-Book)